"十三五"国家重点研发计划项目成果

（课题编号：2016YFC0701807）

# 工业化建筑全产业链主要材料和部品清单及碳排放测算手册

## （装配式混凝土建筑）

GONGYEHUA JIANZHU QUAN CHANYE LIAN ZHUYAO CAILIAO HE
BUPIN QINGDAN JI TANPAIFANG CESUAN SHOUCE
（ ZHUANGPEISHI HUNNINGTU JIANZHU ）

刘贵文　毛　超　徐鹏鹏　傅　晏　李凯健　编著

重庆大学出版社

## 内容提要

由于工业化建筑环境友好的特征与我国时代发展需要,工业化建筑成为我国建筑业节能减排的关键角色。然而我国目前仍面临着对工业化建筑认识不清、碳排放测算方法片面、部品碳排放因子数据库缺失等问题。因此,本书系统分析工业化建筑内涵及特征;在此基础上研究装配式混凝土建筑基础碳源及主要部品体系;研究装配式混凝土建筑碳排放测算方法体系;构建了装配式混凝土建筑主要部品清单及部品构件因子清单。

本书的研究为实践中的工业化建筑碳排放监测与测算问题提供了新的有效的方法和依据,具有较强的理论和现实意义,可为工业化建筑碳排检测与评价提供有益的启发和参考。

**图书在版编目(CIP)数据**

工业化建筑全产业链主要材料和部品清单及碳排放测算手册：装配式混凝土建筑／刘贵文等编著. -- 重庆：重庆大学出版社,2021.1

ISBN 978-7-5689-2421-4

Ⅰ.①工… Ⅱ.①刘… Ⅲ.①装配式混凝土结构—工业建筑—建筑材料—二氧化碳—排气—手册 Ⅳ.①F426.9-62 ②X511-62

中国版本图书馆 CIP 数据核字(2020)第 180754 号

**工业化建筑全产业链主要材料和
部品清单及碳排放测算手册
(装配式混凝土建筑)**

刘贵文 毛 超 徐鹏鹏 傅 晏 李凯健 编著
策划编辑：林青山
责任编辑：王 婷　　　版式设计：王 婷
责任校对：谢 芳　　　责任印制：赵 晟

\*

重庆大学出版社出版发行
出版人：饶帮华
社址：重庆市沙坪坝区大学城西路 21 号
邮编：401331
电话：(023) 88617190　88617185(中小学)
传真：(023) 88617186　88617166
网址：http://www.cqup.com.cn
邮箱：fxk@ cqup.com.cn (营销中心)
全国新华书店经销
重庆升光电力印务有限公司印刷

\*

开本：787mm×1092mm　1/16　印张：11.75　字数：205 千
2021 年 1 月第 1 版　　2021 年 1 月第 1 次印刷
ISBN 978-7-5689-2421-4　定价：39.00 元

# 《工业化建筑全产业链主要材料和部品清单及碳排放测算手册(装配式混凝土建筑)》

## 编写单位

重庆大学

## 编写组

主　　编:刘贵文　毛　超　徐鹏鹏

　　　　　傅　晏　李凯健

编写人员:黄若鹏　谢芳芸　宋宝莲

　　　　　刘文丽　常俊杰　彭孝慈

　　　　　申一村　陈润东　陈　诺

　　　　　杨田禾　王晨宇

　　本书是"十三五"国家重点研发计划项目"工业化建筑检测与评价关键技术"（2016YFC0701800）科研课题"工业化建筑全产业链能耗及碳排放监测与测算技术"（2016YFC0701807）的重要研究成果。工业化建筑是我国建筑业改革的重要方向之一。《中华人民共和国国民经济和社会发展第十三个五年规划纲要》和《中共中央　国务院关于进一步加强城市规划建设管理工作的若干意见》提出了"推广装配式建筑，力争用10年左右时间使装配式建筑占新建建筑的比例达到30%"的发展目标和要求；住房和城乡建设部等十三个部门联合印发的《关于推动智能建造与建筑工业化协同发展的指导意见》提出要大力发展装配式建筑，推动建立以标准部品为基础的专业化、规模化、信息化生产体系。在我国今后新型城镇化进程中，以装配式混凝土结构为代表的工业化建筑将进入快速、规模化发展阶段。然而，我国工业化建筑能耗及碳排放监测与测算方面还存在许多问题，突出表现为对工业化建筑认识不清、碳排放测算方法片面、部品碳排放因子数据缺失等。构建科学全面的工业化建筑全产业链主要材料和部品清单及碳排放测算方法体系是保障我国工业化建筑碳排放可评可测的关键，也是促进我国建筑工业化绿色可持续发展的根本需求。

　　本清单及手册的主要研究目的是以工业化装配式混凝土建筑为主要研究对象，借鉴其他发达国家和地区的经验，构建工业化建筑全产业链主要材料和部品清单及碳排放测算方法体系。本书在对工业化建筑概况进行分析的基础上，提出主要内容如下：

（1）装配式混凝土建筑基础碳源。本书识别装配式混凝土建筑碳排放测算对象，提出并论述基础碳源识别方法与识别结果。

（2）装配式混凝土建筑主要部品清单。本书基于已有部品体系标准，协同构建具有碳排放测算针对性的工业化建筑部品体系，并梳理形成工业化建筑部品清单。

（3）装配式混凝土建筑碳排放测算方法体系。在完成前面研究内容的基础上，构建面向工业化建筑全产业链各阶段，基于定额数据的工业化建筑部品碳排放测算方法及基于实测数据的工业化建筑项目碳排放测算方法。同时，设置各测算方法的计算实例，确保测算方法的可读、可用性。

（4）装配式混凝土建筑主要部品碳排放因子清单。本书结合基础碳源、主要部品清单及测算方法体系内容，基于现有工业化建筑定额和部品图集，研究构建涵盖7大类1 500余种装配式混凝土部品型号的构件碳排放因子清单。

本书的研究促进了国内针对工业化建筑全产业链碳排放数据及测算方法研究的发展，通过提出科学全面的测算方法体系，构建装配式混凝土部品目录清单及部品因子库，为实践中的工业化建筑碳排放监测与测算问题提供了新的有效的方法和依据。

在本书即将出版之际，首先要感谢课题组的全体成员，以及对本书做出各种贡献的人们。感谢重庆大学提供了良好的研究和写作环境，感谢中国建筑科学研究院、北方工业大学、重庆建工工业有限公司、龙信建设集团有限公司等课题合作单位在本书编写过程中提供的帮助。同时，本书编写过程中参考了有关书籍和文献，谨向各位编者和研究学者表示衷心的感谢，参考文献列于书末。如果本书的出版能对我国的工业化建筑全产业链能耗及碳排放测算与监测有所促进，将是作者们的最大欣慰。

虽然作者们为了本书的撰写竭尽全力，但由于水平有限，书中难免存在不妥和疏漏之处，恳请读者不吝赐教。

编 者

2020 年 6 月

# 目 录

# 1 工业化建筑概述

## 1.1 工业化建筑概念及碳排放测算意义

据统计,全球建筑行业的 $CO_2$ 排放量已经占全球 $CO_2$ 排放总量的三分之一。据研究,1994 至 2012 年,中国建筑行业的碳排放量从 983.1 百万吨 $CO_2$ 增长至 6 764.3百万吨 $CO_2$,年平均增长率高达 32.7%。如何减少建筑能耗和碳排放,是当下我国建筑业的重点研究内容之一。而工业化建筑的兴起为我国建筑业可持续发展提供了新的契机。相较于传统建造方式,工业化建筑方式能耗降低了20%~30%、材料损耗约减少了 60%、建筑垃圾减少了 83%。与此同时,我国政府大力发展建筑工业化,在中央城市工作会议中也明确指出发展装配式建筑,并提出在 10 年内装配式建筑占新建建筑比例达到 30%的目标。工业化建筑环境友好的特征与我国时代发展需要,都突显了工业化建筑已经成为我国建筑业节能减排的关键角色。

作为能源节约和减排管理的基础,对建筑的碳排放量进行系统准确的量化是第一步工作。但是工业化建筑碳排放监测工作仍面临大量的挑战,突出的问题是在工业化建筑全生命周期过程中难以直接应用传统建造方式下的碳排放监测与管理。造成这一问题的原因在于工业化建筑在建造过程、管理要素、施工活动方面的独特性,使其具有集成化、工厂化的预制装配模式。以传统串联体系下建造模式构建的碳排放量化方法,不仅不能很好地适用于工业化建筑项目碳排放监测的具体实践,不能有效实现各阶段碳排放数据的实时、准确反馈,还会使减排管理工作流于形式,减缓可持续建筑的发展。

从碳排放量化与测算的情景来看,工业化建筑碳排放监测较以往项目具有显著的差异性,主要体现在项目主体差异、计算模型差异以及管理工具需求差异三个方面:①在项目主体方面,工业化建筑具有建筑标准化、构配件生产工厂化、施工机械化和组织管理科学化的特性,颠覆了传统建筑生产方式,使得其在产业链阶段划分、碳源构成等诸多方面具有独特性,亟需进行有针对性的研究分析;②在计算模型方面,工业化建筑在国内还未实现全面标准化,部分构件生产、运输和装配方式不统一,在多个可能场景下的项目实施过程难以用一套计算模型进行碳排放测算;③在管理工具方面,工业化建筑多阶段、多场景需要匹配多种计算模型,但现实理论成果与实际应用需求间仍有鸿沟难以跨越,缺少理论成果对于不同场景的计算模型变形。上述这些特征都表明传统的、面向传统建造模式的碳排放量化和监测模式不能有效支撑工业化建筑的碳排放测算需求。

鉴于上述分析,本手册针对现阶段工业化建筑碳排放量的量化与测算研究存在缺失、监测方法空白的问题,分析工业化建筑建造方式与传统建造方式差异性,以刻画现阶段我国工业化建筑全产业链阶段划分、建筑部品及碳源体系;建立工业化建筑全产业链的能耗和碳排放的核算方法;构建适合中国本土化的工业化建筑主要材料和部品的能耗及碳排放清单和因子库,为我国的工业化建筑综合评价提供技术和数据支撑,推动建筑工业化的可持续发展。

其中,本手册计算模型以及部品碳排放清单以装配式混凝土结构建筑以及预制构件作为主要碳排放测算对象,后续研究可以不断补充完善,继续丰富计算体系。

## 1.2　工业化建筑类型

本手册中的工业化建筑的适用对象主要为装配式建筑,其他形式的工业化建筑可参考本手册。装配式建筑是指工厂生产的预制构件在现场装配而成的建筑,从结构形式来说,装配式混凝土结构、钢结构、木结构都可以称为装配式建筑。

1）装配式混凝土结构

装配式混凝土结构是指由预制混凝土构件通过可靠的方式装配而成的混凝土结构。

2）装配式钢结构

装配式钢结构是指由工厂化预制生产的钢（构）件通过可靠的方式装配而成的钢结构。

3）装配式木结构

装配式木结构是指采用工厂预制的木结构组件和部品，以现场装配为主要手段建造而成的结构，包括装配式纯木结构、装配式木混合结构等。

## 1.3　工业化建筑全产业链阶段界定

我国工业化建筑的全产业链共划分为 6 个阶段：研发设计阶段、构件生产阶段、运输阶段、施工阶段、使用及维护阶段、拆除及回收阶段。

1）研发设计阶段

研发设计阶段包括研发阶段与设计阶段两个阶段。其中，研发阶段是指在对工业化建筑的探索过程中，投入大量的物力财力进行相关研究，如抗震装置研制等。设计阶段是根据拟建项目设计的内容和深度，分阶段进行设计工作。同时从碳排放测算角度来说，研发设计阶段由于较少涉及高耗能材料与机械的消耗，碳排放测算以人工产生的碳排放为主，计算模式较为简单，因此手册中不单独介绍研发设计阶段的碳排放测算方法。

2）构件生产阶段

构件生产阶段是指从生产原材料、人力、机械进场，到构件生产完成的所有活动，包括建筑材料的生产过程、建筑材料的运输过程、预制构件的生产过程以及预制构件场内运输堆放的过程。构件生产阶段的碳排放包括此阶段消耗的材料、人工产生的碳排放量和机械运行消耗能源的碳排放量。

3）运输阶段

运输阶段是指预制构件由预制构件生产厂运输至施工现场的所有活动，包括运输前从堆放区域装车的吊装过程，以及运输到目的地后吊装卸车并堆放的过程。

运输阶段的碳排放包括运输前与运输后的吊装,以及运输过程中产生的人工、材料和机械的碳排放。

### 4) 施工阶段

施工阶段是指从项目开工至项目竣工验收间的所有活动,主要包括预制构件的场内布置运输和吊装施工等工序。

施工阶段的碳排放主要包含施工机械在场地内使用所消耗能源的碳排放,施工阶段消耗原材料的碳排放,以及施工阶段人工产生的碳排放。

施工阶段使用的办公用房、生活用房和材料库房等临时设施的施工和拆除可不计入。

### 5) 使用及维护阶段

使用及维护阶段包括使用阶段与更新维护阶段两大部分。其中,使用阶段的碳排放主要来源于空调的使用耗电、照明耗电、电梯的使用以及热水供应、采暖等。该阶段的总能耗由各部分的分项能耗以及建筑使用年限决定,对于建筑的使用年限,通常取为 50 年,这一取值与我国一般建筑物的设计寿命相当。

更新维护阶段能耗是指建筑物使用阶段的维护和修缮活动涉及的能耗。在建筑物运行过程中,因部分材料或构件达到自然寿命故需要对其更新或维护。在需要更换时,维护阶段的碳排放计算与建筑材料的生产加工、运输以及施工的碳排放计算相似,最终可以转化成人工产生的碳排放、材料消耗与机械耗能产生的碳排放。

### 6) 拆除及回收阶段

拆除及回收阶段指废弃建筑在拆除过程中的现场施工、场地整理,以及废弃建筑材料和垃圾的运输和处理等过程。

建筑拆除及回收阶段的碳源包括 3 个方面:

①建筑拆除阶段。拆除过程中的碳排放主要来自各种拆除工法与机具的能耗。

②建筑垃圾运输阶段。此阶段主要是对拆除后的材料进行分类、装载清运。碳排放源自运输工具、材料消耗和工人呼吸。

③建筑垃圾处理阶段。建筑垃圾可以通过焚烧、填埋、回收等方式进行处理。回收利用能避免二次污染,缓解建材供应紧张,降低能耗减少碳排放,但碳排放也不可避免。此阶段碳排放主要源自再生材料以及设备耗能产生的碳排放。

# 2 装配式混凝土建筑碳排放测算方法概述

## 2.1 装配式混凝土建筑碳排放测算对象识别

装配式混凝土建筑碳排放测算对象的识别首先需要建立碳排放系统边界。现有的工业化建筑温室气体排放研究将碳排放系统边界分为 3 类,分别是建筑生命周期边界、定量方法边界、碳排放边界的来源,如图 2.1 所示。

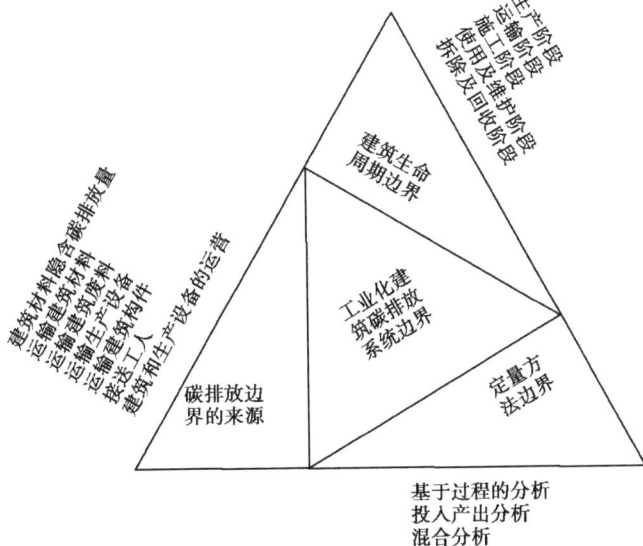

图 2.1　工业化建筑碳排放系统边界

1）建筑生命周期边界

建筑生命周期边界包括生产阶段、运输阶段、施工阶段、使用及维护阶段、拆除及回收阶段。

2）定量方法边界

定量方法边界主要包括3种定量分析方法，即基于过程的分析，投入产出分析和混合分析。基于过程的分析使用的数据结合了来自制造商和供应商的过程，产品和特定地点的数据，以计算碳排放量。投入产出分析使用来自各部门的数据，以便追踪不同部门之间的碳排放，这种方法可以量化经济体内生产的任何产品或服务的碳排放。混合分析结合了两种方法的优点。

3）碳排放边界的来源

碳排放边界的来源包括：①建筑材料隐含碳排放量；②运输建筑材料；③运输建筑废料和土壤；④运输生产设备；⑤运输建筑构件；⑥接送工人；⑦建筑和生产设备的运营。

装配式混凝土建筑碳源的识别有多种方法，其中一种是像《温室气体核算体系》中将它分为三个"范围"，即直接碳排放、间接碳排放和其他间接碳排放，如图2.2所示。另外一种是将它分为三个部分，即人、材料和机械，如图2.3所示。本手册采用识别工业化建筑各阶段人、材料、机械碳排放的方法来测算工业化建筑全产业链碳排放。

如前所述，本手册将工业化建筑全产业链碳排放分为构件生产阶段、运输阶段、施工阶段、使用及维护阶段、拆除及回收阶段，各阶段需测算的碳源种类如表2.1所示。

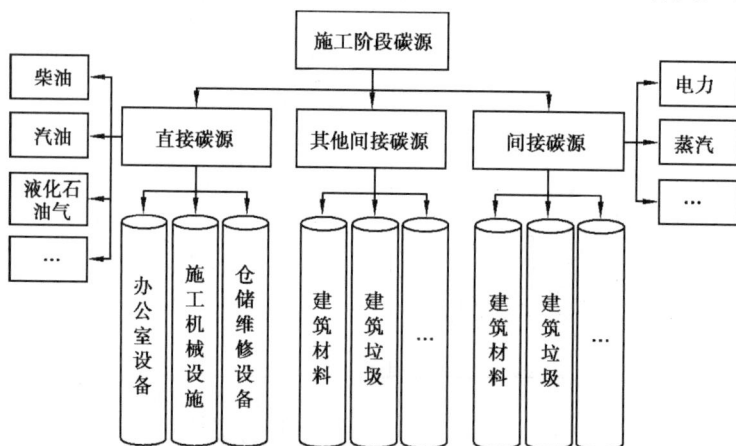

图2.2　第一种碳源识别方法

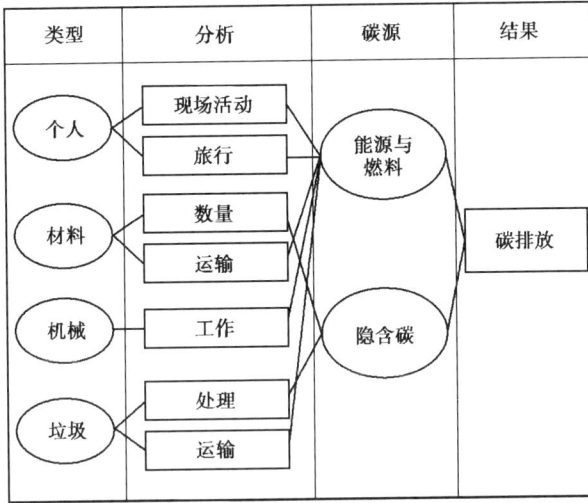

图 2.3　第二种碳源识别方法

表 2.1　工业化建筑全产业链碳排放测算对象

| 阶段划分 | 碳源种类 | | |
| --- | --- | --- | --- |
| | 人　工 | 材　料 | 机　械 |
| 构件生产阶段 | 工人呼吸碳排放 | 主要材料及辅助材料隐含碳排放 | 机械能耗碳排放（如电力、柴油、汽油等） |
| 运输阶段 | 工人及运输车司机呼吸碳排放 | 装车过程辅助材料隐含碳排放 | 吊装机械的电力碳排放、运输车辆消耗的燃料碳排放 |
| 施工阶段 | 工人呼吸碳排放 | 辅助材料隐含碳排放 | 机械能耗碳排放（如电力、柴油、汽油等） |
| 使用及维护阶段 | 工人呼吸碳排放 | 维护使用材料隐含碳排放 | 建筑内所有设备产生的能耗碳排放量 |
| 拆除及回收阶段 | 工人呼吸碳排放 | 钢管、氧气、乙炔等材料隐含碳排放 | 挖掘机、运输车辆等机械能耗碳排放 |

## 2.1.1　基础碳源识别

### 1) 基础碳源识别方法

基础碳源是指装配式混凝土建筑中建材生产与运输、建造与拆除、建筑物运行等活动所需原材料。依据《工业化建筑全产业链能耗及碳排放统计识别技术指南》对建筑全产业链进行过程分析,实现对各阶段基础碳源的全面识别,为碳排放的测算奠定基础。

2) 基础碳源识别结果

识别构件各个阶段的碳源,分为直接碳排放与间接碳排放两大类。

直接碳排放主要有两类:①作业人员呼吸:采集生产阶段中所有作业人员的总工时,包括钢筋工、混凝土工、抹灰工等技术工。②化石燃料燃烧:采集生产阶段中所有机械设备的总耗油量,包括构件运输车、料斗运输车等。

间接碳排放主要有:①净购入水:采集生产阶段中的总耗水量,包括混凝土搅拌用水、构件养护水等。②净购入电:采集生产阶段中所有机械设备的总耗电量,包括钢筋调直机、钢筋切断机、电焊机、混凝土搅拌机、料斗运输机、振动台、收边机、桥式起重机、桁车等的耗电量。③材料消耗:采集生产阶段中各类材料的总消耗量,包括水泥、砂、石、钢筋、预埋件、钢丝、连接材料、脱模剂、外加剂等。

本手册针对国内各地区实际情况,通过对国内外数据的收集与整理,统计得出适合我国国情的基础碳源因子库。碳排放因子是指将相关活动与碳排放当量相对应的系数,用于量化建筑物不同阶段相关活动的碳排放量。本手册采用的工业化建筑全产业链碳排放因子数据数据库主要由三个数据库组成,即重庆大学数据库、巴斯大学数据库和新西兰数据库。本手册采用的数据库录入巴斯大学数据库和新西兰数据库的数据,主要是为了给用户提供更全面的碳排放因子查询。重庆大学数据库主要包含能源碳排放因子、建筑材料碳排放因子、交通运输碳排放因子、机械设备碳排放因子和人工碳排放因子这五类碳排放因子,共录入 529 条碳排放因子。巴斯大学数据库主要包含能源碳排放因子和材料碳排放因子这两类碳排放因子,共录入 329 条碳排放因子。新西兰数据库主要包含材料碳排放因子这一类碳排放因子,共录入 79 条碳排放因子。其中,重庆大学数据库由本团队成员整理权威期刊论文及相关能源官网数据得到,相较于其他碳排放因子数据库,重庆大学碳排放因子数据库更具有时效性及全面性。

### 2.1.2 主要部品识别

主要部品主要指工业化建筑部品,工业化建筑部品是指由两个或多个单品或是复合产品集成的,在工厂进行生产,并能够从建筑中拆分出来的具有多项功能的自身携带信息的建筑产品的总称。目前常见的工业化建筑部品包括预制门窗、预制墙体、整体厨卫间、预制楼梯和智能系统。

本手册以住房和城乡建设部科技与产业化发展中心、北京交通大学等单位编写的《装配式建筑部品部件分类和编码标准》结果作为部品体系构建的依据,在与该标准成果协同的基础上,对华东和华北地区冬夏两季部品生产进行实际调研,在此基础上形成了工业化建筑部品目录,详见附录1。

部品因子库主要包括部品目录中结构部件及部分外围护部件的碳排放信息,同时使用《重庆市房屋建筑与装饰工程计价定额》(CQJZZSDE—2018 第一册建筑工程)作为计算依据,因此具有使用区域限制,与重庆市定额信息差距较大的地区需按相同原则重新计算。因子库的提出不同于已有研究的碳排放计算规则,且将研究工作成果化,计算结果既可供预制构件碳排放计算者直接查找对应数值,也可供其他研究者进行对比参考,详见附录2。

工业化建筑部品因子库采用基于定额的计算规则,替代了现场采集数据的步骤,大大节省了预制构件碳排放计算人力、物力的投入,同时计算考虑了人、材、机的正常损耗,因此计算结果更接近实际发生值。且该工业化建筑部品因子库系统地给出了预制构件碳排放相关数值(包括多种构件的多种型号),向预制构件碳排放"定额"方向迈进了一步。

## 2.2　工业化建筑碳排放测算方法

如表2.2所示为工业化建筑全生命周期(构件生产阶段、运输阶段、施工阶段、使用及维护阶段、拆除及回收阶段)碳排放测算方法。

表 2.2　工业化建筑全生命周期碳排放测算方法

| 测算方法 | 阶　段 | 测算对象 |
|---|---|---|
| 定额法 | 生产阶段 | 人工、材料、机械 |
| | 运输阶段 | 人工、材料、机械 |
| | 施工阶段 | 人工、材料、机械 |

续表

| 测算方法 | 阶 段 | 测算对象 |
|---|---|---|
| 实测法 | 生产阶段 | 人工、材料、机械 |
| | 运输阶段 | 人工、材料、机械 |
| | 施工阶段 | 人工、材料、机械 |
| — | 使用及维护阶段 | 水、电、天然气等能源 |
| — | 拆除及回收阶段 | 人工、材料、机械 |
| 软件分析法 | 使用及维护阶段 | 使用 Ecotect、Energy-plus 等能耗分析软件得到消耗量 |
| 宏观数据法 | 使用及维护阶段 | 使用《中国统计年鉴》中的有关数据 |

定额法是通过计价定额确定各阶段人工、材料、机械平均用量,再依据碳排放因子数据库中各项碳排放因子计算出工业化建筑全产业链碳排放。定额法体现的是社会平均水平,适用于施工图纸较为完善且能找到相关定额数据的工程,在施工图纸确定之后就能运用定额法对工程进行全产业链碳排放计算。

实测法是通过测量设备或工厂的自计量设施,采集现场的实际碳排放含量。该方法需要根据现场实际情况制订测量方案,获得的数据十分可靠和准确。实测法适用于施工图纸不全面的工程。其中实测法中机械碳排放部分为电力碳排放和能源碳排放之和,从消耗量看,机械碳排放可分为额定消耗量和实际消耗量。额定消耗量是指根据机械的额定功率,结合其运行时间等数据计算得到的能源消耗量;实际消耗量是指直接统计投入机械运作的各能源消耗量。实际消耗量能更为准确地计算出机械碳排放,当无法准确获得机械实际消耗的各项能源用量时,研究人员可采取基于额定消耗量的方法计算机械碳排放。实测法需在各阶段实际运作时进行相关数据测量。

定额法具有方便、快捷的优点,而实测法具有可靠、准确的优点。研究人员在使用本手册时,需注意定额法和实测法的使用条件及适用对象,二者不能混用。

软件分析法是使用 Ecotect、Energy-plus 等能耗分析软件得到消耗量。此方法需要相关技术人员的参与,且需要可导入能耗分析软件的建筑模型。

宏观数据法是查阅《中国统计年鉴》(2019 年),获取各省区市人均年生活用水量及能源消耗量,以此为基础来计算工业化建筑在使用期间的能源碳排放。

# 3 构件生产阶段

## 3.1 定额计算法

根据《工业化建筑全产业链能耗及碳排放统计识别技术指南》可知,计算预制生产阶段构件碳排放需要收集预制构件厂活动数据,包括人工数量、机械功率、材料消耗、运行时间等。定额法是指使用计价定额文件中的单位体积预制构件生产消耗人材机数据[如《重庆市房屋建筑与装饰工程计价定额》(CQJZZSDE—2018 第一册建筑工程)],代替现场实测数据。定额数据考虑了正常休息时间、空转时间或材料正常损耗等,且为社会平均水平,在一定程度上控制了碳排放测算的工程量,但计算原则仍是按照《工业化建筑全产业链能耗及碳排放统计识别技术指南》中的规则。

对于具体构件尺寸、型号等信息的获取,可依据国家建筑标准设计图集中的装配式建筑系列图集或具体施工图纸来确定构件编号、尺寸及钢筋、混凝土消耗数据等。

由于部分构件无相应的《重庆市房屋建筑与装饰工程计价定额》(CQJZZSDE—2018 第一册建筑工程),因此将构件计算规则划分为两类,即有定额数据的和无定额数据的。

1)有定额数据的计算规则

以《重庆市房屋建筑与装饰工程计价定额》（CQJZZSDE—2018第一册建筑工程）为例，由于部分构件无具体的图集信息，因此在计算构件体积及钢筋用量时，研究人员可根据具体施工图纸计算构件体积及钢筋用量，进而依据下述公式计算出此构件生产阶段的碳排放量。

本手册还根据部分构件的图集信息（《15G367-1预制钢筋混凝土板式楼梯》《13G322-1～4钢筋混凝土过梁（2013年合订本）》《15G366-1桁架钢筋混凝土叠合板（60 mm厚底板）》《15G365-1预制混凝土剪力墙外墙板》《15G365-2预制混凝土剪力墙内墙板》《15G368-1预制钢筋混凝土阳台板、空调板及女儿墙》）计算出其对应的碳排放数据（附录2），研究人员也可根据图集信息查询相应构件生产阶段的碳排放。

依据定额数据，构件的碳源主要包括人工、材料、机械，其中有制作构件的人材机，还有制作钢筋的人材机、机械主要消耗电力及能源。首先是构件制作的人材机碳排放，计算规则如下：

（1）人工碳排放

$$E_{p11} = \frac{V}{10} \times C_{p11} \times F_p \tag{3.1}$$

式中　$E_{p11}$——浇筑构件期间作业工人呼吸产生的碳排放量，单位为 $kgCO_2$；

　　　$V$——构件体积，单位为 $m^3$；

　　　$C_{p11}$——定额中对应的综合人工工日，单位为工日；

　　　$F_p$——综合人工工日因子，单位为 $kgCO_2$/工日。

注：式（3.1）中的"$\frac{V}{10}$"是因为《重庆市房屋建筑与装饰工程计价定额》（CQJZZSDE—2018第一册建筑工程）中，混凝土单位体积为"10 $m^3$"。为确保计算体积统一，故除以10，下同。

（2）主要材料隐含碳排放

$$E_{m11} = \sum_{j=1}^{n} \frac{V}{10} \times C_{mj11} \times F_{mj11} \tag{3.2}$$

式中　$E_{m11}$——浇筑构件期间主要材料的碳排放量,单位为 $kgCO_2$;

　　　$C_{mj11}$——定额中第 $j$ 种材料的消耗量,包括混凝土、水等,不考虑其他材料(此处不考虑钢筋及钢筋制作耗材);

　　　$F_{mj11}$——第 $j$ 种主要材料的碳排放因子。

（3）机械碳排放

$$E_{e11} = \sum_{j=1}^{n} \frac{V}{10} \times C_{ej11} \times F_{j11} + \sum_{i=1}^{n} \frac{V}{10} \times C_{ei11} \times F_{i11} \tag{3.3}$$

式中　$E_{e11}$——制作混凝土构件机械碳排放量,单位为 $kgCO_2$;

　　　$C_{ej11}$——定额中第 $j$ 种耗电机械消耗的台班;

　　　$F_{j11}$——第 $j$ 种机械单位台班碳排放因子,单位为 $kgCO_2/$台班;

　　　$C_{ei11}$——定额中第 $i$ 种耗油机械消耗的台班;

　　　$F_{i11}$——第 $i$ 种耗油机械单位台班碳排放因子,单位为 $kgCO_2/$台班。

其次是钢筋制作的人材机碳排放:

（4）人工碳排放

$$E_{p12} = W_{12} \times C_{p12} \times F_{p} \tag{3.4}$$

式中　$E_{p12}$——钢筋制作期间作业工人呼吸产生的碳排放量,单位为 $kgCO_2$;

　　　$W_{12}$——构件中钢筋质量,单位为 $kg$;

　　　$C_{p12}$——定额中对应的综合人工工日;

　　　$F_{p}$——综合人工工日因子,单位为 $kgCO_2/$工日。

（5）主要材料隐含碳排放

$$E_{m12} = \sum_{j=1}^{n} W_{12} \times C_{mj12} \times F_{mj12} \tag{3.5}$$

式中　$E_{m12}$——制作此构件的钢筋期间主要材料的碳排放量,单位为 $kgCO_2$;

　　　$C_{mj12}$——定额中第 $j$ 种材料的消耗量,包括钢筋、水等;

　　　$F_{mj12}$——第 $j$ 种主要材料的碳排放因子。

（6）机械碳排放

$$E_{e12} = \sum_{j=1}^{n} W_{12} \times C_{ej12} \times F_{j12} + \sum_{i=1}^{n} W_{12} \times C_{ei12} \times F_{i12} \tag{3.6}$$

式中　$E_{e12}$——制作此构件钢筋的机械碳排放量,单位为 $kgCO_2$;

$C_{ej12}$——定额中第 $j$ 种耗电机械消耗的台班；

$F_{j12}$——第 $j$ 种耗电机械单位台班碳排放因子，单位为 $kgCO_2$/台班；

$C_{ei12}$——定额中第 $i$ 种耗油机械消耗的台班；

$F_{i12}$——第 $i$ 种耗油机械单位台班碳排放因子，单位为 $kgCO_2$/台班。

因此，生产阶段一个构件 $i$ 的碳排放量 $E_i$ 为：

$$E_i = E_{p11} + E_{p12} + E_{m11} + E_{m12} + E_{e11} + E_{e12} \tag{3.7}$$

式中　$E_i$——单个构件 $i$ 生产阶段的碳排放量，单位为 $kgCO_2$；

$E_{p11}$——浇筑构件期间作业工人呼吸产生的碳排放量，单位为 $kgCO_2$；

$E_{p12}$——钢筋制作期间作业工人呼吸产生的碳排放量，单位为 $kgCO_2$；

$E_{m11}$——浇筑构件期间主要材料的碳排放量，单位为 $kgCO_2$；

$E_{m12}$——制作此构件的钢筋期间主要材料的碳排放量，单位为 $kgCO_2$；

$E_{e11}$——制作混凝土构件机械碳排放量，单位为 $kgCO_2$；

$E_{e12}$——制作此构件钢筋的机械碳排放量，单位为 $kgCO_2$。

此构件生产阶段的碳排放因子 $F$ 为单位体积碳排放：

$$F = \frac{E_i}{V_i} \tag{3.8}$$

式中　$F$——单位体积构件生产阶段的碳排放量，单位为 $kgCO_2/m^3$；

$E_i$——单个构件 $i$ 生产阶段的碳排放量，单位为 $kgCO_2$；

$V_i$——单个构件 $i$ 的体积，单位为 $m^3$。

按上述计算规则，研究人员通过构件体积及钢筋质量即可计算出相应的碳排放量。若研究人员未在常用机械设备的碳排放因子汇总表中查找到对应机械，可通过提供机械功率及运行时间，配合重庆大学数据库中综合电力碳排放因子来计算出此机械碳排放。

2) 无定额数据的计算规则

在预制构件碳排放研究中，众多学者研究认为构件主要材料产生的碳排放是构件碳排放的主要组成部分。对于无定额数据的部分构件（如混凝土剪力墙、阳台板、空调板、女儿墙等），本手册提出第二种计算规则：通过第一种计算规则计算楼梯、过梁、叠合板中钢筋和混凝土碳排放占比，得到指标系数，并依据本类构件的钢筋和混凝土碳排放进行整体构件碳排放计算(本手册以多类构件碳排放占比平均数为依据,计算预制构件钢筋及混凝土碳排放占整体构件碳排放占比约为 0.892)。因此,第二种计算规则只需从图集中获取构件体积及钢筋质量,借助钢筋密度就可计算得到钢筋体积,同时计算混凝土体积,进而计算钢筋和混凝土碳排放,得到整体构件碳排放。

查阅上述无定额数据构件图集,发现部分图集仅有构件体积或质量,无钢筋质量数据,但有构件配筋表。因此,第二种构件碳排放计算规则分为两类:一是能够在图集中直接获取构件体积和钢筋质量的构件;二是信息不全构件,仅能在图集中获取构件体积或质量,无钢筋质量数据。

(1)能够在图集中直接获取构件体积和钢筋质量的构件

$$E_{1-1} = \frac{\left(V - \dfrac{W}{\rho}\right) \times F_{c} + W \times F_{r}}{\alpha} \tag{3.9}$$

式中　$E_{1-1}$——预制构件的碳排放,单位为 $kgCO_2$;

　　　$V$——构件混凝土体积,单位为 $m^3$;

　　　$W$——构件中的钢筋质量,单位为 $kg$;

　　　$F_{c}$——混凝土碳排放因子,单位为 $kgCO_2/m^3$;

　　　$F_{r}$——钢筋碳排放因子,单位为 $kgCO_2/kg$;

　　　$\rho$——钢筋密度,单位为 $kg/m^3$;

　　　$\alpha$——其他类型构件钢筋和混凝土碳排放占总碳排放比例系数。

(2)信息不全构件(仅能在图集中获取构件体积或质量,无钢筋质量数据)

$$E_{1-2} = \frac{\left(V - \dfrac{\sum\limits_{i=1}^{n} L_i \times W_i}{\rho}\right) \times F_{c} + \sum\limits_{i=1}^{n} L_i \times W_i \times F_{r}}{\alpha} \tag{3.10}$$

式中　$E_{1-2}$——预制构件的碳排放,单位为 $kgCO_2$;

　　　$V$——构件混凝土体积,单位为 $m^3$;

　　　$L_i$——构件中第 $i$ 根钢筋长度,单位为 $m$;

　　　$W_i$——构件中第 $i$ 根钢筋每米理论质量,单位为 $kg/m$;

$F_c$——混凝土碳排放因子，单位为 $kgCO_2/m^3$；

$F_r$——钢筋碳排放因子，单位为 $kgCO_2/kg$；

$\rho$——钢筋密度，单位为 $kg/m^3$；

$\alpha$——其他类型构件钢筋和混凝土碳排放占总碳排放比例系数。

为简化计算，结合钢筋每米理论质量和每吨表面积及图集中构件配筋表（选取少部分构件计算其钢筋质量），为同一类型构件确定了一个含钢率。为匹配图集，含钢率单位不尽相同，如表 3.1 所示。

表 3.1 预制构件含钢率

| 一 | $kg/m^3$ | $m^3/m^3$ | $kg/kg$ | $kg/t$ |
|---|---|---|---|---|
| 柱 | — | 0.013 | — | — |
| 梁 | — | 0.013 | — | — |
| 无洞口外墙板 WQ | — | — | 0.019 | — |
| 一个窗洞外墙板 WQC1 | — | — | 0.036 | — |
| 一个窗洞外墙板 WQCA | — | — | 0.039 | — |
| 两个窗洞外墙板 WQC2 | — | — | 0.035 | — |
| 一个门洞外墙板 WQM | — | — | 0.042 | — |
| 无洞口内墙板 NQ | — | — | 0.026 | — |
| 固定门垛内墙板 NQM1 | — | — | 0.048 | — |
| 中间门洞内墙板 NQM2 | — | — | 0.054 | — |
| 刀把内墙板 NQM3 | — | — | 0.045 | — |
| 叠合板式阳台 | — | — | — | 46.671 |
| 全预制板式阳台 | — | — | — | 37.384 |
| 全预制梁式阳台 | — | — | — | 46.030 |
| 预制钢筋混凝土空调板 | — | — | 0.026 | — |
| 预制钢筋混凝土女儿墙 | — | — | — | 22.821 |
| 叠合板边板 | 147.860 | — | — | — |
| 叠合板中板 | 144.914 | — | — | — |
| 叠合板单向板 | 85.982 | — | — | — |

前文涉及的各部品计算结果汇成工业化建筑主要部品碳排放因子库,即单位体积或单位质量的预制部品在生产阶段产生的碳排放量,供研究人员查询。

## 3.2　实测计算法

实测法是指采用传感器或人工统计等方式获取现场活动中人材机消耗的真实数据,再计算出产生的能耗碳排放量。该方法能够真实地反映构件在实际生产中各个步骤中的能耗碳排放量,中间环节少,结果准确,但数据获取需要一定的人力、物力投入。可统计现场实际施工人员的具体分工及数量、统计各类材料的消耗,以及通过传感器记录机械运作情况来获取数据。下面总结测量构件生产过程能耗及碳排放的具体步骤。

1) 确定测量对象

第一步是确定测量对象,也就是明确测量目的。实际的构件工厂生产的构件类型很多(例如叠合板、外墙、内墙、梁、阳台板、柱、楼梯等),所以应首先确定测量的构件类型,再明确生产该类构件的生产方式(例如自动生产线生产模式或固定模台生产模式等),最后再选择合适计量单位表达该类构件的能耗碳排放量(例如自动生产线上单位立方米混凝土叠合板的能耗及碳排放量)。

2) 确定测量数据

第二步是确定测量数据。实测法计算碳排放也从人材机三部分入手,依据该生产线每日(月)生产计划,以及项目实际数据,计算项目生产阶段碳排放数值。获取生产阶段中人、材、机三类碳排放需要实际测量的数据,并按公式计算如下:

(1) 人工碳排放

在生产某类构件时,记录工厂各工位上参与生产活动的工人数,或根据智能门禁及打卡设备确定工人数量。

$$E'_{p1} = \sum_{i=1}^{n} N_{pi1} \times \frac{T_{pi1}}{8} \times F_p \qquad (3.11)$$

式中　$E'_{p1}$——项目生产阶段的碳排放量,单位为 $kgCO_2$;

　　　$N_{pi1}$——第 $i$ 个工序完成所需人工数量,单位为个;

$T_{pi1}$——第 $i$ 个工序所需工作时长，单位为 h；

$F_p$——综合人工工日因子，单位为 $kgCO_2$/工日。

注：实测法测得的人工工作时长单位为 h，按每工日 8 小时工作制计算，所以式 (3.11) 中将实测得到的人工工作时长除以 8，将单位换算为工日，下同。

（2）材料隐含碳排放

生产某类构件的材料用量，包括混凝土、钢筋、水等，可借助定额数据，或依据生产计划获取各项材料每日（月）用量及单个构件用料尺寸信息等数据，最后依据构件生产数量进行统计汇总。

$$E'_{m1} = \sum_{i=1}^{l} k_i \times \left( \sum_{j=1}^{n_i} C'_{mj1} \times F'_{mj1} \right) \tag{3.12}$$

式中　$E'_{m1}$——某类构件生产线上每日（月）材料隐含碳排放量，单位为 $kgCO_2$；

$C'_{mj}$——实测第 $j$ 种材料每日（月）的消耗量，包括混凝土、钢筋、水等，单位为 kg、$m^3$ 等；

$F'_{mj1}$——第 $j$ 种主要材料的碳排放因子；

$k_i$——第 $i$ 种构件生产数量；

$l$——项目预制构件种类值；

$n_i$——第 $i$ 种构件材料种类值。

（3）机械碳排放

机械碳排放为电力碳排放和能源碳排放之和，从消耗量看，机械碳排放可分为额定消耗量和实际消耗量（如下述方法①和②）。额定消耗量是指根据机械的额定功率，结合其运行时间等数据计算得到的能源消耗量；实际消耗量是指直接统计投入机械运作的各能源消耗量。实际消耗量能更为准确地计算出机械碳排放，当无法准确获得机械实际消耗的各项能源用量时，研究人员可采取基于额定消耗量的方法计算机械碳排放。

①基于额定消耗量的机械碳排放。

$$E'_{e1} = \sum_{i=1}^{n} P_{i1} \times T_{ei1} \times F_e + \sum_{j=1}^{n} C'_{ej1} \times F'_{ej1} \tag{3.13}$$

式中　$E'_{e1}$——项目生产阶段机械每日（月）产生的碳排放，单位为 $kgCO_2$；

$P_{i1}$——第 $i$ 种耗电机械的额定功率,如龙门吊、桁车等,单位为 kW;

$T_{ei1}$——生产阶段第 $i$ 个工序耗电机械每日(月)工作时长,单位为 h;

$F_e$——综合电力碳排放因子;

$C'_{ej1}$——第 $j$ 种耗油机械的额定能源消耗量,包括柴油、汽油等;

$F'_{ej1}$——第 $j$ 种能源的碳排放因子。

其中,第 $j$ 种耗油机械的额定能源消耗量 $C'_{ej1}$ 需根据机械的额定功率计算得到,计算规则如下:

$$C'_{ej1} = P'_{j1} \times B_j \times h'_{j1} \tag{3.14}$$

式中　$P'_{j1}$——第 $j$ 种机械的额定功率,单位为 kW;

$B_j$——第 $j$ 种机械的燃油消耗率,单位为 kg/(kW·h);

$h'_{j1}$——第 $j$ 种机械的工作时间,单位为 h。

②基于实际消耗量的机械碳排放。

对于以电力为动力的机械,研究人员可查询生产厂电表数据,记录该项目所用生产线每日(月)用电差值。对于以其他燃料为动力的机械,研究人员可询问工厂相关负责人获取各燃料用量信息,再依据上述规则折算得到某构件生产线的燃料用量。最后,根据综合电力碳排放因子及第 $j$ 种能源的碳排放因子计算机械碳排放,公式如下:

$$E''_{e1} = \sum_{i=1}^{n} EC_{i1} \times F_e + \sum_{j=1}^{n} C''_{ej1} \times F''_{ej1} \tag{3.15}$$

式中　$E''_{e1}$——实际功率下生产阶段的机械产生的碳排放,单位为 $kgCO_2$;

$EC_{i1}$——实际功率下生产阶段的第 $i$ 种耗电机械的实际用电量,包括龙门吊、桁车等,单位为 kW·h;

$F_e$——综合电力碳排放因子;

$C''_{ej1}$——第 $j$ 种耗油机械的实际能源消耗量,包括柴油、汽油等;

$F''_{ej1}$——第 $j$ 种能源的碳排放因子。

# 4 构件运输阶段

## 4.1 定额计算法

运输阶段碳排放指预制构件在工厂生产完成后吊装到运输车上,再被运输至现场并卸车堆放的过程中,所产生的人、材、机三类碳排放。人工碳排放包括吊装工人、运输车司机的呼吸碳排放;材料碳排放包括吊装和运输的辅助材料的碳排放;机械碳排放包括吊装机械的电力碳排放和运输机械的燃料碳排放。以《重庆市房屋建筑与装饰工程计价定额》(CQJZZSDE—2018 第一册 建筑工程)为例,其中 E.7 节构件运输有关于Ⅰ、Ⅱ、Ⅲ类构件运输的定额数据,从中可以获得运输单位体积预制构件的人、材、机数据,如表 4.1 所示。

表 4.1　构件运输定额

| 工作内容:装车绑扎、运输、按规定地点卸车堆放、支垫稳固 | | | 计量单位:10 m³ | | | | | |
| --- | --- | --- | --- | --- | --- | --- | --- | --- |
| | | | Ⅰ类构件汽车运输 | | Ⅱ类构件汽车运输 | | Ⅲ类构件汽车运输 | |
| | | | 1 km 以内 | 每增加 1 km | 1 km 以内 | 每增加 1 km | 1 km 以内 | 每增加 1 km |
| 名　称 | | 单　位 | 消耗量 | | | | | |
| 人工 | 建筑综合工 | 工日 | 2.180 | 0.240 | 1.840 | 0.160 | 2.400 | 0.300 |

续表

| 工作内容:装车绑扎、运输、按规定地点卸车堆放、支垫稳固 | | | 计量单位:10 m³ | | | | | |
| --- | --- | --- | --- | --- | --- | --- | --- | --- |
| | | | I 类构件汽车运输 | | II 类构件汽车运输 | | III 类构件汽车运输 | |
| | | | 1 km 以内 | 每增加 1 km | 1 km 以内 | 每增加 1 km | 1 km 以内 | 每增加 1 km |
| | 名　称 | 单　位 | 消耗量 | | | | | |
| 材料 | 木材　锯材 | m³ | 0.010 | — | 0.010 | — | 0.020 | — |
| | 加固钢丝绳 | kg | 0.301 | — | 0.320 | — | 0.250 | — |
| | 钢支架摊销 | kg | — | | — | | 2.310 | |
| | 其他材料费 | 元 | 4.620 | | 9.67 | | 7.390 | |
| 机械 | 汽车式起重机 5 t | 台班 | 0.664 | | 0.522 | | — | — |
| | 汽车式起重机 12 t | 台班 | | | | | 0.496 | |
| | 载重汽车 6 t | 台班 | 0.914 | 0.099 | | | — | — |
| | 载重汽车 8 t | 台班 | | | 0.726 | 0.063 | — | — |
| | 平板拖车组 20 t | 台班 | | | | | 0.672 | 0.081 |

由表 4.1 可知,材料的消耗量仅与构件类型、体积有关,而人工和机械的消耗量还与运输距离有关,运输距离越长,消耗量越大。在计算碳排放量之前,需测量构件实际运输距离,再根据定额中列出的消耗量以及其他计算规则,得出人工和机械的定额消耗量。为便于研究人员理解与应用,现将运输过程分为装车和运输两部分,依据定额计算法,其计算公式如下。

1)装车过程碳排放

(1)人工碳排放

$$E_{p2-1} = \frac{V}{10} \times C_{p2-1} \times F_p \tag{4.1}$$

式中　$E_{p2-1}$——吊装一车构件工人呼吸产生的碳排放量,单位为 $kgCO_2$;

　　　$C_{p2-1}$——定额中对应的综合人工工日;

　　　$F_p$——综合人工工日因子,单位为 $kgCO_2/$工日。

(2)辅助材料隐含碳排放

$$E_{m2-1} = \sum_{j=1}^n \frac{V}{10} \times C_{mj2-1} \times F_{mj2-1} \tag{4.2}$$

式中　$E_{m2-1}$——装车过程中辅助材料的碳排放量,单位为 $kgCO_2$;

$\quad\quad C_{mj2-1}$——定额中第 $j$ 种辅助材料的消耗量;

$\quad\quad F_{mj2-1}$——第 $j$ 种辅助材料的碳排放因子。

(3)机械碳排放

$$E_{e2-1} = \sum_{j=1}^{n} \left( \frac{V}{10} \times C_{ej2-1} \times F_{ej2-1} \right) \quad\quad (4.3)$$

式中　$E_{e2-1}$——装车过程中吊装机械碳排放量,单位为 $kgCO_2$;

$\quad\quad C_{ej2-1}$——定额中第 $j$ 种机械消耗的台班;

$\quad\quad F_{ej2-1}$——第 $j$ 种机械单位台班碳排放因子,单位为 $kgCO_2/$ 台班。

综上,根据定额法计算出运输阶段装车过程碳排放为:

$$E_{2-1} = E_{p2-1} + E_{m2-1} + E_{e2-1} \quad\quad (4.4)$$

式中　$E_{2-1}$——运输阶段装车过程中的碳排放量,单位为 $kgCO_2$;

$\quad\quad E_{p2-1}$——吊装一车构件工人呼吸产生的碳排放量,单位为 $kgCO_2$;

$\quad\quad E_{m2-1}$——装车过程中辅助材料的碳排放量,单位为 $kgCO_2$;

$\quad\quad E_{e2-1}$——装车过程中吊装机械碳排放量,单位为 $kgCO_2$。

2) 运输过程碳排放

(1)运输距离为 1 km 以内

①人工碳排放:

$$E_{p2-2} = \frac{V}{10} \times C_{p2-2} \times F_p \quad\quad (4.5)$$

式中　$E_{p2-2}$——运输距离 1 km 以内运输司机呼吸产生的碳排放量,单位为 $kgCO_2$;

$\quad\quad C_{p2-2}$——定额中运输距离 1 km 以内对应的综合人工工日;

$\quad\quad F_p$——综合人工工日因子,单位为 $kgCO_2/$ 工日。

②机械碳排放:

$$E_{e2-2} = \sum_{j=1}^{n} \frac{V}{10} \times C_{ej2-2} \times F_{ej2-2} \quad\quad (4.6)$$

式中　$E_{e2-2}$——运输距离 1 km 以内运输阶段机械碳排放量,单位为 $kgCO_2$;

$\quad\quad C_{ej2-2}$——定额中第 $j$ 种机械消耗的台班;

$F_{ej2-2}$——第 $j$ 种机械单位台班碳排放因子，单位为 $kgCO_2$/台班。

（2）运输距离超过 1 km，且每增加 1 km

① 人工碳排放：

$$E_{p2-3} = \frac{V}{10} \times \left[ C_{p2-2} + C_{p2-3} \times (L_2 - 1) \right] \times F_p \qquad (4.7)$$

式中　$E_{p2-3}$——运输距离超过 1 km，且每增加 1 km 的运输司机呼吸产生的碳排放量，单位为 $kgCO_2$；

　　　$C_{p2-2}$——定额中运输距离 1 km 以内对应的综合人工工日；

　　　$C_{p2-3}$——定额中运输距离每增加 1 km 对应的综合人工工日；

　　　$L_2$——运输距离，$L_2 \geqslant 1$，单位为 km；

　　　$F_p$——综合人工工日因子，单位为 $kgCO_2$/工日。

② 机械碳排放：

$$E_{e2-3} = \sum_{j=1}^{n} \frac{V}{10} \times \left[ C_{ej2-2} + C_{ej2-3} \times (L_2 - 1) \right] \times F_{ej2-2} \qquad (4.8)$$

式中　$E_{e2-3}$——运输距离每增加 1 km 的机械碳排放量，单位为 $kgCO_2$；

　　　$C_{ej2-2}$——定额中第 $j$ 种机械消耗的台班；

　　　$C_{ej2-3}$——定额中运输距离每增加 1 km 对应的第 $j$ 种机械增加的台班；

　　　$L_2$——运输距离，$L_2 \geqslant 1$，单位为 km；

　　　$F_{ej2-2}$——第 $j$ 种机械单位台班碳排放因子，单位为 $kgCO_2$/台班。

综上，根据定额法计算出运输过程碳排放为：

$$E_{2-2} = E_{p2-2} + E_{e2-2} + E_{p2-3} + E_{e2-3} \qquad (4.9)$$

式中　$E_{2-2}$——车辆运输过程碳排放，单位为 $kgCO_2$；

　　　$E_{p2-2}$——运输距离 1 km 以内运输司机产生的碳排放量，单位为 $kgCO_2$；

　　　$E_{e2-2}$——运输距离 1 km 以内运输阶段机械碳排放量，单位为 $kgCO_2$；

　　　$E_{p2-3}$——运输距离超过 1 km，且每增加 1 km 的运输司机产生的碳排放量，单位为 $kgCO_2$；

　　　$E_{e2-3}$——运输距离每增加 1 km 的机械碳排放量，单位为 $kgCO_2$。

依据定额法，运输阶段碳排放为：

$$E_2 = E_{2\text{-}1} + E_{2\text{-}2} \qquad (4.10)$$

式中　$E_2$——运输阶段碳排放，单位为 $kgCO_2$；

　　　$E_{2\text{-}1}$——装车过程碳排放，单位为 $kgCO_2$；

　　　$E_{2\text{-}2}$——车辆运输过程碳排放，单位为 $kgCO_2$。

## 4.2　实测计算法

运输阶段实测法包括两种方法。一种是基于人材机的碳排放实测数据，一种是基于运输车辆的碳排放实测数据，两种方法计算公式分别如下所示。

1）基于人材机的碳排放实测计算公式

（1）人工碳排放

$$E'_{p2} = N_{p2} \times \frac{T_{p2}}{8} \times F_p \qquad (4.11)$$

式中　$E'_{p2}$——构件运输人工碳排放，单位为 $kgCO_2$；

　　　$N_{p2}$——建材运输阶段的工人数量，单位为人；

　　　$T_{p2}$——建材运输阶段单人工作时长，单位为 $h$；

　　　$F_p$——综合人工工日因子，单位为 $kgCO_2/$工日。

（2）材料隐含碳排放

$$E'_{m2} = \sum_{j=1}^{n} C'_{mj2} \times F'_{mj2} \qquad (4.12)$$

式中　$E'_{m2}$——完成构件运输材料隐含碳排放，单位为 $kgCO_2$；

　　　$C'_{mj2}$——完成构件运输第 $j$ 种辅助材料的消耗量；

　　　$F'_{mj2}$——第 $j$ 种辅助材料的碳排放因子。

（3）机械碳排放

①基于额定消耗量的机械碳排放：

$$E'_{e2} = \sum_{i=1}^{n} P_{i2} \times T_{ei2} \times F_e + \sum_{j=1}^{n} C'_{ej2} \times F'_{ej2} \qquad (4.13)$$

式中　$E'_{e2}$——运输过程中机械的碳排放量，单位为 $kgCO_2$；

　　　$P_{i2}$——第 $i$ 种机械的额定功率，单位为 $kW$；

$T_{ei2}$——运输构件第 $i$ 种机械耗电机械的工作时长,单位为 h;

$F_e$——综合电力碳排放因子;

$C'_{ej2}$——第 $j$ 种耗油机械的额定能源消耗量,包括柴油、汽油等;

$F'_{ej2}$——第 $j$ 种能源的碳排放因子。

②基于实际消耗量的机械碳排放:

$$E''_{e2} = \sum_{i=1}^{n} EC_{i2} \times F_e + \sum_{j=1}^{n} C''_{ej2} \times F''_{ej2} \tag{4.14}$$

式中　$E''_{e2}$——运输过程中机械的实际碳排放量,单位为 $kgCO_2$;

$EC_{i2}$——运输阶段第 $i$ 种耗电机械的实际用电量,单位为 $kW \cdot h$;

$F_e$——综合电力碳排放因子;

$C''_{ej2}$——第 $j$ 种耗油机械的实际能源消耗量,包括柴油、汽油等;

$F''_{ej2}$——第 $j$ 种能源的碳排放因子。

2)基于运输车辆的碳排放实测计算公式

$$E'''_2 = \sum_{i=1}^{n} \sum_{j=1}^{m} M_{i,j} \times D_{i,j2} \times F_{i,j} \tag{4.15}$$

式中　$E'''_2$——建材或构配件运输阶段的碳排放量,单位为 $kgCO_2$;

$M_{i,j}$——第 $i$ 种建材或构配件通过第 $j$ 种运输方式的运输量,单位为 t;

$D_{i,j2}$——第 $i$ 种建材或构配件通过第 $j$ 种运输方式的运输距离,单位为 km;

$F_{i,j}$——第 $i$ 种建材或构配件在第 $j$ 种运输方式下,单位质量、单位运输距离的碳排放因子,单位为 $kgCO_2/(t \cdot km)$。

从中国碳排放交易网可查到建材各类运输方式单位质量运输距离的碳排放因子。研究人员可根据具体情况自行选择上述公式计算出运输不同类型构件的碳排放量,依据工业化建筑设计图纸汇总即可得到一个标准间、一个标准层、一栋建筑及整个项目在运输阶段所产生的碳排放量。

## 5 构件施工阶段

### 5.1 定额计算法

（1）人工碳排放

$$E_{p3} = \frac{V}{10} \times C_{p3} \times F_p \tag{5.1}$$

式中 $E_{p3}$——施工阶段作业工人呼吸产生的碳排放量，单位为 $kgCO_2$；

$V$——构件体积，单位为 $m^3$；

$C_{p3}$——定额中对应的综合人工工日；

$F_p$——综合人工工日因子，单位为 $kgCO_2/工日$。

（2）附加材料的隐含碳排放

$$E_{m3} = \sum_{j=1}^{n} \frac{V}{10} \times C_{mj3} \times F_{mj3} \tag{5.2}$$

式中 $E_{m3}$——施工阶段附加材料的碳排放量，单位为 $kgCO_2$；

$C_{mj3}$——定额中第 $j$ 种材料的消耗量；

$F_{mj3}$——第 $j$ 种主要材料的碳排放因子。

（3）机械碳排放

$$E_{e3} = \sum_{j=1}^{n} \frac{V}{10} \times C_{ej3} \times F_{j3} + \sum_{i=1}^{n} \frac{V}{10} \times C_{ei3} \times F_{i3} \tag{5.3}$$

式中　$E_{e3}$——施工阶段机械碳排放量，单位为 $kgCO_2$；

　　　$C_{ej3}$——定额中第 $j$ 种耗电机械消耗的台班；

　　　$F_{j3}$——第 $j$ 种耗电机械单位台班碳排放因子，单位为 $kgCO_2$/台班；

　　　$C_{ei3}$——定额中第 $i$ 种耗油机械消耗的台班；

　　　$F_{i3}$——第 $i$ 种耗油机械单位台班碳排放因子，单位为 $kgCO_2$/台班。

综上，根据定额法计算出施工阶段碳排放为：

$$E_3 = E_{p3} + E_{m3} + E_{e3} \tag{5.4}$$

式中　$E_{p3}$——施工阶段作业工人呼吸产生的碳排放量，单位为 $kgCO_2$；

　　　$E_{m3}$——施工阶段主要材料的碳排放量，单位为 $kgCO_2$；

　　　$E_{e3}$——施工阶段机械碳排放量，单位为 $kgCO_2$。

## 5.2　实测计算法

工业化建筑施工阶段主要包括吊装构件、固定构件、焊接构件、涂刷构件等施工过程，其碳排放包括现场安装工人的人工碳排放、材料隐含碳排放、吊装过程中的机械碳排放三类。

施工阶段碳排放计算公式如下：

（1）人工碳排放

$$E'_{p3} = \sum_{i=1}^{n} N_{pi3} \times \frac{T_{pi3}}{8} \times F_p \tag{5.5}$$

式中　$E'_{p3}$——施工阶段人工碳排放，单位为 $kgCO_2$；

　　　$N_{pi3}$——施工阶段第 $i$ 个工序人工数量，单位为个；

　　　$T_{pi3}$——施工阶段第 $i$ 个工序人工工作时长，单位为 h；

　　　$F_p$——综合人工工日因子，单位为 $kgCO_2$/工日。

（2）附加材料隐含碳排放

$$E'_{m3} = \sum_{j=1}^{n} C'_{mj3} \times F'_{mj3} \qquad (5.6)$$

式中　$E'_{m3}$——施工阶段使用附加材料的隐含碳排放，单位为 $kgCO_2$；

　　　$C'_{mj3}$——实测施工过程中第 $j$ 种材料的消耗量；

　　　$F'_{mj3}$——第 $j$ 种材料的碳排放因子。

（3）机械碳排放

①基于额定消耗量的机械碳排放：

$$E'_{e3} = \sum_{i=1}^{n} P_{i3} \times T_{i3} \times F_e + \sum_{j=1}^{n} C'_{ej3} \times F'_{ej3} \qquad (5.7)$$

式中　$E'_{e3}$——额定消耗量下完成施工的机械碳排放，单位为 $kgCO_2$；

　　　$P_{i3}$——第 $i$ 种耗电机械额定功率，单位为 $kW$；

　　　$T_{i3}$——单批构件施工过程中第 $i$ 种机械平均工作时长，单位为 $h$；

　　　$F_e$——综合电力碳排放因子；

　　　$C'_{ej3}$——第 $j$ 种耗油机械的额定能源消耗量；

　　　$F'_{ej3}$——第 $j$ 种能源的碳排放因子。

②基于实际消耗量的机械碳排放：

$$E''_{e3} = \sum_{i=1}^{n} EC_{i3} \times F_e + \sum_{j=1}^{n} C''_{ej3} \times F''_{ej3} \qquad (5.8)$$

式中　$E''_{e3}$——实际消耗量下装配机械产生的碳排放，单位为 $kgCO_2$；

　　　$EC_{i3}$——施工阶段第 $i$ 种耗电机械的实际用电量，单位为 $kW \cdot h$；

　　　$F_e$——综合电力碳排放因子；

　　　$C''_{ej3}$——第 $j$ 种耗油机械的实际能源消耗量；

　　　$F''_{ej3}$——第 $j$ 种能源的碳排放因子。

综上，施工阶段完成同类单批次构件吊装的碳排放为：

$$E'_3 = E'_{p3} + E'_{m3} + E'_{e3} \qquad (5.9)$$

$$E''_3 = E'_{p3} + E'_{m3} + E''_{e3} \qquad (5.10)$$

式中　$E'_3$——额定消耗量下施工阶段碳排放，单位为 $kgCO_2$；

　　　$E''_3$——实际消耗量下施工阶段碳排放，单位为 $kgCO_2$；

$E'_{p3}$——施工阶段人工碳排放,单位为 $kgCO_2$;

$E'_{m3}$——施工阶段使用其他材料的隐含碳排放,单位为 $kgCO_2$;

$E'_{e3}$——额定消耗量下完成施工的机械碳排放,单位为 $kgCO_2$;

$E''_{e3}$——实际消耗量下装配机械产生的碳排放,单位为 $kgCO_2$。

　　研究人员可根据上述公式计算出施工阶段不同类型构件的碳排放量,依据工业化建筑设计图纸汇总即可得到一个标准间、一个标准层、一栋建筑及整个项目在施工阶段所产生的碳排放量。

# 6 使用及维护阶段

使用及维护阶段分为使用与更新维护两大部分,计算公式如下:

$$E_4 = E_{41} + E_{42} \qquad (6.1)$$

式中 $E_4$——建筑使用及维护阶段产生的碳排放量,单位为 $kgCO_2$;

$E_{41}$——建筑使用期间产生的碳排放量,单位为 $kgCO_2$;

$E_{42}$——建筑更新维护产生的碳排放量,单位为 $kgCO_2$。

## 6.1 使用期间

对于大多数普通房屋而言,其设计使用年限为 50 年。在此期间,为了满足人们的需求,往往会使用空调、照明等多种设备来提供不同的功能。设备运行消耗资源与能源是建筑使用期间碳排放的主要来源,主要为水、电、天然气等。根据资源与能源消耗量数据获取方式的不同,计算规则分为以下三种。

1) 实际统计

通过建筑物的水表、电表、天然气表等计量设备,通过对月消耗量的统计得到年消耗量。此方法得到的结果较为准确,但统计过程耗时长,且需消耗人力。计算公式如下:

$$E_{41} = \sum_{j=1}^{n} C_{j41} \times F_{j41} \times n \qquad (6.2)$$

式中　$E_{41}$——建筑使用期间产生的碳排放量,单位为 $kgCO_2$;

　　　$C_{j41}$——建筑使用期间第 $j$ 种资源或能源的年消耗量;

　　　$F_{j41}$——第 $j$ 种资源或能源的碳排放因子;

　　　$n$——建筑使用年限,单位为年。

2)软件分析

使用 Ecotect、Energy-plus 等能耗分析软件得到消耗量。此方法需要相关技术人员的参与,且需要可导入能耗分析软件的建筑模型。计算公式如下:

$$E'_{41} = \sum_{j=1}^{n} C'_{j41} \times F'_{j41} \qquad (6.3)$$

式中　$E'_{41}$——建筑使用期间产生的碳排放量,单位为 $kgCO_2$;

　　　$C'_{j41}$——建筑使用期间第 $j$ 种资源或能源的消耗量;

　　　$F'_{j41}$——第 $j$ 种资源或能源的碳排放因子。

3)宏观数据

使用《2019 中国统计年鉴》中第 8.10 节供水用水情况,可得各省区市(不含港澳台地区)人均年生活用水量如表 6.1 所示。

表 6.1　各省区市人均年生活用水量

| 地　区 | 人均年生活用水量(m³/人) | 地　区 | 人均年生活用水量(m³/人) |
|---|---|---|---|
| 北京 | 18.4 | 湖北 | 54.4 |
| 天津 | 7.4 | 湖南 | 45.7 |
| 河北 | 27.8 | 广东 | 102.1 |
| 山西 | 13.4 | 广西 | 40.8 |
| 内蒙古 | 11.2 | 海南 | 8.6 |
| 辽宁 | 25.5 | 重庆 | 21.5 |
| 吉林 | 14.1 | 四川 | 54.4 |
| 黑龙江 | 15.7 | 贵州 | 19.5 |
| 上海 | 24.5 | 云南 | 23.6 |
| 江苏 | 61.0 | 西藏 | 2.9 |
| 浙江 | 47.2 | 陕西 | 17.4 |

续表

| 地 区 | 人均年生活用水量（m³/人） | 地 区 | 人均年生活用水量（m³/人） |
|---|---|---|---|
| 安徽 | 34.1 | 甘肃 | 9.2 |
| 福建 | 33.6 | 青海 | 3.0 |
| 江西 | 29.0 | 宁夏 | 2.6 |
| 山东 | 36.0 | 新疆 | 14.8 |
| 河南 | 40.7 | | |

查阅《2019 中国统计年鉴》中第 9、13 节人均生活能源消费量，可得人均年生活能源消费量如表 6.2 所示。

表 6.2　人均生活能源消费量

| 煤炭（kg） | 电力（kW·h） | 液化石油气（kg） | 天然气（m³） | 煤气（m³） |
|---|---|---|---|---|
| 67.0 | 654.3 | 23.3 | 30.3 | 3.7 |

除上述人均消耗量外，还需要根据总建筑面积与人均建筑面积，计算该建筑的使用人数。（国家统计局最新公布 2018 年城镇居民民人均住房面积为 39.0 m²，农村人均住房面积为 47.3 m²）计算公式如下：

$$C''_{j41} = C_{aj41} \times \frac{S}{S_a} \tag{6.4}$$

式中　$C''_{j41}$——建筑使用期间第 $j$ 种资源或能源的年消耗量；

$\quad\quad C_{aj41}$——建筑使用期间第 $j$ 种资源或能源的人均年消耗量，查表 6.1、表 6.2 可得；

$\quad\quad S$——建筑面积，单位为 m²；

$\quad\quad S_a$——人均建筑面积，单位为 m²/人。

$$E''_{41} = \sum_{j=1}^{n} C''_{j41} \times F''_{j41} \times n \tag{6.5}$$

式中　$E''_{41}$——建筑使用期间产生的碳排放量，单位为 $kgCO_2$；

$\quad\quad C''_{j41}$——建筑使用期间第 $j$ 种资源或能源的消耗量；

$\quad\quad F''_{j41}$——第 $j$ 种资源或能源的碳排放因子；

$\quad\quad n$——建筑使用年限，单位为年。

## 6.2 **更新维护**

人们在建筑内部及周边的日常活动会不可避免地对相关设施设备造成一定损耗,如水管渗漏、电线老化、空调故障、电梯故障等。更新维护产生的碳排放主要来自对这些已损耗的设施设备进行更换,每一项设施设备的碳排放都包括生产、运输、安装三方面内容,其计算公式如下:

$$E_{42} = E_y \times n \tag{6.6}$$

式中　$E_{42}$——建筑更新维护产生的碳排放量,单位为 $kgCO_2$;

　　　$E_y$——建筑更新维护的年平均碳排放量,单位为 $kgCO_2/$年;

　　　$n$——建筑使用年限,单位为年。

# 7 拆除及回收阶段

建筑拆除及回收阶段包括建筑拆除解体、建筑垃圾运输、建筑垃圾处理三个方面,碳排放量主要来自:①作业工人的呼吸;②钢管、氧气、乙炔等材料消耗带来的隐含碳排放;③挖掘机、运输车辆等机械消耗的电能及其他能源。

按照拆除及回收阶段的三项主要工作内容划分,碳排放量计算公式如下:

$$E_5 = E_{51} + E_{52} + E_{53} \tag{7.1}$$

式中　$E_5$——建筑拆除及回收阶段碳排放量,单位为 $kgCO_2$;

　　　$E_{51}$——建筑拆除解体的碳排放量,单位为 $kgCO_2$;

　　　$E_{52}$——建筑垃圾运输的碳排放量,单位为 $kgCO_2$;

　　　$E_{53}$——建筑垃圾处理的碳排放量,单位为 $kgCO_2$。

## 7.1　建筑拆除解体期间

(1)人工碳排放

$$E_{p51} = \sum_{i=1}^{n} N_{pi51} \times \frac{T_{pi51}}{8} \times F_p \tag{7.2}$$

式中　$E_{p51}$——建筑拆除解体期间作业工人产生的碳排放量,单位为 $kgCO_2$;

　　　$N_{pi51}$——建筑拆除解体期间第 $i$ 个工序的工人数量,单位为个;

$T_{pi51}$——建筑拆除解体期间第 $i$ 个工人的工作时长,单位为 h;

$F_p$——综合人工工日因子,单位为 $kgCO_2$/工日。

(2)材料隐含碳排放

$$E_{m51} = \sum_{j=1}^{n} C_{mj51} \times F_{mj51} \tag{7.3}$$

式中 $E_{m51}$——建筑拆除阶段消耗其他材料的隐含碳排放量,单位为 $kgCO_2$;

$C_{mj51}$——实测第 $j$ 种材料的消耗量;

$F_{mj51}$——第 $j$ 种主要材料的碳排放因子。

(3)机械碳排放

①基于额定消耗量的机械碳排放:

$$E_{e51} = \sum_{i=1}^{n} P_{i51} \times T_{i51} \times F_e + \sum_{j=1}^{n} C_{ej51} \times F_{ej51} \tag{7.4}$$

式中 $E_{e51}$——额定消耗量下完成拆除建筑的机械碳排放,单位为 $kgCO_2$;

$P_{i51}$——第 $i$ 种机械额定功率,单位为 kW;

$T_{i51}$——建筑拆除解体期间第 $i$ 种机械平均工作时长,单位为 h;

$F_e$——综合电力碳排放因子;

$C_{ej51}$——第 $j$ 种机械的额定能源消耗量;

$F_{ej51}$——第 $j$ 种能源的碳排放因子。

②基于实际消耗量的机械碳排放:

$$E'_{e51} = \sum_{i=1}^{n} EC_{i51} \times F_e + \sum_{j=1}^{m} C'_{ej51} \times F'_{ej51} \tag{7.5}$$

式中 $E'_{e51}$——实际消耗量下拆除建筑的机械产生的碳排放,单位为 $kgCO_2$;

$EC_{i51}$——第 $i$ 种机械的实际用电量,单位为 kW·h;

$F_e$——综合电力碳排放因子;

$C'_{ej51}$——第 $j$ 种机械的实际能源消耗量;

$F'_{ej51}$——第 $j$ 种能源的碳排放因子。

综上,建筑拆除解体期间的碳排放量为:

$$E_{51} = E_{p51} + E_{m51} + E_{e51} \tag{7.6}$$

$$E'_{51} = E_{p51} + E_{m51} + E'_{e51} \tag{7.7}$$

拆除单位面积工业化建筑的碳排放量为：

$$F_{51} = \frac{E_{p51} + E_{m51} + E_{e51}}{S} \tag{7.8}$$

$$F'_{51} = \frac{E_{p51} + E_{m51} + E'_{e51}}{S} \tag{7.9}$$

式中　$E_{51}$——额定消耗量下建筑拆除解体期间的碳排放量，单位为 $kgCO_2$；

$E'_{51}$——实际消耗量下建筑拆除解体期间的碳排放量，单位为 $kgCO_2$；

$F_{51}$——额定消耗量下拆除单位面积工业化建筑的碳排放量，单位为 $kgCO_2/m^2$；

$F'_{51}$——实际消耗量下拆除单位面积工业化建筑的碳排放量，单位为 $kgCO_2/m^2$；

$E_{p51}$——建筑拆除解体期间作业工人产生的碳排放量，单位为 $kgCO_2$；

$E_{m51}$——建筑拆除阶段消耗其他材料的隐含碳排放量，单位为 $kgCO_2$；

$E_{e51}$——建筑拆除解体期间机械产生的碳排放量，单位为 $kgCO_2$；

$E'_{e51}$——建筑拆除解体期间机械产生的碳排放量，单位为 $kgCO_2$；

$S$——工业化建筑的建筑面积，单位为 $m^2$。

研究人员可测量拆除局部建筑的碳排放量，根据上述公式计算出拆除单位面积的碳排放量，再依据工业化建筑设计图纸中的建筑面积即可得到一个标准间、一个标准层、一栋建筑及整个项目在建筑拆除解体期间所产生的碳排放量。

## 7.2　建筑垃圾运输期间

与构件运输阶段类似，包括两种方法。一种是基于人材机的碳排放实测数据，一种是基于运输车辆的碳排放实测数据，两种方法的计算公式分别如下。

1）基于人材机的碳排放实测计算公式

（1）人工碳排放

$$E_{p52} = N_{p52} \times \frac{T_{p52}}{8} \times F_p \tag{7.10}$$

式中　$E_{p52}$——完成一次建筑垃圾运输的人工碳排放,单位为 $kgCO_2$;

$\quad\quad N_{p52}$——建材垃圾运输期间的工人数量,单位为个;

$\quad\quad T_{p52}$——建材运输阶段的单人工作时长,单位为 h;

$\quad\quad F_p$——综合人工工日因子,单位为 $kgCO_2/$工日。

(2)材料隐含碳排放

$$E_{m52} = \sum_{j=1}^{n} C_{mj52} \times F_{mj52} \tag{7.11}$$

式中　$E_{m52}$——完成建筑垃圾运输的材料隐含碳排放,单位为 $kgCO_2$;

$\quad\quad C_{mj52}$——完成建筑垃圾运输的第 $j$ 种辅助材料的消耗量;

$\quad\quad F_{mj52}$——第 $j$ 种辅助材料的碳排放因子。

(3)机械碳排放

①基于额定消耗量的机械碳排放:

$$E_{e52} = \sum_{i=1}^{n} P_{i52} \times T_{ei52} \times F_e + \sum_{j=1}^{n} C_{ej52} \times F_{ej52} \tag{7.12}$$

式中　$E_{e52}$——运输过程中机械的额定碳排放量,单位为 $kgCO_2$;

$\quad\quad P_{i52}$——第 $i$ 种机械的额定功率,单位为 kW;

$\quad\quad T_{ei52}$——运输该批建筑垃圾过程中第 $i$ 种机械的工作时长,单位为 h;

$\quad\quad F_e$——综合电力碳排放因子;

$\quad\quad C_{ej52}$——第 $j$ 种机械的额定能源消耗量;

$\quad\quad F_{ej52}$——第 $j$ 种能源的碳排放因子。

②基于实际消耗量的机械碳排放:

$$E'_{e52} = \sum_{i=1}^{n} EC_{i52} \times F_e + \sum_{j=1}^{n} C'_{ej52} \times F'_{ej52} \tag{7.13}$$

式中　$E'_{e52}$——运输过程中机械的实际碳排放量,单位为 $kgCO_2$;

$\quad\quad EC_{i52}$——运输建筑垃圾第 $i$ 种机械的实际用电量,单位为 $kW \cdot h$;

$\quad\quad F_e$——综合电力碳排放因子;

$\quad\quad C'_{ej52}$——第 $j$ 种机械的实际能源消耗量;

$\quad\quad F'_{ej52}$——第 $j$ 种能源的碳排放因子。

综上,建筑垃圾运输期间的碳排放量为:

$$E_{52} = E_{p52} + E_{m52} + E_{e52} \tag{7.14}$$

$$E'_{52} = E_{p52} + E_{m52} + E'_{e52} \tag{7.15}$$

式中　$E_{52}$——额定消耗量下建筑垃圾运输期间的碳排放量,单位为 $kgCO_2$;

　　　$E'_{52}$——实际消耗量下建筑垃圾运输期间的碳排放量,单位为 $kgCO_2$;

　　　$E_{p52}$——完成一次建筑垃圾运输人工碳排放,单位为 $kgCO_2$;

　　　$E_{m52}$——完成建筑垃圾运输材料隐含碳排放,单位为 $kgCO_2$;

　　　$E_{e52}$——运输过程中机械的额定碳排放量,单位为 $kgCO_2$;

　　　$E'_{e52}$——运输过程中机械的实际碳排放量,单位为 $kgCO_2$。

2)基于运输车辆的碳排放实测计算公式

$$E_{52} = \sum_{i=1}^{n} \sum_{j=1}^{m} M_{i,j} \times D_{i,j52} \times F_{i,yj} \tag{7.16}$$

式中　$E_{52}$——建筑垃圾运输的碳排放量,单位为 $kgCO_2$;

　　　$M_{i,j}$——第 $i$ 种建筑垃圾通过第 $j$ 种运输方式的运输量,单位为 t;

　　　$D_{i,j52}$——第 $i$ 种建筑垃圾通过第 $j$ 种运输方式的运输距离,单位为 km;

　　　$F_{i,yj}$——第 $i$ 种建筑垃圾的第 $j$ 种运输方式下,单位质量、单位运输距离的碳排放因子,单位为 $kgCO_2/(t \cdot km)$。

## 7.3　建筑垃圾处理期间

建筑拆除后产生的大量建筑垃圾并非完全没有利用价值,其中玻璃、木材等材料可通过简单处理后再次回收利用。对于建筑垃圾的处理,常见的方式有填埋、焚烧和回收三种。碳排放量计算公式如下:

$$E_{53} = E_{t53} + E_{f53} + E_{h53} \tag{7.17}$$

式中　$E_{53}$——建筑垃圾回收处理期间的碳排放量,单位为 $kgCO_2$;

　　　$E_{t53}$——建筑垃圾填埋产生的碳排放量,单位为 $kgCO_2$;

　　　$E_{f53}$——建筑垃圾焚烧产生的碳排放量,单位为 $kgCO_2$;

　　　$E_{h53}$——建筑垃圾回收产生的碳排放量,单位为 $kgCO_2$。

由于本阶段的实测数据难以获取,本文依据纪尧姆·法布尔的《低碳建筑方法

3.0》，提供三种处理方式的百分比（如表 7.1 所示），可供研究人员参考。

表 7.1　建筑垃圾各处理方式所占百分比

单位：%

| 材料种类 | 填埋 | 焚烧 | 回收 |
|---|---|---|---|
| 砖、瓦、陶瓷、石膏、混凝土 | 45 | 0 | 55 |
| 木材 | 40 | 40 | 20 |
| 玻璃 | 30 | 0 | 70 |
| 金属 | 25 | 0 | 75 |
| 塑料 | 70 | 20 | 10 |
| 焦油沥青制品 | 25 | 0 | 75 |
| 混合拆迁废料 | 100 | 0 | 0 |

## 1）填埋

建筑垃圾填埋产生的碳排放量主要来自填埋过程的工人呼吸、材料和机械消耗的能源，以及填埋后微生物分解有机建筑垃圾产生的二氧化碳排放。但建筑垃圾中有机物比例较小，大量无机建筑垃圾（如砖、硅酸盐混凝土等），填埋后仅占用土地资源，不会分解产生二氧化碳等气体，故不考虑填埋后微生物分解产生的碳排放量。对于材料和机械产生的碳排放，主要考虑生铁、石灰石、原油、原煤四种资源。单位建筑垃圾填埋过程中对 4 种资源的消耗量如表 7.2 所示。

表 7.2　建筑垃圾填埋资源消耗量

单位：kg/t

| 资源种类 | 原油 | 原煤 | 生铁 | 石灰石 |
|---|---|---|---|---|
| 消耗量 | 2.342 | 0.234 | 0.015 | 0.017 |

由表 7.2 可计算出 1 t 建筑垃圾填埋消耗资源产生的隐含碳排放量：

$$F_t = M_{ty} \times F_y + M_{tm} \times F_m + M_{tt} \times F_t + M_{ts} \times F_s \tag{7.18}$$

式中　$F_t$——1 t 建筑垃圾填埋消耗资源产生的碳排放量，单位为 $kgCO_2/t$；

$F_y$——原油碳排放因子；

$F_m$——原煤碳排放因子；

$F_t$——生铁碳排放因子；

$F_s$——石灰石碳排放因子；

$M_{ty}$——1 t建筑垃圾填埋消耗的原油质量，单位为 kg；

$M_{tm}$——1 t建筑垃圾填埋消耗的原煤质量，单位为 kg；

$M_{tt}$——1 t建筑垃圾填埋消耗的生铁质量，单位为 kg；

$M_{ts}$——1 t建筑垃圾填埋消耗的石灰石质量，单位为 kg。

建筑垃圾填埋的碳排放量计算规则如下：

$$E_{t53} = \sum_{i=1}^{n} N_{tpi53} \times \frac{T_{tpi53}}{8} \times F_p + \sum_{j=1}^{m} M_j \times K_{tj} \times F_t \tag{7.19}$$

式中　$E_{t53}$——建筑垃圾填埋产生的碳排放量，单位为 $kgCO_2$；

$N_{tpi53}$——建筑垃圾填埋过程中的第 $i$ 个工序的工人数量，单位为个；

$T_{tpi53}$——建筑垃圾填埋过程中第 $i$ 个工人的工作时长，单位为 h；

$M_j$——第 $j$ 种建筑垃圾的质量，单位为 t；

$K_{tj}$——第 $j$ 种建筑垃圾采用填埋方式处理的百分比，见表7.1；

$F_t$——1 t建筑垃圾填埋消耗资源产生的碳排放量，单位为 $kgCO_2/t$。

2）焚烧

建筑垃圾焚烧产生的碳排放主要来自燃烧过程中释放的二氧化碳等。可焚烧处理的建筑垃圾种类较少，主要有塑料、木材、硬纸板等，其焚烧处理碳排放因子如表7.3所示。

表7.3　建筑垃圾焚烧处理碳排放因子

| 材料种类 | 碳排放因子($kg \cdot CO_2/t$) |
|---|---|
| 纸、硬纸板 | 1 500 |
| 木材 | 2 800 |

建筑垃圾焚烧的碳排放量计算公式如下：

$$E_{f53} = \sum_{j=1}^{m} M_j \times K_{fj} \times F_{fj} \tag{7.20}$$

式中　$E_{f53}$——建筑垃圾焚烧产生的碳排放量，单位为 $kgCO_2$；

$K_{fj}$——第 $j$ 种建筑垃圾采用焚烧方式处理的百分比,见表 7.1;

$F_{fj}$——第 $j$ 种建筑垃圾焚烧处理的碳排放因子。

3)回收

建筑垃圾回收是指建筑垃圾经过简单处理后可再次利用,发挥其剩余价值。回收过程中产生的碳排放量主要来自对建筑垃圾的加工处理,但需要注意的是,对其再次利用减少了材料的隐含碳排放。加工过程中对材料、机械能源的消耗同样主要考虑原油、原煤、生铁、石灰石四种资源的消耗。单位建筑垃圾回收过程中对四种资源的消耗量如表 7.4 所示。

表 7.4 建筑垃圾回收资源消耗量

单位:kg/t

| 资源种类 | 原 油 | 原 煤 | 生 铁 | 石灰石 |
| --- | --- | --- | --- | --- |
| 消耗量 | 3.931 | 0.394 | 0.105 | 0.119 |

由表 7.4 可计算出,1 t 建筑垃圾回收消耗资源产生的隐含碳排放量。

$$F_h = M_{hy} \times F_y + M_{hm} \times F_m + M_{ht} \times F_t + M_{hs} \times F_s \quad (7.21)$$

式中 $F_h$——1 t 建筑垃圾回收消耗资源产生的碳排放量,单位为 $kgCO_2/t$;

$F_y$——原油碳排放因子;

$F_m$——原煤碳排放因子;

$F_t$——生铁碳排放因子;

$F_s$——石灰石碳排放因子;

$M_{hy}$——1 t 建筑垃圾回收消耗的原油质量,单位为 kg;

$M_{hm}$——1 t 建筑垃圾回收消耗的原煤质量,单位为 kg;

$M_{ht}$——1 t 建筑垃圾回收消耗的生铁质量,单位为 kg;

$M_{hs}$——1 t 建筑垃圾回收消耗的石灰石质量,单位为 kg。

建筑垃圾回收的碳排放量计算规则如下:

$$E_{h53} = \sum_{i=1}^{n} N_{hpi53} \times \frac{T_{hpi53}}{8} \times F_p + \sum_{j=1}^{m} M_j \times K_{hj} \times F_h - \sum_{j=1}^{m} M_j \times K_{hj} \times F_j \quad (7.22)$$

式中 $E_{h53}$——建筑垃圾回收产生的碳排放量,单位为 $kgCO_2$;

$N_{hpi53}$——建筑垃圾回收过程中的第 $i$ 个工序的工人数量，单位为个；

$T_{hpi53}$——建筑垃圾回收过程中第 $i$ 个工人的工作时长，单位为 h；

$M_j$——第 $j$ 种建筑垃圾的质量，单位为 t；

$K_{hj}$——第 $j$ 种建筑垃圾采用回收方式处理的百分比，见表 7.1；

$F_h$——1 t 建筑垃圾回收消耗资源产生的碳排放量，单位为 $kgCO_2/t$；

$F_j$——第 $j$ 种材料的碳排放因子，单位视材料种类而定。

# 8 计算实例

## 8.1 构件生产阶段

本节提供预制构件生产阶段"定额计算法"与"实测计算法"实例,以介绍前节中方法的具体应用。其中,"实测计算法"在假设已确定生产阶段工序、材料种类、机械种类及构件信息的情景下,介绍如何应用实测计算法进行碳排放计算。

### 8.1.1 定额计算法

【例 1】 计算生产编号为 DBS1-6X-5112-X1 的叠合板(60 mm 厚底板,宽 1 200 mm 双向底板边板)产生的碳排放量。

【解】 查询附件 2.3 即可知该编号叠合板在生产阶段的碳排放为 206.89 kgCO$_2$。

依据定额法,其余构件在生产阶段的碳排放数据皆可在本手册附件中进行查询,若无具体数据,则研究人员可根据第 3 章中的定额法自行计算。

### 8.1.2 实测计算法

【例 2】 计算重庆某工程装配式混凝土建筑生产厂生产 5 号楼第 4 层的两批次

（45 个）DBS1-6X-5112-X1 叠合板产生的碳排放量。构件信息为：60 mm 厚底板，宽 1 200 mm 双向底板边板。其生产线流程为：钢筋加工→组装模板→放钢筋、绑扎→吊装灌浆→抹平振捣→拆模→成品吊装。

下列解答仅列举单个叠合板人工、材料、机械碳排放计算步骤，其余 44 个叠合板碳排放见表 8.5。

【解】（1）人工碳排放计算

按生产线测量各工序工人数量及单人工作时长，见表 8.1。

表 8.1　人工碳排放基础数据表

| 工　序 | 人工数量（个） | 人工工作时长（h） |
|---|---|---|
| 1.钢筋加工 | 3 | 0.36 |
| 2.组装模板 | 1 | 0.12 |
| 3.放钢筋、绑扎 | 2 | 0.5 |
| 4.吊装灌浆 | 3 | 0.04 |
| 5.抹平振捣 | 1 | 0.03 |
| 6.拆模 | 1 | 0.03 |
| 7.成品吊装 | 1 | 0.07 |

人工碳排放：

$$E'_{p1} = \sum_{i=1}^{n} N_{pi1} \times \frac{T_{pi1}}{8} \times F_p$$

$$= \left( 3 \times \frac{0.36}{8} + 1 \times \frac{0.12}{8} + 2 \times \frac{0.5}{8} + 3 \times \frac{0.04}{8} + 1 \times \frac{0.03}{8} + 1 \times \frac{0.03}{8} + 1 \times \frac{0.07}{8} \right) \times 19.76$$

$$= 6.052 \,(\text{kgCO}_2)$$

（2）材料隐含碳排放计算

按生产线测量各工序消耗材料的种类及数量，并在数据库中查询对应的碳排放因子，见表 8.2。

表 8.2　材料隐含碳排放基础数据表

| 材料种类 | 生产单个叠合板消耗量 | 碳排放因子（kgCO$_2$/单位） |
|---|---|---|
| C30 混凝土 | 0.410 m$^3$ | 479.090 |
| HRB400 钢筋 | 48.512 kg | 2.208 |

材料隐含碳排放:

$$E'_{m1} = \sum_{j=1}^{n} C'_{mj1} \times F'_{mj1} = 0.410 \times 479.090 + 48.512 \times 2.208 = 303.541(\,kgCO_2\,)$$

(3)机械碳排放计算

①基于额定消耗量的机械碳排放。测量生产单个构件各机械的额定功率及实际工作时长,见表8.3。

表 8.3 机械电力碳排放基础数据表

| 机械类型 | 机械功率<br>(kW) | 机械工作时长<br>(h) | 碳排放因子<br>[kgCO_2/(kW·h)] |
|---|---|---|---|
| 全自动数控液压钢筋调直切断机<br>GT5-14CB 17.5 kW | 17.5 | 0.08 | 0.87 |
| 全自动钢筋弯箍机 GF-20 型 3 kW | 3 | 0.056 | 0.87 |
| 钢筋切断机 GQ50 型 4 kW | 4 | 0.032 | 0.87 |
| 道崎起重 10 t DQ17003 13 kW | 13 | 0.112 | 0.87 |
| 三项插入式混凝土振动器 ZN-70 2.2 kW | 2.2 | 0.032 | 0.87 |

按额定能源消耗量方法计算生产单个构件各机械的碳排放:

$$E'_{e1} = \sum_{i=1}^{n} P_{i1} \times T_{ei1} \times F_e + \sum_{j=1}^{n} C'_{ej1} \times F'_{ej1}$$

$$= (17.5 \times 0.08 + 3 \times 0.056 + 4 \times 0.032 + 13 \times 0.112 + 2.2 \times 0.032) \times 0.87$$

$$= 2.803(\,kgCO_2\,)$$

②基于实际消耗量的机械碳排放。表8.4是生产单个构件各机械的实际耗电量。

表 8.4 生产单个构件各机械的实际耗电量

| 机械类型 | 生产单个构件耗电量<br>(kW·h) | 碳排放因子<br>[kg·CO_2/(kW·h)] |
|---|---|---|
| 自动数控液压钢筋调直切断机<br>GT5-14CB 17.5 kW | 0.09 | 0.87 |
| 全自动钢筋弯箍机 GF-20 型 3 kW | 0.13 | 0.87 |
| 钢筋切断机 GQ50 型 4 kW | 0.13 | 0.87 |
| 道崎起重 10 t DQ17003 13 kW | 0.12 | 0.87 |
| 三项插入式混凝土振动器 ZN-70 2.2 kW | 0.05 | 0.87 |

按额定能源消耗量方法计算生产单个构件各机械的碳排放：

$$E''_{e1} = \sum_{i=1}^{n} EC_{i1} \times F_e + \sum_{j=1}^{n} C''_{ej1} \times F''_{ej1}$$

$$= (0.09 + 0.13 + 0.13 + 0.12 + 0.05) \times 0.87$$

$$= 0.452(\text{kgCO}_2)$$

综上，生产阶段中生产单个叠合板的碳排放为：

$$E'_1 = E'_{p1} + E'_{m1} + E'_{e1} = 6.052 + 303.541 + 2.803 = 312.396(\text{kgCO}_2)$$

或

$$E''_1 = E'_{p1} + E'_{m1} + E''_{e1} = 6.052 + 303.541 + 0.452 = 310.045(\text{kgCO}_2)$$

该项目两批次(45 个)叠合板生产阶段碳排放如表 8.5 所示。

表 8.5　两批次(45 个)叠合板生产阶段碳排放表

单位：kgCO$_2$

| 两批次(45 个)叠合板生产阶段碳排放 | | | | | |
| 序号 | 人工碳排放 | 材料碳排放 | 机械额定碳排放 | 机械实际碳排放 | 额定碳排放 | 实际碳排放 |
|---|---|---|---|---|---|---|
| 1 | 6.050 | 126.420 | 1.710 | 0.450 | 134.180 | 132.930 |
| 2 | 5.550 | 126.880 | 2.490 | 0.410 | 134.920 | 132.840 |
| 3 | 6.420 | 130.270 | 2.800 | 0.440 | 139.490 | 137.130 |
| 4 | 5.740 | 126.600 | 2.210 | 0.440 | 134.550 | 132.770 |
| 5 | 6.270 | 129.420 | 2.600 | 0.310 | 138.290 | 136.010 |
| 6 | 5.990 | 130.100 | 2.320 | 0.440 | 138.400 | 136.530 |
| 7 | 6.220 | 130.350 | 1.150 | 0.460 | 137.730 | 137.040 |
| 8 | 5.680 | 126.520 | 2.080 | 0.480 | 134.280 | 132.680 |
| 9 | 6.410 | 127.790 | 1.260 | 0.470 | 135.460 | 134.670 |
| 10 | 5.920 | 127.130 | 1.330 | 0.310 | 134.380 | 133.360 |
| 11 | 5.620 | 126.650 | 1.410 | 0.440 | 133.680 | 132.710 |
| 12 | 5.690 | 125.560 | 1.450 | 0.450 | 132.700 | 131.700 |
| 13 | 6.080 | 129.340 | 1.240 | 0.320 | 136.670 | 135.740 |
| 14 | 6.480 | 125.940 | 1.220 | 0.420 | 133.640 | 132.840 |
| 15 | 5.860 | 131.910 | 2.280 | 0.450 | 140.050 | 138.220 |
| 16 | 6.270 | 123.030 | 1.590 | 0.410 | 130.890 | 129.720 |
| 17 | 5.560 | 125.950 | 2.740 | 0.350 | 134.250 | 131.850 |

续表

| 两批次（45个）叠合板生产阶段碳排放 | | | | | |
|---|---|---|---|---|---|
| 序号 | 人工碳排放 | 材料碳排放 | 机械额定碳排放 | 机械实际碳排放 | 额定碳排放 | 实际碳排放 |
| 18 | 5.800 | 125.130 | 1.120 | 0.400 | 132.040 | 131.320 |
| 19 | 6.070 | 120.710 | 2.730 | 0.400 | 129.520 | 127.180 |
| 20 | 5.910 | 121.150 | 2.960 | 0.420 | 130.020 | 127.480 |
| 21 | 6.410 | 120.020 | 2.850 | 0.450 | 129.280 | 126.890 |
| 22 | 5.740 | 122.420 | 1.190 | 0.480 | 129.350 | 128.640 |
| 23 | 5.570 | 130.400 | 2.260 | 0.490 | 138.220 | 136.460 |
| 24 | 6.230 | 119.720 | 1.860 | 0.460 | 127.810 | 126.410 |
| 25 | 6.080 | 119.900 | 1.300 | 0.330 | 127.280 | 126.310 |
| 26 | 6.290 | 120.510 | 1.140 | 0.380 | 127.950 | 127.180 |
| 27 | 5.600 | 130.650 | 1.350 | 0.490 | 137.600 | 136.740 |
| 28 | 5.660 | 127.430 | 1.050 | 0.350 | 134.150 | 133.440 |
| 29 | 6.300 | 127.820 | 1.190 | 0.470 | 135.320 | 134.590 |
| 30 | 5.850 | 131.330 | 2.600 | 0.430 | 139.780 | 137.610 |
| 31 | 6.250 | 122.420 | 1.130 | 0.390 | 129.800 | 129.060 |
| 32 | 5.900 | 121.520 | 2.370 | 0.480 | 129.790 | 127.900 |
| 33 | 6.180 | 129.930 | 1.290 | 0.380 | 137.400 | 136.500 |
| 34 | 6.260 | 125.220 | 2.840 | 0.380 | 134.320 | 131.860 |
| 35 | 5.970 | 122.750 | 2.670 | 0.370 | 131.380 | 129.080 |
| 36 | 5.960 | 123.230 | 3.000 | 0.480 | 132.190 | 129.670 |
| 37 | 5.850 | 129.220 | 2.990 | 0.450 | 138.070 | 135.530 |
| 38 | 5.940 | 121.860 | 1.950 | 0.320 | 129.740 | 128.120 |
| 39 | 6.080 | 119.990 | 1.660 | 0.460 | 127.730 | 126.530 |
| 40 | 6.260 | 124.240 | 1.080 | 0.360 | 131.580 | 130.860 |
| 41 | 6.100 | 120.490 | 2.570 | 0.500 | 129.170 | 127.090 |
| 42 | 6.300 | 120.070 | 2.570 | 0.340 | 128.930 | 126.700 |
| 43 | 6.000 | 123.050 | 2.310 | 0.320 | 131.360 | 129.380 |
| 44 | 5.960 | 128.360 | 1.740 | 0.340 | 136.060 | 134.660 |
| 45 | 6.170 | 127.330 | 2.810 | 0.330 | 136.310 | 133.840 |
| 合计 | 270.490 | 5 646.740 | 88.480 | 18.510 | 6 005.720 | 5 935.740 |

## 8.2　运输阶段

本节提供预制构件运输阶段"定额计算法"与"实测计算法"实例，以介绍前节中方法的具体应用。其中，"实测计算法"在假设已确定运输阶段运输过程、车辆型号及构件信息的情景下，介绍如何应用实测计算法进行碳排放计算。

### 8.2.1　定额计算法

【例3】以重庆市相关定额文件为依据，采用定额法，计算运输一块编号为DBS1-6X-5112-X1的叠合板产生的碳排放量。

【解】查《重庆市房屋建筑与装饰工程计价定额》（CQJZZSDE—2018 第一册建筑工程），可得到如表 8.6 所示的基础数据。

表 8.6　定额法运输阶段基础数据表

| 数据类型 | 定额数据（10 m³） | | 碳排放因子 |
|---|---|---|---|
| | 1 km 以内 | 每增加 1 km | |
| 综合人工工日 | 2.400 工日 | 0.300 工日 | 19.76 kgCO₂/工日 |
| 构件质量(t) | 10.050 m³ | — | — |
| 加固钢丝绳(kg) | 0.250 kg | — | 1.789 kgCO₂/kg |
| 钢支架摊销(kg) | 2.310 kg | — | 1.789 kgCO₂/kg |
| 汽车式起重机(25 t) | 0.522 台班 | — | 162.510 kgCO₂/台班 |
| 载重汽车(8 t) | 0.726 台班 | 0.063 | 141.610 kgCO₂/台班 |

该项目运输阶段平均运输距离为 81 km，一次运输构件数量为 20 个。将上述数据代入运输阶段定额法计算公式可计算得到运输单个构件碳排放：

1）装车阶段

（1）人工碳排放：

$$E_{p2-1} = \frac{V}{10} \times C_{p2-1} \times F_p = \frac{0.599}{10} \times 2.400 \times 19.760 = 2.841\,(kgCO_2)$$

（2）辅助材料隐含碳排放：

$$E_{m2-1} = \sum_{j=1}^{n} \frac{V}{10} \times C_{mj2-1} \times F_{mj2-1} = \frac{0.599}{10} \times (0.250 + 2.310) \times 1.789 = 0.274(kgCO_2)$$

（3）机械碳排放：

$$E_{e2-1} = \sum_{j=1}^{n} \left( \frac{V}{10} \times C_{ej2-1} \times F_{ej2-1} \right) = \frac{0.599}{10} \times 0.522 \times 162.51 = 5.081(kgCO_2)$$

$$E_{2-1} = E_{p2-1} + E_{m2-1} + E_{e2-1} = 2.841 + 0.274 + 5.081 = 8.196(kgCO_2)$$

2）运输阶段

（1）人工碳排放：

$$E_{p2-3} = \frac{V}{10} \times [ C_{p2-2} + C_{p2-3} \times (L_2 - 1) ] \times F_p$$

$$= \frac{0.599}{10} \times [ 2.4 + 0.3 \times (81 - 1) ] \times 19.76$$

$$= 31.248(kgCO_2)$$

（2）机械碳排放：

$$E_{e2-3} = \sum_{j=1}^{n} \frac{V}{10} \times [ C_{ej2-2} + C_{ej2-3} \times (L_2 - 1) ] \times F_{ej2-2}$$

$$= \frac{0.599}{10} \times [ 0.726 + 0.063 \times (81 - 1) \times 141.61$$

$$= 48.910(kgCO_2)$$

$$E_{2-2} = E_{p2-3} + E_{e2-3} = 31.248 + 48.910 = 80.158(kgCO_2)$$

综上，定额法计算运输阶段运输单个 DBS1-6X-5112-X1 叠合板碳排放为：

$$E_2 = E_{2-1} + \frac{E_{2-2}}{20} = 8.196 + \frac{80.158}{20} = 12.204(kgCO_2)$$

## 8.2.2　实测计算法

【例4】计算例2中的叠合板，从构件生产厂运输到施工现场产生的碳排放量。本例所用运输车重型柴油货车运输（8 t），其额定油耗为 30 kg/100 km。

【解】方法一：基于人材机的碳排放

运输阶段实际测得数据如表8.7所示。

表8.7　运输阶段实测数据表

| 数据类型 | 基础数据 | | 碳排放因子 | 碳排放 |
|---|---|---|---|---|
| 司机数量（个） | 2个 | 0.362 工日/个 | 19.76 | 14.306 |
| 构件数量（个） | 45 | 单次运输23个 | — | — |
| 平均运输距离（km） | 50 | — | — | — |
| 完成第一次运输额定消耗的柴油量（kg） | 15 | 15 | 3.67 | 55.05 |
| 完成第一次运输实际消耗的柴油量（kg） | 13.6 | 13.6 | 3.67 | 49.91 |
| 完成第二次运输额定消耗的柴油量（kg） | 15 | 15 | 3.67 | 55.05 |
| 完成第二次运输实际消耗的柴油量（kg） | 14.3 | 14.3 | 3.67 | 52.48 |

（1）人工碳排放计算。

$$E'_{p2} = N_{p2} \times \frac{T_{p2}}{8} \times F_p = 2 \times 0.362 \times 19.76 = 14.306 \, (kgCO_2)$$

（2）机械碳排放计算。

①基于额定消耗量的机械碳排放为：

$$E'_{e2} = \sum_{i=1}^{n} P_{i2} \times T_{ei2} \times F_e + \sum_{j=1}^{n} C'_{ej2} \times F'_{ej2}$$

$$= 15 \times 3.67 + 15 \times 3.67$$

$$= 110.100 \, (kgCO_2)$$

②基于实际消耗量的机械碳排放为：

$$E''_{e2} = \sum_{i=1}^{n} EC_{i2} \times F_e + \sum_{j=1}^{n} C''_{ej2} \times F''_{ej2}$$

$$= 13.6 \times 3.67 + 14.3 \times 3.67$$

$$= 102.393 \, (kgCO_2)$$

综上，运输两批次（45个）叠合板碳排放为：

$$E'_2 = E'_{p2} + E'_{e2} = 14.306 + 110.100 = 124.306 \, (kgCO_2)$$

或

$$E''_2 = E'_{p2} + E''_{e2} = 14.306 + 102.393 = 116.699 \, (kgCO_2)$$

#### 方法二:基于运输车辆的碳排放

本构件采用重型柴油货车运输(8 t),单位质量运输距离的碳排放因子为0.166 $kgCO_2/(t \cdot km)$。

表 8.8　实测法运输阶段基础数据表

| 构件类型 | 构件数量（个） | 构件质量（t） | 平均运输距离（km） | 单位质量运输距离的碳排放因子[$kgCO_2/(t \cdot km)$] |
|---|---|---|---|---|
| 叠合板 | 45 | 4.580 | 50 | 0.166 |

将表8.8中数据代入公式可得完成叠合板运输碳排放为:

$$E_2''' = \sum_{i=1}^n \sum_{j=1}^m M_{i,j} \times D_{j2} \times F_{ij} = 4.580 \times 50 \times 0.166 = 38.014(kgCO_2)$$

## 8.3　施工阶段

本节提供预制构件施工阶段"定额计算法"与"实测计算法"实例,以介绍前节中方法的具体应用。其中,"实测计算法"在假设已确定施工阶段工序、材料种类、机械种类及构件信息的情景下,介绍如何应用实测计算法进行碳排放计算。

### 8.3.1　定额计算法

【例5】以重庆市相关定额文件为依据,采用定额法,计算施工现场吊装一块编号为 DBS1-6X-5112-X1 的叠合板并完成安装产生的碳排放量。

【解】查重庆市房屋建筑与装饰工程计价定额》(CQJZZSDE—2018 第一册建筑工程)可得到如表8.9所示的基础数据。

表 8.9　定额法施工阶段基础数据表

| 数据类型 | 定额数据（10 m³） | 碳排放因子 |
|---|---|---|
| 工人数量 | 20.420 工日 | 19.760 kgCO_2/工日 |
| 构件体积 | 10.050 m³ | — |
| 低合金钢焊条 E43 系列 | 6.100 kg | 1.789 kgCO_2/kg |
| 交流弧焊机 32 kV·A | 0.581 台班 | 143.720 kgCO_2/台班 |

续表

| 数据类型 | 定额数据（10 m³） | 碳排放因子 |
|---|---|---|
| 汽车式起重机（25 t） | 0.100 台班 | 162.510 kgCO₂/台班 |

（1）人工碳排放：

$$E_{p3} = \frac{V}{10} \times C_{p3} \times F_p = \frac{0.599}{10} \times 20.42 \times 19.76 = 24.170(\text{kgCO}_2)$$

（2）附加材料隐含碳排放：

$$E_{m3} = \sum_{j=1}^{n} \frac{V}{10} \times C_{mj3} \times F_{mj3} = \frac{0.599}{10} \times 6.1 \times 1.789 = 0.654(\text{kgCO}_2)$$

（3）机械碳排放：

$$E_{e3} = \sum_{j=1}^{n} \frac{V}{10} \times C_{ej3} \times F_{j3} + \sum_{i=1}^{n} \frac{V}{10} \times C_{ei3} \times F_{i3}$$

$$= \frac{0.599}{10} \times 0.581 \times 143.72 + \frac{0.599}{10} \times 0.1 \times 162.51$$

$$= 5.975(\text{kgCO}_2)$$

则由施工阶段定额法计算公式可得吊装单个 DBS1-6X-5112-X1 叠合板的碳排放为：

$$E_3 = E_{p3} + E_{m3} + E_{e3} = 24.170 + 0.654 + 5.975 = 30.799(\text{kgCO}_2)$$

### 8.3.2　实测计算法

【例6】试计算重庆某工程现场吊装5号楼第4层的两批次（45个）DBS1-6X-5112-X1 叠合板产生的碳排放量。构件信息为：60 mm 厚底板，宽 1 200 mm 双向底板边板。其施工现场吊装流程为：测量放线→外挂防护架提升→构件吊装。依据现场实测的数据对施工阶段碳排放进行计算。

下列解答仅列举单个叠合板人工、材料、机械施工阶段碳排放计算步骤，其余44个叠合板碳排放见表8.13。

【解】1）人工碳排放计算

按施工工序测量各工序工人数量及单人工作时长，见表8.10。

表 8.10 实测法施工阶段人工碳排放基础数据表

| 工序 | | $N$(个) | $T$(h) |
|---|---|---|---|
| 测量放线 | 人工 | 2 | 0.03 |
| 外挂防护架提升 | 人工 | 4 | 0.07 |
| | 塔吊 | 1 | 0.07 |
| 构件吊装 | 人工 | 10 | 0.13 |
| | 塔吊 | 1 | 0.13 |

人工碳排放：

$$E'_{p3} = \sum_{i=1}^{n} N_{pi3} \times \frac{T_{pi3}}{8} \times F_p$$

$$= \left( 2 \times \frac{0.03}{8} + 4 \times \frac{0.07}{8} + 1 \times \frac{0.07}{8} + 10 \times \frac{0.13}{8} + 1 \times \frac{0.13}{8} \right) \times 19.76$$

$$= 4.545 \, (\text{kgCO}_2)$$

2）机械碳排放计算

（1）基于额定消耗量的机械碳排放计算：

按施工现场实际情况测得的机械额定碳排放基础数据，见表 8.11。

表 8.11 实测法施工阶段机械额定碳排放基础数据表

| 机械类型 | 机械功率(kW) | 机械工作时长(h) | 碳排放因子<br>[kgCO₂/(kW·h)] |
|---|---|---|---|
| 北京永茂 STT200 塔吊 84 kW | 84 | 0.064 | 0.870 |

$$E'_{e3} = \sum_{i=1}^{n} P_{i3} \times T_{i3} \times F_e + \sum_{j=1}^{n} C'_{ej3} \times F'_{ej3} = 84 \times 0.064 \times 0.87 = 4.677 \, (\text{kgCO}_2)$$

（2）基于实际消耗量的机械碳排放计算：

按施工现场实际情况测得的机械实际耗电量数据，见表 8.12。

表 8.12 施工阶段各机械实际耗电量

| 机械类型 | 吊装单个构件<br>各机械实际耗电量(kW·h) | 碳排放因子<br>[kgCO₂/(kW·h)] |
|---|---|---|
| 北京永茂 STT200 塔吊 84 kW | 4.430 | 0.870 |

$$E''_{e3} = \sum_{i=1}^{n} EC_{i3} \times F_e + \sum_{j=1}^{n} C''_{ej3} \times F''_{ej3} = 4.43 \times 0.87 = 3.854(\text{kgCO}_2)$$

综上，施工阶段中吊装单个构件的碳排放为：

$$E'_3 = E'_{p3} + E'_{e3} = 4.545 + 4.677 = 9.222(\text{kgCO}_2)$$

或

$$E''_3 = E'_{p3} + E''_{e3} = 4.545 + 3.854 = 8.399(\text{kgCO}_2)$$

该项目两批次(45 个)叠合板施工阶段的碳排放如表 8.13 所示。

表 8.13　两批次(45 个)叠合板施工阶段碳排放表

单位：$\text{kgCO}_2$

| 两批次(45 个)叠合板施工阶段碳排放 | | | | |
|---|---|---|---|---|
| 序号 | 人工碳排放 | 机械额定碳排放 | 机械实际碳排放 | 额定碳排放 | 实际碳排放 |
| 1 | 4.540 | 4.680 | 3.850 | 9.220 | 8.390 |
| 2 | 4.870 | 4.880 | 4.150 | 9.750 | 9.030 |
| 3 | 4.030 | 4.440 | 4.120 | 8.470 | 8.140 |
| 4 | 4.390 | 4.040 | 3.860 | 8.440 | 8.260 |
| 5 | 4.750 | 4.470 | 4.770 | 9.230 | 9.530 |
| 6 | 4.840 | 5.140 | 3.900 | 9.990 | 8.740 |
| 7 | 4.240 | 5.490 | 4.450 | 9.730 | 8.680 |
| 8 | 4.340 | 4.870 | 4.500 | 9.210 | 8.840 |
| 9 | 4.390 | 5.550 | 4.510 | 9.940 | 8.900 |
| 10 | 4.680 | 4.410 | 3.960 | 9.090 | 8.640 |
| 11 | 4.960 | 5.640 | 4.770 | 10.600 | 9.730 |
| 12 | 4.840 | 5.370 | 4.800 | 10.210 | 9.640 |
| 13 | 4.020 | 5.060 | 3.740 | 9.070 | 7.760 |
| 14 | 4.330 | 4.980 | 4.940 | 9.310 | 9.270 |
| 15 | 4.030 | 4.790 | 4.380 | 8.820 | 8.410 |
| 16 | 4.710 | 5.330 | 4.930 | 10.040 | 9.640 |
| 17 | 4.600 | 4.640 | 4.370 | 9.240 | 8.970 |
| 18 | 4.500 | 5.110 | 3.700 | 9.600 | 8.200 |
| 19 | 4.550 | 4.680 | 4.900 | 9.230 | 9.450 |
| 20 | 4.610 | 5.820 | 4.440 | 10.430 | 9.060 |
| 21 | 4.930 | 5.400 | 3.890 | 10.330 | 8.820 |
| 22 | 4.760 | 4.780 | 3.600 | 9.540 | 8.360 |
| 23 | 4.400 | 5.060 | 3.540 | 9.450 | 7.940 |

| 序号 | 人工碳排放 | 机械额定碳排放 | 机械实际碳排放 | 额定碳排放 | 实际碳排放 |
|------|-----------|---------------|---------------|-----------|-----------|
| \multicolumn{6}{c}{两批次(45个)叠合板施工阶段碳排放} |
| 24 | 4.240 | 5.290 | 4.920 | 9.530 | 9.160 |
| 25 | 4.630 | 4.030 | 4.530 | 8.660 | 9.160 |
| 26 | 4.560 | 4.260 | 3.740 | 8.820 | 8.300 |
| 27 | 4.760 | 5.350 | 4.800 | 10.110 | 9.560 |
| 28 | 4.850 | 4.850 | 4.940 | 9.700 | 9.790 |
| 29 | 4.250 | 4.400 | 4.550 | 8.650 | 8.800 |
| 30 | 4.960 | 4.840 | 4.150 | 9.800 | 9.110 |
| 31 | 4.340 | 5.460 | 3.740 | 9.800 | 8.080 |
| 32 | 4.300 | 4.910 | 4.730 | 9.210 | 9.040 |
| 33 | 4.720 | 5.910 | 3.750 | 10.640 | 8.470 |
| 34 | 4.050 | 5.870 | 4.070 | 9.920 | 8.130 |
| 35 | 4.350 | 4.910 | 4.710 | 9.250 | 9.050 |
| 36 | 4.920 | 4.960 | 3.910 | 9.880 | 8.830 |
| 37 | 4.760 | 4.430 | 4.330 | 9.190 | 9.100 |
| 38 | 4.790 | 5.510 | 4.290 | 10.310 | 9.090 |
| 39 | 4.990 | 4.250 | 3.820 | 9.240 | 8.810 |
| 40 | 4.020 | 4.120 | 4.630 | 8.140 | 8.650 |
| 41 | 4.410 | 4.980 | 3.580 | 9.390 | 7.990 |
| 42 | 4.550 | 5.600 | 4.770 | 10.150 | 9.330 |
| 43 | 4.560 | 4.300 | 3.910 | 8.860 | 8.470 |
| 44 | 4.190 | 4.360 | 4.530 | 8.550 | 8.720 |
| 45 | 4.180 | 5.810 | 3.910 | 9.980 | 8.090 |
| 合计 | 203.710 | 223.030 | 192.400 | 426.740 | 396.110 |

## 8.4 使用及维护阶段

本节预制构件使用及维护阶段提供按"宏观数据"计算的实例,以介绍前节中方法的具体应用。

【例7】某栋住宅总建筑面积为 20 409 $m^2$,设计使用年限为 50 年。试计算从投入使用开始,至建筑设计使用年限为止,因使用该建筑而产生的碳排放量。

**【解】**(1)第一步,计算各资源或能源的年消耗量。

采用宏观数据计算,国家统计局最新公布 2018 年城镇居民人均住房面积为 39.0 m²。

查表 6.1 得,重庆市人均年生活用水量为 54.4 m³,则水年消耗量为:

$$C''_{141} = C_{a141} \times \frac{S}{S_a} = 21.5 \times \frac{20\ 409}{39.0} = 11\ 251.115(\text{m}^3)$$

查表 6.2 得,人均年煤炭消费量为 67.0 kg,则煤炭年消耗量为:

$$C''_{241} = C_{a241} \times \frac{S}{S_a} = 67.0 \times \frac{20\ 409}{39.0} = 35\ 061.615(\text{kg})$$

查表 6.2 得,人均年电力消费量为 654.3 kW·h,则电力年消耗量为:

$$C''_{341} = C_{a341} \times \frac{S}{S_a} = 654.3 \times \frac{20\ 409}{39.0} = 342\ 400.223(\text{kW}\cdot\text{h})$$

查表 6.2 得,人均年液化石油气消费量为 23.3 kg,则液化石油气年消耗量为:

$$C''_{441} = C_{a441} \times \frac{S}{S_a} = 23.3 \times \frac{20\ 409}{39.0} = 12\ 193.069(\text{kg})$$

查表 6.2 得,人均年天然气消费量为 30.3 m³,则天然气年消耗量为:

$$C''_{541} = C_{a541} \times \frac{S}{S_a} = 30.3 \times \frac{20\ 409}{39.0} = 15\ 856.223(\text{m}^3)$$

查表 6.2 得,人均年煤气消费量为 3.7 m³,则煤气年消耗量为:

$$C''_{641} = C_{a641} \times \frac{S}{S_a} = 3.7 \times \frac{20\ 409}{39.0} = 1\ 936.238(\text{m}^3)$$

(2)第二步,计算使用阶段碳排放量,如表 8.14 所示。

表 8.14　建筑使用阶段碳排放基础数据表

| 能源或资源类型 | 年消耗量 | 碳排放因子 |
|---|---|---|
| 水 | 11 251.115 m³ | 0.880 kgCO₂/m³ |
| 煤炭 | 35 061.615 kg | 2.740 kgCO₂/kg |
| 电力 | 342 400.223 kW·h | 0.870 kgCO₂/(kW·h) |
| 液化石油气 | 12 193.069 kg | 3.780 kgCO₂/kg |
| 天然气 | 15 856.223 m³ | 2.180 kgCO₂/m³ |
| 煤气 | 1 936.238 m³ | 0.230 kgCO₂/m³ |

$$E''_{41} = \sum_{j=1}^{n} C''_{j41} \times F''_{j41} \times n$$

$$= (11\ 251.115 \times 0.88 + 35\ 061.615 \times 2.74 + 342\ 400.223 \times 0.87 +$$

$$12\ 193.069 \times 3.78 + 15\ 856.223 \times 2.18 + 1\ 936.238 \times 0.23) \times 50$$

$$= 24\ 247\ 985.101(\text{kgCO}_2)$$

## 8.5 拆除及回收阶段

本节提供预制构件拆除及回收阶段实例,在假设已确定工人工种、材料种类、机械种类及构件信息的情景下,介绍前节中方法的具体应用。

【例8】试计算拆除某栋住宅楼部分叠合板,并完成建筑垃圾回收处理产生的碳排放量。

【解】1)建筑拆除解体期间

(1)人工碳排放计算。

按生产线测量各工序工人数量及单人工作时长,见表8.15。

表8.15 建筑拆除解体期间人工碳排放基础数据表

| 工　种 | $N$(个) | $T$(h) |
|---|---|---|
| 拆除工 | 20 | 84 |
| 吊装工 | 2 | 56 |
| 气焊工 | 6 | 74 |
| 其他人员 | 8 | 84 |

人工碳排放:

$$E_{p51} = \sum_{i=1}^{n} N_{pi51} \times \frac{T_{pi51}}{8} \times F_{p}$$

$$= \left(20 \times \frac{84}{8} + 2 \times \frac{56}{8} + 6 \times \frac{74}{8} + 8 \times \frac{84}{8}\right) \times 19.76$$

$$= 7\ 182.760(\text{kgCO}_2)$$

(2)材料隐含碳排放计算。

建筑拆除解体期间消耗的材料数量基础数据见表8.16。

表 8.16　材料隐含碳排放基础数据表

| 材料种类 | 消耗量(kg) | 碳排放因子(kgCO₂/kg) |
|---|---|---|
| 氧气 | 732 | 0 |
| 二氧化碳 | 75 | 1 |

材料隐含碳排放：

$$E_{m51} = \sum_{j=1}^{n} C_{mj51} \times F_{mj51} = 732 \times 0 + 75 \times 1 = 75.000(\text{kgCO}_2)$$

(3)机械碳排放计算。

①基于额定消耗量的机械碳排放。

建筑拆除解体期间机械额定碳排放基础数据见表 8.17。

表 8.17　机械额定碳排放基础数据表

| 机械类型 | 机械功率(kW) | 机械工作时长(h) | 消耗能源类型 | 碳排放因子 |
|---|---|---|---|---|
| 塔吊 | 40.5 | 56 | 电 | 0.87 kgCO₂/(kW·h) |
| 汽车吊 | 247 | 44 | 柴油 | 3.67 kgCO₂/kg |
| 切割设备 | 18 | 74 | 电 | 0.87 kgCO₂/(kW·h) |

第一步,计算柴油的额定消耗量。

查阅相关资料得,汽车吊耗油率为 0.21 kg/(kW·h),有

$$C'_e = P'_1 \times B_1 \times h'_1 = 247 \times 0.21 \times 44 = 2\,282.280 \text{ kg}$$

第二步,计算基于额定消耗量的机械碳排放。

$$E_{e51} = \sum_{i=1}^{n} P_{i51} \times T_{i51} \times F_e + \sum_{j=1}^{n} C_{ej51} \times F_{ej51}$$

$$= (40.5 \times 56 + 18 \times 74) \times 0.87 + 2\,282.28 \times 3.67$$

$$= 11\,507.968(\text{kgCO}_2)$$

②基于实际消耗量的机械碳排放。

建筑拆除解体期间机械实际碳排放基础数据见表 8.18。

表 8.18 机械实际碳排放基础数据表

| 机械类型 | 实际能源消耗量 | 消耗能源类型 | 碳排放因子 |
|---|---|---|---|
| 塔吊 | 1 967 kW·h | 电 | 0.87 kgCO$_2$/(kW·h) |
| 汽车吊 | 2 035 kg | 柴油 | 3.67 kgCO$_2$/kg |
| 切割设备 | 479 kW·h | 电 | 0.87 kgCO$_2$/(kW·h) |

$$
\begin{aligned}
E'_{e51} &= \sum_{i=1}^{n} EC_{i51} \times F_e + \sum_{j=1}^{m} C'_{ej51} \times F'_{ej51} \\
&= (1\ 967 + 479) \times 0.87 + 2\ 035 \times 3.67 \\
&= 9\ 596.470(\text{kgCO}_2)
\end{aligned}
$$

综上,建筑拆除解体期间的碳排放量为:

$$
E_{51} = E_{p51} + E_{m51} + E_{e51} = 7\ 182.76 + 75 + 11\ 507.968 = 18\ 765.728(\text{kgCO}_2)
$$

或

$$
E'_{51} = E_{p51} + E_{m51} + E'_{e51} = 7\ 182.76 + 75 + 9\ 596.47 = 16\ 854.230(\text{kgCO}_2)
$$

2)建筑垃圾运输期间

(1)方法一:基于人材机的碳排放实测计算

①人工碳排放。

建筑垃圾运输期间实际测得的人工基础数据见表 8.19。

表 8.19 建筑垃圾运输期间人工碳排放基础数据表

| 工 种 | $N$(个) | $T$(h) |
|---|---|---|
| 司机 | 2 | 7.520 |
| 吊装工 | 2 | 2.430 |

$$
E_{p52} = N_{p52} \times \frac{T_{p52}}{8} \times F_p = \left(2 \times \frac{7.52}{8} + 2 \times \frac{2.43}{8}\right) \times 19.76 = 49.153(\text{kgCO}_2)
$$

②材料隐含碳排放计算。

建筑垃圾运输期间实际测得的材料基础数据见表 8.20。

表 8.20　材料隐含碳排放基础数据表

| 材料种类 | 消耗量（kg） | 碳排放因子（$kgCO_2/kg$） |
|---|---|---|
| 加固钢丝绳 | 32 | 1.789 |

$$E_{m52} = \sum_{j=1}^{n} C_{mj52} \times F_{mj52} = 32 \times 1.789 = 57.248(kgCO_2)$$

③机械碳排放计算：

a.基于额定消耗量的机械碳排放。

建筑垃圾运输期间的机械额定碳排放基础数据见表 8.21 和表 8.22。

表 8.21　机械额定碳排放基础数据表

| 机械类型 | 机械功率（kW） | 机械工作时长（h） | 消耗能源类型 | 碳排放因子 |
|---|---|---|---|---|
| 塔吊 | 40.5 | 2.430 | 电 | 0.870 $kgCO_2/(kW \cdot h)$ |

表 8.22　机械额定碳排放基础数据表

| 机械类型 | 燃油消耗量（L/100 km） | 行驶距离（km） | 消耗能源类型 | 碳排放因子 |
|---|---|---|---|---|
| 运输车 | 25 | 601.6 | 柴油 | 3.670 $kgCO_2/kg$ |

第一步，计算柴油的额定消耗量。

查阅相关资料得，柴油密度为 830 $kg/m^3$。

$$C'_{e1} = Q_1 \times D_1 \times \rho_1 \times 10^{-5} = 25 \times 601.6 \times 830 \times 10^{-5} = 124.832(kg)$$

第二步，计算基于额定消耗量的机械碳排放。

$$E_{e52} = \sum_{i=1}^{n} P_{i52} \times T_{ei52} \times F_e + \sum_{j=1}^{n} C_{ej52} \times F_{ej52}$$

$$= 40.5 \times 2.43 \times 0.87 + 124.832 \times 3.67$$

$$= 543.754(kgCO_2)$$

b.基于实际消耗量的机械碳排放。

建筑垃圾运输期间的机械实际碳排放基础数据见表 8.23。

表 8.23 机械实际碳排放基础数据表

| 机械类型 | 实际能源消耗量 | 消耗能源类型 | 碳排放因子 |
|---|---|---|---|
| 塔吊 | 86 kW·h | 电 | 0.870 kgCO₂/(kW·h) |
| 运输车 | 101 kg | 柴油 | 3.670 kgCO₂/kg |

$$E'_{e52} = \sum_{i=1}^{n} EC_{i52} \times F_e + \sum_{j=1}^{n} C'_{ej52} \times F'_{ej52} = 86 \times 0.87 + 101 \times 3.67 = 445.490(\text{kgCO}_2)$$

综上,建筑垃圾运输期间的碳排放量为:

$$E_{52} = E_{p52} + E_{m52} + E_{e52} = 49.153 + 57.248 + 543.754 = 650.155(\text{kgCO}_2)$$

或

$$E'_{52} = E_{p52} + E_{m52} + E'_{e52} = 49.153 + 57.248 + 445.490 = 551.891(\text{kgCO}_2)$$

(2)方法二:基于运输车辆的碳排放实测计算

建筑垃圾运输期间的运输车辆基础数据见表 8.24。

表 8.24 建筑垃圾运输期间运输车辆基础数据表

| 构件质量(t) | 平均运输距离(km) | 单位质量运输距离的碳排放因子[kgCO₂/(t·km)] |
|---|---|---|
| 6.830 | 601.600 | 0.073 |

$$E_{52} = \sum_{i=1}^{n} \sum_{j=1}^{m} M_{i,j} \times D_{j52} \times F_{ij} = 6.83 \times 601.6 \times 0.073 = 299.952(\text{kgCO}_2)$$

3)建筑垃圾处理期间

查表 7.1 可得,混凝土填埋率为 45%,焚烧率为 0,回收率为 55%;钢筋填埋率为 25%,焚烧率为 0,回收率为 75%,故不考虑焚烧碳排放。

(1)填埋碳排放

经实测统计,填埋过程中工人数量为 8 个,单人工作时长为 26 h;混凝土质量为 5.86 t,钢筋质量为 0.97 t。

$$E_{t53} = \sum_{i=1}^{n} N_{tpi53} \times \frac{T_{tpi53}}{8} \times F_p + \sum_{j=1}^{m} M_j \times K_{tj} \times F_t$$

$$= 8 \times \frac{26}{8} \times 19.76 + (5.86 \times 45\% + 0.97 \times 25\%) \times 7.90$$

$$= 536.508(\text{kgCO}_2)$$

（2）回收碳排放

经实测统计,回收过程中工人数量为 10 个,单人工作时长为 37 h;混凝土质量为 5.86 t,钢筋质量为 0.97 t。查重庆大学因子库得,混凝土的碳排放因子为 479.090 $kgCO_2/m^3$,钢筋的碳排放因子为 2.210 $kgCO_2/kg$。混凝土密度为 2 500 $kg/m^3$。

$$E_{h53} = \sum_{i=1}^{n} N_{hpi53} \times \frac{T_{hpi53}}{8} \times F_p + \sum_{j=1}^{m} M_j \times K_{hj} \times F_h - \sum_{j=1}^{m} M_j \times K_{hj} \times F_j$$

$$= 10 \times \frac{37}{8} \times 19.76 + (5.86 \times 55\% + 0.97 \times 75\%) \times 13.45 -$$

$$\frac{5.86 \times 1\,000 \times 55\%}{2\,500} \times 479.09 - 0.97 \times 75\% \times 1\,000 \times 2.21$$

$$= -1\,258.384(kgCO_2)$$

综上,建筑垃圾处理期间碳排放量为:

$$E_{53} = E_{t53} + E_{h53} = 536.508 - 1\,258.384 = -721.876(kgCO_2)$$

4) 拆除及回收阶段碳排放

当机械均按额定消耗量计算时,拆除及回收阶段碳排放为:

$$E_5 = E_{51} + E_{52} + E_{53} = 18\,765.728 + 650.155 - 721.876 = 18\,694.007(kgCO_2)$$

附　录

# 附录 1　工业化建筑部品目录

附表 1.1　工业化建筑部品目录

| 序号 | 编码 | 部品系统 | 编码 | 部品分类 | 编码 | 部品名称 | 部品类型标签 | 部品主要材料标签 | 部品尺寸标签 |
|---|---|---|---|---|---|---|---|---|---|
| 1 | J | 结构部件系统 | J01 | 预制混凝土柱 | J01001 | 预制混凝土实心框架柱 | 矩形截面 | 混凝土（kg）钢筋（t）其他材料（预埋件） | 高度 $H$（mm）；截面尺寸 $b \times h$（mm × mm） |
| 2 | | | J02 | 预制混凝土梁 | J02001 | 预制混凝土单梁 | 圆形截面 | | 高度 $H$（mm）；直径 $d$（mm） |
| 3 | | | | | J02002 | 预制混凝土叠合梁 | 矩形截面 | 混凝土（kg）钢筋（t）其他材料（预埋件） | 宽 $b$（mm）；高 $h$（mm）；跨度 $l$（mm） |
| | | | | | | | 凹口截面 | | 梁高 $H$（mm）；梁宽 $B$（mm）；凹口深度 $t_1$（mm）；凹口边厚度 $t_2$（mm）；跨度 $L$（mm） |
| 4 | | | J03 | 预制混凝土板 | J03001 | 预制混凝土整体板 | — | 混凝土（kg）钢筋（t）其他材料（预埋件） | 长度 $L$（mm）；宽度 $B$（mm）；板厚 $h$（mm） |
| 5 | | | | | J03002 | 预制混凝土叠合板 | — | | |

| 序号 | 系统 | 类别 | 编码 | 名称 | 类型 | 主要材料 | 主要参数 |
|---|---|---|---|---|---|---|---|
| 6 | J 结构部件系统 | J04 预制混凝土剪力墙 | J04001 | 预制混凝土剪力墙实心外墙板 | 无洞口外墙 | | 标志宽度 $L$(mm)；墙板宽度 $L_q$(mm)；墙板高度 $h_q$(mm)；墙板质量(kg) |
| | | | | | 一个窗洞（高窗台） | 混凝土(kg) 钢筋(t) 其他材料(预埋件) | 标志宽度 $L$(mm)；窗洞口宽度 $L_v$(mm)；窗洞口到墙墙边缘宽度 $L_c$(mm)；窗洞口高度 $h_v$(mm)；窗洞口上边缘到墙板上边缘 $h_c$(mm)；窗洞口下边缘到墙板下边缘高度 $h_d$(mm) |
| 7 | | | J04002 | 预制剪力墙保温外墙板 | 一个窗洞（低窗台） | 混凝土(kg) 钢筋(t) 其他材料(预埋件) | 标志宽度 $L$(mm)；窗洞口宽度 $L_v$(mm)；窗洞口到墙墙边缘宽度 $L_c$(mm)；窗洞口高度 $h_v$(mm)；窗洞口上边缘到墙板上边缘 $h_c$(mm)；窗洞口下边缘到墙板下边缘高度 $h_d$(mm) |

续表

| 序号 | 编码 | 部品系统 | 编码 | 部品分类 | 编码 | 部品名称 | 部品类型标签 | 部品主要材料标签 | 部品尺寸标签 |
|---|---|---|---|---|---|---|---|---|---|
| 8 | J | 结构部件系统 | J04 | 预制混凝土剪力墙 | J04003 | 预制混凝土双叶叠合剪力墙外墙板 | 两个窗洞外墙 | 混凝土（kg）<br>钢筋（t）<br>其他材料（预埋件） | 标志宽度 L（mm）；<br>第一个窗洞口宽度 $L_{w1}$（mm）；<br>第二个窗洞口宽度 $L_{w2}$（mm）；<br>左侧窗洞口到墙左边缘宽度 $L_c$（mm）；<br>两个窗洞口之间的宽度 $L_1$（mm）；<br>右侧窗洞口到墙右边缘宽度 $L_c$（mm）；<br>窗洞口高度 $h_v$（mm）；<br>窗洞口上边缘到墙板上边缘 $h_c$（mm）；<br>窗洞口下边缘到楼板下边缘高度 $h_d$（mm） |
| | | | | | | | 一个门洞外墙 | | 标志宽度 L（mm）；<br>门洞口宽度 $L_d$（mm）；<br>墙垛宽度 $L_c$（mm）；<br>门洞口高度 $h_d$（mm）；<br>门洞口上边缘到楼板高度 $h_c$（mm） |

| 序号 | | | | | | 参数 | 计量 |
|---|---|---|---|---|---|---|---|
| 9 | J 结构部件系统 | J04 | 预制混凝土剪力墙 | J04004 | 预制混凝土实心剪力墙内墙板 | 无洞口内墙 | 标志宽度 $L$（mm）；墙板高度 $h_q$（mm） |
| | | | | | | 固定门洞内墙 | 标志宽度 $L$（mm）；门洞口宽度 $L_d$（mm）；墙垛宽度 $L_0$（mm）；门洞口高度 $h_d$（mm）；门洞口上边缘到楼板高度 $h_b$（mm） |
| 10 | | | | J04005 | 预制混凝土叠合剪力墙内墙板 | 中间门洞内墙 | 轴线尺寸 $L$（mm）；门洞口宽度 $L_d$（mm）；墙垛宽度 $L_0$（mm）；门洞口高度 $h_d$（mm）；门洞口上边缘到楼板高度 $h_b$（mm） |
| | | | | | | 刀把内墙 | 轴线尺寸 $L$（mm）；门洞口宽度 $L_d$（mm）；墙垛宽度 $L_0$（mm）；门洞口高度 $h_d$（mm）；门洞口上边缘到楼板高度 $h_b$（mm） |

混凝土（kg）　钢筋（t）　其他材料（预埋件）

续表

| 序号 | 编码 | 部品系统 | 编码 | 部品分类 | 编码 | 部品名称 | 部品类型标签 | 部品主要材料标签 | 部品尺寸标签 |
|---|---|---|---|---|---|---|---|---|---|
| 11 | J | 结构部件系统 | J05 | 预制混凝土女儿墙 | J05001 | 夹心保温式女儿墙 | 直板<br>转角板 | 混凝土（kg）<br>钢筋（t）<br>其他材料（预埋件） | 女儿墙长度 $L$（mm）；<br>女儿墙高度 $H$（mm）；<br>女儿墙墙板厚 $\delta$（mm） |
| 12 | | | | | J05002 | 非保温式女儿墙 | 直板<br>转角板 | | |
| 13 | | | J06 | 预制混凝土楼梯 | J06001 | 预制混凝土板式楼梯 | 双跑<br>剪刀 | 混凝土（kg）<br>钢筋（t）<br>其他材料（预埋件） | 层高 $H$（m）；<br>楼梯间宽度 $B_1$（净宽 mm）；<br>梯井宽度 $B_2$（mm）；<br>梯段板水平投影长 $L$（mm）；<br>梯段板宽 $B_3$（mm）；<br>踏步高 $h$（mm）；<br>踏步宽 $B_4$（mm） |
| 14 | | | | | J06002 | 预制混凝土梁式楼梯 | — | 混凝土（kg）<br>钢筋（t）<br>其他材料（预埋件） | |
| 15 | W | 外围护部品体系 | W01 | 预制混凝土外墙板 | W01001 | 预制外挂墙板围护板 | 横条板<br>整间板<br>竖条板 | 混凝土（kg）<br>钢筋（t）<br>其他材料（预埋件） | 板宽 $B$（mm）；<br>板高 $H$（mm）；<br>板厚 $\delta$（mm） |
| 16 | | | | | W01002 | 预制装饰板 | — | 面砖、石材、涂料、装饰混凝土（kg） | |
| 17 | | | | | W01003 | 预制复合墙板 PCF | L 形 | 混凝土（kg）<br>钢筋（t）<br>其他材料（预埋件） | |
| 18 | | | | | W01004 | 预制预制夹心保温外墙板 | 含飘窗 | | |

| 序号 | | | | 编码 | 名称 | 类型 | 材料 | 尺寸 |
|---|---|---|---|---|---|---|---|---|
| 19 | W 外围护部品体系 | W02 | 外门 | W02001 | 成品木门 | 单开 双开 | 实木、原木(m³) | 洞口宽度 $B$(m)；洞口高度 $H$(m) |
| 20 | | | | W02002 | 成品金属门 | 推拉式 弹簧式 | 铝合金型材(kg) | |
| 21 | | | | W02003 | 成品玻璃门 | | 玻璃(m²) | |
| 22 | | W03 | 外窗 | W03001 | 成品塑料窗 | 单开 双开 | U-PVC 塑料型材(kg)、玻璃(m²) | 洞口宽度 $B$(m)；洞口高度 $H$(m) |
| 23 | | | | W03002 | 成品铝合金窗 | 推拉式 | 铝合金型材(kg)、钢材(t)、玻璃(m²) | |
| 24 | | W04 | 外墙突出构件 | W04001 | 凸窗(飘窗) | — | 混凝土(kg) 钢筋(t) 其他材料(预埋件) | 长度 $L$(mm)；宽度 $B$(mm)；高度 $H$(mm) |
| 25 | | | | W04002 | 预制混凝土雨篷 | — | 混凝土(kg) 钢筋(t) 其他材料(预埋件) | 长度 $L$(mm)；宽度 $B$(mm)；厚度 $h$(mm) |
| 26 | | | | W04003 | 预制混凝土空调板 | — | 混凝土(kg) 钢筋(t) 其他材料(预埋件) | 长度 $L$(mm)；宽度 $B$(mm)；厚度 $h$(mm) |
| 27 | | | | W04004 | 预制混凝土压顶 | — | 混凝土(kg) 钢筋(t) 其他材料(预埋件) | 长度 $L$(mm)；高度 $H$(mm) |

续表

| 序号 | 编码 | 部品系统 | 编码 | 部品分类 | 编 码 | 部品名称 | 部品类型标签 | 部品主要材料标签 | 部品尺寸标签 |
|---|---|---|---|---|---|---|---|---|---|
| 28 | W | 外围护部品体系 | W05 | 预制混凝土阳台 | W05001 | 叠合板式阳台 | — |  | 阳台长度 $l$(mm)；房间开间 $b$(mm)；阳台宽度 $b_0$(mm)；现浇层厚度 $h_2$(mm)；叠合板总厚度 $h$(mm) |
| 29 |  |  |  |  | W05002 | 全预制板式阳台 | — | 混凝土（kg）<br>钢筋（t）<br>其他材料（预埋件） | 阳台长度 $l$(mm)；房间开间 $b$(mm)；阳台宽度 $b_0$(mm)；全预制板厚度 $h$(mm) |
| 30 |  |  |  |  | W05003 | 全预制梁式阳台 | — |  | 阳台长度 $l$(mm)；房间开间 $b$(mm)；阳台宽度 $b_0$(mm) |
| 31 |  |  | W06 | 预制混凝土屋面板 | W06001 | 平屋面板 | — | 混凝土（kg）<br>钢筋（t）<br>其他材料（预埋件） | 长度 $L$(mm)；宽度 $B$(mm)；厚度 $h$(mm) |
| 32 |  |  |  |  | W06002 | 坡屋面板 | — |  | 长度 $L$(mm)；宽度 $B$(mm)；厚度 $h$(mm)；坡度 $\alpha$ |

| 序号 | 大类 | | 子类编码 | 子类名称 | 部品编码 | 部品名称 | 材料类别 | 主要材料 | 主要尺寸 |
|---|---|---|---|---|---|---|---|---|---|
| 33 | W | 外围护部品体系 | W06 | 预制混凝土屋面板 | W06003 | 采光顶与金属屋面 | — | 铝合金型材（kg）、钢材（t）、玻璃（m²） | 长度 $L$（mm）；宽度 $B$（mm）；厚度 $h$（mm） |
| 34 | | | W07 | 建筑幕墙 | W07001 | 玻璃幕墙 | — | 铝合金型材（kg）、钢材（t）、玻璃（m²） | |
| 35 | | | | | W07002 | 金属与石材幕墙 | — | 铝合金型材（kg）、钢材（t）、石材（t） | |
| 36 | | | | | W07003 | 人造板材幕墙 | — | 铝合金型材（t）、面板材料（瓷板、陶板、微晶玻璃、石材蜂窝板、木纤维板和纤维水泥板） | 长度 $L$（mm）；宽度 $B$（mm）；厚度 $h$（mm） |
| 37 | N | 内装部品体系 | N01 | 架空地板系统 | N01001 | 边龙骨 | 木质、轻钢 | 钢材（t）、木材（m³） | 边长 $L_1$（mm）；边长 $L_2$（mm）；长度 $L$（mm） |
| 38 | | | | | N01002 | 支撑脚 | 轻钢 | 钢材（t） | 直径 $d$（mm）；高度 $H$（mm） |
| 39 | | | | | N01003 | 衬板 | 刨花板、细木工板 | 木材（m³） | 长度 $L$（mm）；宽度 $B$（mm）；厚度 $h$（mm） |

续表

| 序号 | 编码 N | 部品系统 | 编码 | 部品分类 | 编码 | 部品名称 | 部品类型标签 | 部品主要材料标签 | 部品尺寸标签 |
|---|---|---|---|---|---|---|---|---|---|
| 40 | | | | 架空地板系统 | N01004 | 地暖系统 | 干式低温热水地面辐射采暖 | 塑料（kg）、金属（kg） | 长度 $L$(mm)；直径 $d$(mm) |
| 41 | | | N01 | | N01005 | 蓄热板 | — | — | 长度 $L$(mm)；宽度 $B$(mm)；厚度 $h$(mm) |
| 42 | | | | | N01006 | 装饰面板 | 实木、石材 | 石材（t）、木材（m³） | 长度 $L$(mm)；宽度 $B$(mm)；厚度 $h$(mm) |
| 43 | | 内装部品体系 | | 非承重内隔墙 | N02001 | 预制混凝土内隔墙板 | — | 混凝土（kg）钢筋（t）、钢材（t）其他材料（预埋件） | |
| 44 | | | N02 | | N02002 | 钢丝网架轻质夹芯隔板 | — | 混凝土（kg）钢筋（t）、钢材（t）其他材料（预埋件） | 长度 $L$(mm)；宽度 $B$(mm)；厚度 $T$(mm) |
| 45 | | | | | N02003 | 预制轻钢龙骨隔墙 | — | 混凝土（kg）钢筋（t）、钢材（t）其他材料（预埋件） | |
| 46 | | | | | N02004 | 轻质条板隔墙 | 空心 / 实心 / 复合 | 轻质材料（kg）、钢筋（t） | |

| 序号 | | | | 编号 | 类型 | 材料（单位） | 规格参数 |
|---|---|---|---|---|---|---|---|
| 47 | N 内装部品体系 | N03 内门 | 成品木门 | N03001 | 单开 | 实木、原木（m³） | 洞口宽度 B（m）；洞口高度 H（m） |
| 48 | | | 成品金属门 | N03002 | 双开 | 铝合金型材（kg） | |
| 49 | | | 成品玻璃门 | N03003 | 推拉式 弹簧式 | 玻璃（m²） | |
| 50 | | N04 内窗 | 成品塑料窗 | N04001 | 单开 双开 | U-PVC 塑料型材（kg）、玻璃（m²） | 洞口宽度 B（m）；洞口高度 H（m） |
| 51 | | | 成品铝合金窗 | N04002 | 推拉式 | 铝合金型材（kg）、钢材（t）、玻璃（m²） | |
| 52 | | N05 预制成品护栏 | 预制混凝土护栏 | N05001 | 钢栏杆、不锈钢栏杆、金属杆、玻璃栏杆、钢筋混凝土栏板、铁艺栏杆、铜艺栏杆 | 混凝土（kg）钢筋（t） | 高度 H（mm） |
| 53 | | | 预制型钢护栏 | N05002 | | 钢材（t），其他材料（预埋件） | |
| 54 | | | 预制型钢玻璃护栏 | N05003 | | 钢材（t），玻璃（m²） | |
| 55 | | N06 集成吊顶 | 装饰模块 | N06001 | 铝合金板 / 石膏板 / PVC 板 / 钢板 | 铝合金（kg） / 石膏（kg） / 聚乙烯（kg） / 钢材（t） | 长度 L（mm）；宽度 B（mm）；厚度 h（mm） |
| 56 | | | 功能模块 | N06002 | 采暖（换气） / 通风（换气） / 照明 | 红外线石英，PTC 陶瓷 / 铝合金（t），铝合金（kg） / LED 灯管，白炽灯，玻璃，塑料 | |

续表

| 序号 | 编码 | 部品系统 | 编码 | 部品分类 | 编码 | 部品名称 | 部品类型标签 | 部品主要材料标签 | 部品尺寸标签 |
|---|---|---|---|---|---|---|---|---|---|
| 57 | N | 内装部品体系 | N06 | 集成吊顶 | N06003 | 龙骨 | 木质、轻钢 | 木材（m³）、钢材（t） | 边长 $L_1$（mm）;<br>边长 $L_2$（mm）;<br>长度 L（mm） |
| 58 | | | N07 | 装饰部品 | N07001 | 墙面成品饰面 | 木饰面 | 实木（m³） | 长度 L（mm）;<br>宽度 B（mm）;<br>厚度 h（mm） |
| | | | | | | | 壁纸 | 纸（m²） | 长度 L（mm）;<br>高度 H（mm） |
| 59 | | | | | N07002 | 成品卡口式踢脚线 | 实木 | 实木（m³） | 长度 L（mm）;<br>宽度 B（mm）;<br>厚度 h（mm） |
| | | | | | | | 金属 | 金属（kg） | |
| 60 | | | N08 | 集成式厨房 | N08001 | 厨房家具 | 吊柜<br>地柜<br>高柜 | 人造板材（kg） | 高度 H（mm）;<br>宽度 B（mm）;<br>深度 D（mm） |
| 61 | | | | | N08002 | 洗涤池 | 规格：单槽、双槽 | 水磨石（kg）、不锈钢（kg） | 高度 H（mm）;<br>宽度 B（mm）;<br>深度 D（mm） |
| 62 | | | | | N08003 | 灶具 | 规格：单眼、双眼、多眼 | 铸铁（t）、不锈钢（kg）、搪瓷（kg） | 长度 L（mm）;<br>宽度 B（mm）;<br>高度 H（mm） |

| 序号 | | | | 编号 | 名称 | 类型 | 材料 | 尺寸参数 |
|---|---|---|---|---|---|---|---|---|
| 63 | N<br>内装部品体系 | N08 | 集成式厨房 | N08004 | 操作台 | 一 | 人造板、天然石、人造石(kg) | 长度 $L$(mm);<br>宽度 $B$(mm);<br>厚度 $h$(mm) |
| 64 | | | | N08005 | 排油烟机 | 排烟方式：上排式、下排式、侧排式 | 钢材(t) | 机壳截面尺寸长度 $L$(mm);<br>宽度 $B$(mm);<br>风道长度 $H$(mm) |
| 65 | | | | N08006 | 冰箱 | 放置方式：立式、卧式、台式 | 钢化玻璃、PVC、VCM面板 | 长度 $L$(mm);<br>宽度 $B$(mm);<br>高度 $H$(mm) |
| 66 | | | | N08007 | 预制烟道及通风道 | 双层不锈钢烟道 | 不锈钢冷轧钢板(kg) | 管道内径 $\phi$(mm);<br>长度 $L$(mm) |
| 67 | | | | N08008 | 成品风帽 | 筒形、伞形、锥形 | 不锈钢(kg)、塑料(kg)、铝制(kg)、玻璃钢(kg) | 直径 $\phi$(mm);<br>长度 $L$(mm) |
| 68 | | N09 | 集成式卫生间 | N09001 | 便溺 | 坐便器 | 陶瓷(kg)、人造大理石(kg) | 长度 $L$(mm);<br>底座宽度 $B$(mm);<br>水箱宽度 $B_1$(mm);<br>整体高度 $H$(mm);<br>底座高度 $H_1$(mm);<br>排污口直径 $\phi$(mm);<br>坑距 $L_0$(mm) |

续表

| 序号 | 编码 | 部品系统 | 编码 | 部品分类 | 编码 | 部品名称 | 部品类型标签 | 部品主要材料标签 | 部品尺寸标签 |
|---|---|---|---|---|---|---|---|---|---|
| 68 | N | 内装部品体系 | N09 | 集成式卫生间 | N09001 | 便溺 | 蹲便器 | 陶瓷（kg）、人造大理石（kg） | 长度 $L$(mm)；宽度 $B$(mm)；排污口直径 $\phi$(mm)；坑距 $L_0$(mm) |
| 69 | | | | | N09002 | 洗浴 | 淋浴 | 不锈钢（kg） | 直径 $\phi$(mm) |
| | | | | | | | 浴缸 | 玻璃纤维增强塑料（kg）、搪瓷（kg） | 长度 $L$(mm)；宽度 $B$(mm)；内底长 $L_1$(mm)；内底宽 $B_1$(mm)；上口径长 $L_2$(mm)；上口径宽 $B_2$(mm)；下水孔到边 $C$(mm) |
| 70 | | | | | N09003 | 盥洗 | 洗面器 | 陶瓷（kg）、玻璃（kg）、人造大理石（kg） | 长度 $L$(mm)；宽度 $B$(mm)；高度 $H$(mm)；出水孔距墙 $C_1$(mm)；进水管孔距墙 $C_2$(mm)；进水管孔 $\phi$(mm) |
| 71 | | | | | N09004 | 洗涤 | 水嘴 | 铜镀铬（kg） | 直径 $\phi$(mm) |
| | | | | | | | 洗衣机专用水嘴 | 铜镀铬（kg） | 直径 $\phi$(mm) |
| 72 | | | N10 | 集成式储存收纳 | N10001 | 步入式柜橱 | 储物柜 | 实木、原木（m³） | 长度 $L$(mm)；宽度 $B$(mm)；高度 $H$(mm) |

| 序号 | 体系 | 系统 | 代码 | 产品 | 类型 | 主要材料 | 尺寸参数 |
|---|---|---|---|---|---|---|---|
| 73 | 设备部品体系 S | S01 通风空调系统 | S01001 | 中央空调 | 风管式 | 铜材（kg）、镀锌铁皮（kg）、玻璃钢（kg） | 长度 $L$（mm）；宽度 $B$（mm）；高度 $H$（mm） |
|  |  |  |  |  | 冷/热水机组 | 铜材（kg）、钢材（t） | 长度 $L$（mm）；宽度 $B$（mm）；高度 $H$（mm） |
|  |  |  |  |  | 多联机型系统 | 铜材（kg）、钢材（t） | 长度 $L$（mm）；宽度 $B$（mm）；高度 $H$（mm） |
| 74 |  |  | S01002 | 分体式空调 | 壁挂式 / 吊顶式 / 嵌入式 / 落地式 / 立柜式 | 钢材（t）、铜材（kg）、塑料（kg） | 长度 $L$（mm）；宽度 $B$（mm）；高度 $H$（mm） |
| 75 |  | S02 消防系统 | S02001 | 室内外消火栓 | 减压稳压型，旋转型 | 铸铁（t）、钢材（t） | 箱体长 $L$（mm）；箱体宽 $B$（mm）；箱体高 $H$（mm）；消火栓直径 $\phi$（mm） |
| 76 |  |  | S02002 | 消火水泵 | — | 铸铁（t） | 直径 $\phi$（mm） |

续表

| 序号 | 编码 部品系统 | 编码 | 部品分类 | 编码 | 部品名称 | 部品类型标签 | 部品主要材料标签 | 部品尺寸标签 |
|---|---|---|---|---|---|---|---|---|
| 77 | S 设备部品体系 | S02 | 消防系统 | S02003 | 灭火器 | 干粉灭火器、泡沫灭火器、二氧化碳灭火器 | 钢材（t） | 直径 $\phi$（mm）；整体高度 $H$（mm）；钢瓶高度 $h$（mm）；手柄长度 $A$（mm） |
| 78 | | | | S02004 | 火警自动报警器 | 圆形、方形 | 塑料（kg） | 长度 $L$（mm）；宽度 $B$（mm）；高度 $H$（mm）；直径 $\phi$（mm） |
| 79 | | | | S02005 | 消防专用电话 | 固定式、分离式 | 塑料（kg）、半导体 | 长度 $L$（mm）；宽度 $B$（mm）；高度 $H$（mm） |
| 80 | | | | S02006 | 应急照明和疏散指示 | — | 塑钢板（kg） | 长度 $L$（mm）；宽度 $B$（mm）；高度 $H$（mm） |
| 81 | | | | S02007 | 应急广播 | — | — | — |
| 82 | | S03 | 给水排水系统 | S03001 | 水龙头 | 单联式、双联式、三联式 | 不锈钢（kg）、铸铁（kg）、全塑（kg）、黄铜（kg）、锌合金（kg）、高分子复合材料（kg） | 直径 $\phi$（mm） |

| 序号 | | | 编码 | 名称 | | 材料 | 规格 |
|---|---|---|---|---|---|---|---|
| 83 | | | S03002 | 水表 | 模拟式、数字式、模拟数字式 | 铸铁(kg)、铜材(kg)、铝合金(kg) | 长度$L$(mm);宽度$B$(mm);高度$H$(mm);直径$\phi$(mm) |
| 84 | | | S03003 | 给水立管 | — | 金属(kg)、塑料(kg) | 直径$\phi$(mm);长度$L$(mm) |
| 85 | | | S03004 | 地漏 | 圆形、方形 | 铸铁(kg) | 直径$\phi$(mm);长度$L$(mm);宽度$B$(mm) |
| 86 | S<br>设备部品体系 | S03<br>给水排水系统 | S03005 | 阀门 | 作用:调节阀、节流阀、排气阀 | 铸铁(kg)、不锈钢(kg) | 公称通径DN(mm);公称压力PN(MPa) |
| 87 | | | S03006 | 空调冷凝水管 | — | PVC、镀锌钢管(kg) | 直径$\phi$(mm);长度$L$(mm) |
| 88 | | | S03007 | 排污管 | — | PVC-U、金属(kg) | 直径$\phi$(mm);长度$L$(mm) |
| 89 | | | S03008 | 热水管道及配件 | — | PVC、PPR、镀锌钢管(kg) | 直径$\phi$(mm);长度$L$(mm) |
| 90 | | | S03009 | 雨水管道 | — | 镀锌铁管、铜管、不锈钢管、铝塑复合管、PP管 | 直径$\phi$(mm);长度$L$(mm) |

续表

| 序号 | 编码 | 部品系统 | 编码 | 部品分类 | 编码 | 部品名称 | 部品类型标签 | 部品主要材料标签 | 部品尺寸标签 |
|---|---|---|---|---|---|---|---|---|---|
| 91 | S | 设备部品体系 | S04 | 电梯系统 | S04001 | 轿厢 | 客梯、货梯 | 钢材（kg） | 轿厢宽度 $b_1$（mm）；轿厢深度 $d_1$（mm）；轿厢高度 $h_1$（mm）；出入口宽度 $b_2$（mm）；出入口高度 $h_2$（mm） |
| 92 | | | S05 | 燃气系统 | S05001 | 燃气表 | IC卡职能燃气表 | 铝合金（kg） | 长度 $L$（mm）；宽度 $B$（mm）；高度 $H$（mm） |
| 93 | | | | | S05002 | 燃气管道 | 煤气、天然气、液化石油气 | 镀锌钢管、铸铁（kg） | 直径 $\phi$（mm）；长度 $L$（mm） |
| 94 | | | | | S05003 | 燃气热水器 | 烟道式、强制排气式、强制给排气式、冷凝式 | 不锈钢（kg） | 长度 $L$（mm）；宽度 $B$（mm）；高度 $H$（mm） |
| 95 | | | S06 | 供暖系统 | S06001 | 地面辐射供暖系统 | — | 塑料（kg）金属（kg） | 长度 $L$（mm）；直径 $d$（mm） |
| 96 | | | S07 | 新能源系统 | S07001 | 太阳能照明系统 | 离网发电、并网发电 | 蓄电池、LED灯、晶硅 | 太阳能电池板长度 $L$（mm）；宽度 $B$（mm）；灯具直径 $d$（mm） |

| 序号 | | 体系 | | 子系统 | 编码 | 部品名称 | 类型 | 材料 | 尺寸 |
|---|---|---|---|---|---|---|---|---|---|
| 97 | S | 设备部品体系 | S08 | 电气系统 | S08001 | 配电箱 | 固定面板式、防护式、抽屉式 | 钣金（kg） | 长度 $L$（mm）；宽度 $B$（mm）；高度 $H$（mm） |
| 98 | | | | | S08002 | 开关 | 单控、双控、多控 | ABS、PC（kg） | 长度 $L$（mm）；宽度 $B$（mm） |
| 99 | | | | | S08003 | 插座 | 固定式、移动式、转换式 | ABS、PC（kg） | 长度 $L$（mm）；宽度 $B$（mm） |
| 100 | | | | | S08004 | 电线及管材 | — | 铜丝、绝缘材料（kg） | 直径 $\phi$（mm）；长度 $L$（mm） |
| 101 | | | | | S08005 | 照明灯具 | 吊灯、吸顶灯、台灯、落地灯、壁灯、射灯 | 金属、玻璃、陶瓷（kg） | 直径 $\phi$（mm） |
| 102 | | | S09 | 智能系统 | S09001 | 物业管理与服务 | — | — | — |
| 103 | | | | | S09002 | 安全防范系统 | 摄像头 | — | — |
| 104 | | | | | S09003 | 信息网络与布线系统 | — | — | — |
| 105 | P | 小区配套部品体系 | P01 | 室外设施 | P01001 | 室外座椅 | 单人、双人、三人 | 木材（m³）、石材（t）、混凝土（m³）、金属陶瓷（kg）、塑料（kg） | 座面长度 $L$（mm）；宽度 $B$（mm）；靠背高度 $H$（mm）；椅脚高度 $H_1$（mm） |
| 106 | | | | | P01002 | 健身设施 | 力量型器械、弹跳型器械、灵敏型器械、柔韧型器械、耐力型器械 | 钢材（kg） | 长度 $L$（mm）；宽度 $B$（mm）；高度 $H$（mm）；弧度 $R$（具体设施具体尺寸） |

续表

| 序号 | 编码 | 部品系统 | 编码 | 部品分类 | 编码 | 部品名称 | 部品类型标签 | 部品主要材料标签 | 部品尺寸标签 |
|------|------|----------|------|----------|------|----------|--------------|------------------|--------------|
| 107 | P | 小区配套部品体系 | P01 | 室外设施 | P01003 | 灯杆 | — | 钢材（kg） | 直径 $\phi$（mm）；高度 $H$（mm） |
| 108 | | | | | P01004 | 室外小品 | 建筑小品、生活设施小品、道路设施小品 | 石膏（kg）、木材（m³）、石材（t）、混凝土（m³）、陶瓷（kg）、金属（kg）、塑料（kg） | 具体小品的具体尺寸 |
| 109 | | | P02 | 停车设备 | P02001 | 机械停车设备 | 升降横移类停车设备（PSH）、垂直循环类停车设备（PCX）、巷道堆垛类停车设备（PXD）、水平循环类停车设备（PSX）、多层循环类停车设备（PDX）、平面移动类停车设备（PPY）、汽车专用升降机（PQS）、垂直升降类停车设备（PCS）、简易升降类停车设备（PJS） | 钢材（kg） | 长度 $L$（mm）；宽度 $B$（mm）；高度 $H$（mm） |
| 110 | | | | | P02002 | 人工停车设备 | — | — | — |

| | | | | | | | |
|---|---|---|---|---|---|---|---|
| 111 | P<br><br>小区配套部品体系 | P03<br><br>园林绿化 | | P03001 | 垃圾贮置与处理 | 筒形、方形 | 木材（m³）、金属、塑料（kg） | 长度 $L$（mm）；<br>宽度 $B$（mm）；<br>高度 $H$（mm）；<br>直径 $\phi$（mm） |
| 112 | | | | P03002 | 人工草坪 | 水泥混凝土基础、沥青基础及三七灰土基础 | PA、PP、PE | 草坪长度 $L$（mm）；<br>宽度 $B$（mm）；<br>人造草高度 $H$（mm） |
| 113 | | | | P03003 | 景观雕塑 | 纪念性、主题性、装饰性、陈列性 | 石材、铜、树脂、塑石、不锈钢、玻璃钢、砂岩 | 具体雕塑的具体尺寸 |
| 114 | | | | P03004 | 花草盆栽 | 圆形、方形 | 塑料、陶瓷、橡胶（kg） | 长度 $L$（mm）；<br>宽度 $B$（mm）；<br>高度 $H$（mm）；<br>直径 $\phi$（mm） |
| 115 | | P04<br><br>入口装置 | | P04001 | 信报箱 | 挂壁式、嵌入式、落地式 | 冷轧钢板喷塑/烤漆、不锈钢、铸铁式、铸铝式、铝合金、木质、不锈钢喷塑/烤漆/镀钛 | 长度 $L$（mm）；<br>宽度 $B$（mm）；<br>高度 $H$（mm） |

续表

| 序号 | 部品系统 | | 部品分类 | | 编码 | 部品名称 | 部品类型标签 | 部品主要材料标签 | 部品尺寸标签 |
|---|---|---|---|---|---|---|---|---|
| | 编码 | | 编码 | | | | | | |
| 116 | P | 小区配套部品体系 | P04 | 入口装置 | P04002 | 入口标志 | — | PVC板、亚克力板、有机板、双色板、铝合金、注塑、钛金板、不锈钢板、铝板、铜板 | 长度 $L(\text{mm})$；宽度 $B(\text{mm})$ |
| 117 | | | | | P04003 | 门牌号 | — | PVC板、亚克力板、有机板、双色板、铝合金、注塑、钛金板、不锈钢板、铝板、铜板 | 长度 $L(\text{mm})$；宽度 $B(\text{mm})$ |
| 118 | | | | | P04004 | 小院围墙 | — | 铁质（kg） | 长度 $L(\text{mm})$；宽度 $B(\text{mm})$；高度 $H(\text{mm})$ |

## 附录 2　重庆大学部品碳排放因子清单

附表 2.1　预制混凝土柱梁构件碳排放

| 部品类型 | 部品细分 | 构件型号 | 编　号 | 碳排放（kgCO$_2$） |
|---|---|---|---|---|
| 预制混凝土梁 | 过梁 | 120 墙矩形截面过梁 | GL-2060 | 7.394 |
| 预制混凝土梁 | 过梁 | 120 墙矩形截面过梁 | GL-2080 | 8.705 |
| 预制混凝土梁 | 过梁 | 120 墙矩形截面过梁 | GL-2100 | 10.016 |
| 预制混凝土梁 | 过梁 | 120 墙矩形截面过梁 | GL-2120 | 11.050 |
| 预制混凝土梁 | 过梁 | 120 墙矩形截面过梁 | GL-2150 | 13.129 |
| 预制混凝土梁 | 过梁 | 180 墙矩形截面过梁 | GL-8060 | 9.876 |
| 预制混凝土梁 | 过梁 | 180 墙矩形截面过梁 | GL-8061 | 9.876 |
| 预制混凝土梁 | 过梁 | 180 墙矩形截面过梁 | GL-8062 | 9.876 |
| 预制混凝土梁 | 过梁 | 180 墙矩形截面过梁 | GL-8063 | 9.876 |
| 预制混凝土梁 | 过梁 | 180 墙矩形截面过梁 | GL-8064 | 18.057 |
| 预制混凝土梁 | 过梁 | 180 墙矩形截面过梁 | GL-8065 | 18.057 |
| 预制混凝土梁 | 过梁 | 180 墙矩形截面过梁 | GL-8080 | 11.517 |
| 预制混凝土梁 | 过梁 | 180 墙矩形截面过梁 | GL-8081 | 11.517 |
| 预制混凝土梁 | 过梁 | 180 墙矩形截面过梁 | GL-8082 | 11.517 |
| 预制混凝土梁 | 过梁 | 180 墙矩形截面过梁 | GL-8083 | 20.947 |
| 预制混凝土梁 | 过梁 | 180 墙矩形截面过梁 | GL-8084 | 20.947 |
| 预制混凝土梁 | 过梁 | 180 墙矩形截面过梁 | GL-8085 | 22.682 |
| 预制混凝土梁 | 过梁 | 180 墙矩形截面过梁 | GL-8100 | 13.132 |
| 预制混凝土梁 | 过梁 | 180 墙矩形截面过梁 | GL-8101 | 13.132 |
| 预制混凝土梁 | 过梁 | 180 墙矩形截面过梁 | GL-8102 | 15.081 |
| 预制混凝土梁 | 过梁 | 180 墙矩形截面过梁 | GL-8103 | 26.089 |
| 预制混凝土梁 | 过梁 | 180 墙矩形截面过梁 | GL-8104 | 28.518 |
| 预制混凝土梁 | 过梁 | 180 墙矩形截面过梁 | GL-8105 | 28.518 |

注:编号为《15G367-1 预制钢筋混凝土板式楼梯》《13G322-1~4 钢筋混凝土过梁（2013 年合订本）》《15G366-1 桁架钢筋混凝土叠合板（60 mm 厚底板）》《15G365-1 预制混凝土剪力墙外墙板》《15G365-2 预制混凝土剪力墙内墙板》《15G368-1 预制钢筋混凝土阳台板、空调板及女儿墙》中构件编号,下同。

续表

| 部品类型 | 部品细分 | 构件型号 | 编　号 | 碳排放（$kgCO_2$） |
|---|---|---|---|---|
| 预制混凝土梁 | 过梁 | 180 墙矩形截面过梁 | GL-8120 | 15.023 |
| 预制混凝土梁 | 过梁 | 180 墙矩形截面过梁 | GL-8121 | 17.239 |
| 预制混凝土梁 | 过梁 | 180 墙矩形截面过梁 | GL-8122 | 29.218 |
| 预制混凝土梁 | 过梁 | 180 墙矩形截面过梁 | GL-8123 | 31.942 |
| 预制混凝土梁 | 过梁 | 180 墙矩形截面过梁 | GL-8124 | 31.247 |
| 预制混凝土梁 | 过梁 | 180 墙矩形截面过梁 | GL-8125 | 34.104 |
| 预制混凝土梁 | 过梁 | 180 墙矩形截面过梁 | GL-8150 | 31.453 |
| 预制混凝土梁 | 过梁 | 180 墙矩形截面过梁 | GL-8151 | 33.989 |
| 预制混凝土梁 | 过梁 | 180 墙矩形截面过梁 | GL-8152 | 37.167 |
| 预制混凝土梁 | 过梁 | 180 墙矩形截面过梁 | GL-8153 | 39.837 |
| 预制混凝土梁 | 过梁 | 180 墙矩形截面过梁 | GL-8154 | 43.114 |
| 预制混凝土梁 | 过梁 | 180 墙矩形截面过梁 | GL-8155 | 46.505 |
| 预制混凝土梁 | 过梁 | 180 墙矩形截面过梁 | GL-8180 | 36.251 |
| 预制混凝土梁 | 过梁 | 180 墙矩形截面过梁 | GL-8181 | 42.765 |
| 预制混凝土梁 | 过梁 | 180 墙矩形截面过梁 | GL-8182 | 45.943 |
| 预制混凝土梁 | 过梁 | 180 墙矩形截面过梁 | GL-8183 | 53.602 |
| 预制混凝土梁 | 过梁 | 180 墙矩形截面过梁 | GL-8184 | 55.097 |
| 预制混凝土梁 | 过梁 | 180 墙矩形截面过梁 | GL-8185 | 61.512 |
| 预制混凝土梁 | 过梁 | 180 墙矩形截面过梁 | GL-8210 | 61.512 |
| 预制混凝土梁 | 过梁 | 180 墙矩形截面过梁 | GL-8211 | 46.993 |
| 预制混凝土梁 | 过梁 | 180 墙矩形截面过梁 | GL-8212 | 60.218 |
| 预制混凝土梁 | 过梁 | 180 墙矩形截面过梁 | GL-8213 | 65.318 |
| 预制混凝土梁 | 过梁 | 180 墙矩形截面过梁 | GL-8214 | 70.748 |
| 预制混凝土梁 | 过梁 | 180 墙矩形截面过梁 | GL-8215 | 78.410 |
| 预制混凝土梁 | 过梁 | 180 墙矩形截面过梁 | GL-8240 | 48.827 |
| 预制混凝土梁 | 过梁 | 180 墙矩形截面过梁 | GL-8241 | 62.376 |
| 预制混凝土梁 | 过梁 | 180 墙矩形截面过梁 | GL-8242 | 69.211 |
| 预制混凝土梁 | 过梁 | 180 墙矩形截面过梁 | GL-8243 | 83.064 |
| 预制混凝土梁 | 过梁 | 180 墙矩形截面过梁 | GL-8244 | 90.272 |
| 预制混凝土梁 | 过梁 | 180 墙矩形截面过梁 | GL-8245 | 100.952 |

续表

| 部品类型 | 部品细分 | 构件型号 | 编 号 | 碳排放(kgCO$_2$) |
|---|---|---|---|---|
| 预制混凝土梁 | 过梁 | 180 墙矩形截面过梁 | GL-8270 | 58.511 |
| 预制混凝土梁 | 过梁 | 180 墙矩形截面过梁 | GL-8271 | 73.932 |
| 预制混凝土梁 | 过梁 | 180 墙矩形截面过梁 | GL-8272 | 87.013 |
| 预制混凝土梁 | 过梁 | 180 墙矩形截面过梁 | GL-8273 | 102.685 |
| 预制混凝土梁 | 过梁 | 180 墙矩形截面过梁 | GL-8274 | 118.293 |
| 预制混凝土梁 | 过梁 | 180 墙矩形截面过梁 | GL-8275 | 127.157 |
| 预制混凝土梁 | 过梁 | 180 墙矩形截面过梁 | GL-8300 | 75.796 |
| 预制混凝土梁 | 过梁 | 180 墙矩形截面过梁 | GL-8301 | 92.965 |
| 预制混凝土梁 | 过梁 | 180 墙矩形截面过梁 | GL-8302 | 107.197 |
| 预制混凝土梁 | 过梁 | 180 墙矩形截面过梁 | GL-8303 | 124.365 |
| 预制混凝土梁 | 过梁 | 180 墙矩形截面过梁 | GL-8304 | 140.464 |
| 预制混凝土梁 | 过梁 | 180 墙矩形截面过梁 | GL-8305 | 162.838 |
| 预制混凝土梁 | 过梁 | 180 墙矩形截面过梁 | GL-8330 | 81.184 |
| 预制混凝土梁 | 过梁 | 180 墙矩形截面过梁 | GL-8331 | 112.640 |
| 预制混凝土梁 | 过梁 | 180 墙矩形截面过梁 | GL-8332 | 130.213 |
| 预制混凝土梁 | 过梁 | 180 墙矩形截面过梁 | GL-8360 | 101.585 |
| 预制混凝土梁 | 过梁 | 180 墙矩形截面过梁 | GL-8361 | 135.750 |
| 预制混凝土梁 | 过梁 | 180 墙矩形截面过梁 | GL-8362 | 155.107 |
| 预制混凝土梁 | 过梁 | 180 墙矩形截面过梁 | GL-8390 | 121.750 |
| 预制混凝土梁 | 过梁 | 180 墙矩形截面过梁 | GL-8420 | 146.148 |
| 预制混凝土梁 | 过梁 | 240 墙矩形截面过梁 | GL-4060 | 12.384 |
| 预制混凝土梁 | 过梁 | 240 墙矩形截面过梁 | GL-4061 | 12.384 |
| 预制混凝土梁 | 过梁 | 240 墙矩形截面过梁 | GL-4062 | 12.384 |
| 预制混凝土梁 | 过梁 | 240 墙矩形截面过梁 | GL-4063 | 12.384 |
| 预制混凝土梁 | 过梁 | 240 墙矩形截面过梁 | GL-4064 | 12.384 |
| 预制混凝土梁 | 过梁 | 240 墙矩形截面过梁 | GL-4065 | 13.879 |
| 预制混凝土梁 | 过梁 | 240 墙矩形截面过梁 | GL-4080 | 14.329 |
| 预制混凝土梁 | 过梁 | 240 墙矩形截面过梁 | GL-4081 | 14.329 |
| 预制混凝土梁 | 过梁 | 240 墙矩形截面过梁 | GL-4082 | 14.329 |
| 预制混凝土梁 | 过梁 | 240 墙矩形截面过梁 | GL-4083 | 16.038 |

续表

| 部品类型 | 部品细分 | 构件型号 | 编号 | 碳排放（kgCO$_2$） |
|---|---|---|---|---|
| 预制混凝土梁 | 过梁 | 240 墙矩形截面过梁 | GL-4084 | 25.464 |
| 预制混凝土梁 | 过梁 | 240 墙矩形截面过梁 | GL-4085 | 27.199 |
| 预制混凝土梁 | 过梁 | 240 墙矩形截面过梁 | GL-4100 | 16.524 |
| 预制混凝土梁 | 过梁 | 240 墙矩形截面过梁 | GL-4101 | 16.524 |
| 预制混凝土梁 | 过梁 | 240 墙矩形截面过梁 | GL-4102 | 18.500 |
| 预制混凝土梁 | 过梁 | 240 墙矩形截面过梁 | GL-4103 | 31.213 |
| 预制混凝土梁 | 过梁 | 240 墙矩形截面过梁 | GL-4104 | 33.669 |
| 预制混凝土梁 | 过梁 | 240 墙矩形截面过梁 | GL-4105 | 33.669 |
| 预制混凝土梁 | 过梁 | 240 墙矩形截面过梁 | GL-4120 | 18.746 |
| 预制混凝土梁 | 过梁 | 240 墙矩形截面过梁 | GL-4121 | 20.936 |
| 预制混凝土梁 | 过梁 | 240 墙矩形截面过梁 | GL-4122 | 34.976 |
| 预制混凝土梁 | 过梁 | 240 墙矩形截面过梁 | GL-4123 | 37.726 |
| 预制混凝土梁 | 过梁 | 240 墙矩形截面过梁 | GL-4124 | 37.005 |
| 预制混凝土梁 | 过梁 | 240 墙矩形截面过梁 | GL-4125 | 39.889 |
| 预制混凝土梁 | 过梁 | 240 墙矩形截面过梁 | GL-4150 | 38.122 |
| 预制混凝土梁 | 过梁 | 240 墙矩形截面过梁 | GL-4151 | 40.658 |
| 预制混凝土梁 | 过梁 | 240 墙矩形截面过梁 | GL-4152 | 43.835 |
| 预制混凝土梁 | 过梁 | 240 墙矩形截面过梁 | GL-4153 | 46.505 |
| 预制混凝土梁 | 过梁 | 240 墙矩形截面过梁 | GL-4154 | 51.998 |
| 预制混凝土梁 | 过梁 | 240 墙矩形截面过梁 | GL-4155 | 55.389 |
| 预制混凝土梁 | 过梁 | 240 墙矩形截面过梁 | GL-4180 | 43.910 |
| 预制混凝土梁 | 过梁 | 240 墙矩形截面过梁 | GL-4181 | 50.398 |
| 预制混凝土梁 | 过梁 | 240 墙矩形截面过梁 | GL-4182 | 53.602 |
| 预制混凝土梁 | 过梁 | 240 墙矩形截面过梁 | GL-4183 | 63.727 |
| 预制混凝土梁 | 过梁 | 240 墙矩形截面过梁 | GL-4184 | 65.222 |
| 预制混凝土梁 | 过梁 | 240 墙矩形截面过梁 | GL-4185 | 74.128 |
| 预制混凝土梁 | 过梁 | 240 墙矩形截面过梁 | GL-4210 | 52.476 |
| 预制混凝土梁 | 过梁 | 240 墙矩形截面过梁 | GL-4211 | 55.813 |
| 预制混凝土梁 | 过梁 | 240 墙矩形截面过梁 | GL-4212 | 71.808 |
| 预制混凝土梁 | 过梁 | 240 墙矩形截面过梁 | GL-4213 | 76.907 |

续表

| 部品类型 | 部品细分 | 构件型号 | 编 号 | 碳排放（kgCO$_2$） |
|---|---|---|---|---|
| 预制混凝土梁 | 过梁 | 240 墙矩形截面过梁 | GL-4214 | 83.395 |
| 预制混凝土梁 | 过梁 | 240 墙矩形截面过梁 | GL-4215 | 92.491 |
| 预制混凝土梁 | 过梁 | 240 墙矩形截面过梁 | GL-4240 | 63.097 |
| 预制混凝土梁 | 过梁 | 240 墙矩形截面过梁 | GL-4241 | 75.233 |
| 预制混凝土梁 | 过梁 | 240 墙矩形截面过梁 | GL-4242 | 82.041 |
| 预制混凝土梁 | 过梁 | 240 墙矩形截面过梁 | GL-4243 | 98.663 |
| 预制混凝土梁 | 过梁 | 240 墙矩形截面过梁 | GL-4244 | 105.898 |
| 预制混凝土梁 | 过梁 | 240 墙矩形截面过梁 | GL-4245 | 114.415 |
| 预制混凝土梁 | 过梁 | 240 墙矩形截面过梁 | GL-4270 | 83.224 |
| 预制混凝土梁 | 过梁 | 240 墙矩形截面过梁 | GL-4271 | 87.949 |
| 预制混凝土梁 | 过梁 | 240 墙矩形截面过梁 | GL-4272 | 108.028 |
| 预制混凝土梁 | 过梁 | 240 墙矩形截面过梁 | GL-4273 | 119.749 |
| 预制混凝土梁 | 过梁 | 240 墙矩形截面过梁 | GL-4274 | 138.679 |
| 预制混凝土梁 | 过梁 | 240 墙矩形截面过梁 | GL-4275 | 144.526 |
| 预制混凝土梁 | 过梁 | 240 墙矩形截面过梁 | GL-4300 | 90.610 |
| 预制混凝土梁 | 过梁 | 240 墙矩形截面过梁 | GL-4301 | 90.90 |
| 预制混凝土梁 | 过梁 | 240 墙矩形截面过梁 | GL-4302 | 138.295 |
| 预制混凝土梁 | 过梁 | 240 墙矩形截面过梁 | GL-4303 | 146.545 |
| 预制混凝土梁 | 过梁 | 240 墙矩形截面过梁 | GL-4304 | 162.645 |
| 预制混凝土梁 | 过梁 | 240 墙矩形截面过梁 | GL-4305 | 169.693 |
| 预制混凝土梁 | 过梁 | 240 墙矩形截面过梁 | GL-4330 | 104.368 |
| 预制混凝土梁 | 过梁 | 240 墙矩形截面过梁 | GL-4331 | 133.239 |
| 预制混凝土梁 | 过梁 | 240 墙矩形截面过梁 | GL-4332 | 164.423 |
| 预制混凝土梁 | 过梁 | 240 墙矩形截面过梁 | GL-4360 | 130.697 |
| 预制混凝土梁 | 过梁 | 240 墙矩形截面过梁 | GL-4361 | 163.372 |
| 预制混凝土梁 | 过梁 | 240 墙矩形截面过梁 | GL-4362 | 185.132 |
| 预制混凝土梁 | 过梁 | 240 墙矩形截面过梁 | GL-4390 | 145.332 |
| 预制混凝土梁 | 过梁 | 240 墙矩形截面过梁 | GL-4420 | 179.051 |
| 预制混凝土梁 | 过梁 | 370 墙矩形截面过梁 | GL-7060 | 18.960 |
| 预制混凝土梁 | 过梁 | 370 墙矩形截面过梁 | GL-7061 | 18.960 |

续表

| 部品类型 | 部品细分 | 构件型号 | 编　号 | 碳排放（$kgCO_2$） |
|---|---|---|---|---|
| 预制混凝土梁 | 过梁 | 370 墙矩形截面过梁 | GL-7062 | 18.960 |
| 预制混凝土梁 | 过梁 | 370 墙矩形截面过梁 | GL-7063 | 18.960 |
| 预制混凝土梁 | 过梁 | 370 墙矩形截面过梁 | GL-7064 | 18.960 |
| 预制混凝土梁 | 过梁 | 370 墙矩形截面过梁 | GL-7065 | 18.960 |
| 预制混凝土梁 | 过梁 | 370 墙矩形截面过梁 | GL-7080 | 22.280 |
| 预制混凝土梁 | 过梁 | 370 墙矩形截面过梁 | GL-7081 | 22.280 |
| 预制混凝土梁 | 过梁 | 370 墙矩形截面过梁 | GL-7082 | 22.280 |
| 预制混凝土梁 | 过梁 | 370 墙矩形截面过梁 | GL-7083 | 22.280 |
| 预制混凝土梁 | 过梁 | 370 墙矩形截面过梁 | GL-7084 | 23.988 |
| 预制混凝土梁 | 过梁 | 370 墙矩形截面过梁 | GL-7085 | 23.988 |
| 预制混凝土梁 | 过梁 | 370 墙矩形截面过梁 | GL-7100 | 25.626 |
| 预制混凝土梁 | 过梁 | 370 墙矩形截面过梁 | GL-7101 | 25.626 |
| 预制混凝土梁 | 过梁 | 370 墙矩形截面过梁 | GL-7102 | 25.626 |
| 预制混凝土梁 | 过梁 | 370 墙矩形截面过梁 | GL-7103 | 27.308 |
| 预制混凝土梁 | 过梁 | 370 墙矩形截面过梁 | GL-7104 | 30.004 |
| 预制混凝土梁 | 过梁 | 370 墙矩形截面过梁 | GL-7105 | 44.107 |
| 预制混凝土梁 | 过梁 | 370 墙矩形截面过梁 | GL-7120 | 28.668 |
| 预制混凝土梁 | 过梁 | 370 墙矩形截面过梁 | GL-7121 | 28.668 |
| 预制混凝土梁 | 过梁 | 370 墙矩形截面过梁 | GL-7122 | 31.952 |
| 预制混凝土梁 | 过梁 | 370 墙矩形截面过梁 | GL-7123 | 36.064 |
| 预制混凝土梁 | 过梁 | 370 墙矩形截面过梁 | GL-7124 | 52.352 |
| 预制混凝土梁 | 过梁 | 370 墙矩形截面过梁 | GL-7125 | 53.447 |
| 预制混凝土梁 | 过梁 | 370 墙矩形截面过梁 | GL-7150 | 33.693 |
| 预制混凝土梁 | 过梁 | 370 墙矩形截面过梁 | GL-7151 | 55.166 |
| 预制混凝土梁 | 过梁 | 370 墙矩形截面过梁 | GL-7152 | 58.984 |
| 预制混凝土梁 | 过梁 | 370 墙矩形截面过梁 | GL-7153 | 63.737 |
| 预制混凝土梁 | 过梁 | 370 墙矩形截面过梁 | GL-7154 | 62.669 |
| 预制混凝土梁 | 过梁 | 370 墙矩形截面过梁 | GL-7155 | 68.596 |
| 预制混凝土梁 | 过梁 | 370 墙矩形截面过梁 | GL-7180 | 63.507 |
| 预制混凝土梁 | 过梁 | 370 墙矩形截面过梁 | GL-7181 | 67.859 |

续表

| 部品类型 | 部品细分 | 构件型号 | 编　号 | 碳排放（kgCO$_2$） |
|---|---|---|---|---|
| 预制混凝土梁 | 过梁 | 370 墙矩形截面过梁 | GL-7182 | 72.211 |
| 预制混凝土梁 | 过梁 | 370 墙矩形截面过梁 | GL-7183 | 78.993 |
| 预制混凝土梁 | 过梁 | 370 墙矩形截面过梁 | GL-7184 | 87.319 |
| 预制混凝土梁 | 过梁 | 370 墙矩形截面过梁 | GL-7185 | 91.217 |
| 预制混凝土梁 | 过梁 | 370 墙矩形截面过梁 | GL-7210 | 74.518 |
| 预制混凝土梁 | 过梁 | 370 墙矩形截面过梁 | GL-7211 | 82.181 |
| 预制混凝土梁 | 过梁 | 370 墙矩形截面过梁 | GL-7212 | 98.239 |
| 预制混凝土梁 | 过梁 | 370 墙矩形截面过梁 | GL-7213 | 105.928 |
| 预制混凝土梁 | 过梁 | 370 墙矩形截面过梁 | GL-7214 | 108.118 |
| 预制混凝土梁 | 过梁 | 370 墙矩形截面过梁 | GL-7215 | 115.754 |
| 预制混凝土梁 | 过梁 | 370 墙矩形截面过梁 | GL-7240 | 85.021 |
| 预制混凝土梁 | 过梁 | 370 墙矩形截面过梁 | GL-7241 | 110.921 |
| 预制混凝土梁 | 过梁 | 370 墙矩形截面过梁 | GL-7242 | 118.397 |
| 预制混凝土梁 | 过梁 | 370 墙矩形截面过梁 | GL-7243 | 124.084 |
| 预制混凝土梁 | 过梁 | 370 墙矩形截面过梁 | GL-7244 | 143.005 |
| 预制混凝土梁 | 过梁 | 370 墙矩形截面过梁 | GL-7245 | 148.318 |
| 预制混凝土梁 | 过梁 | 370 墙矩形截面过梁 | GL-7270 | 100.624 |
| 预制混凝土梁 | 过梁 | 370 墙矩形截面过梁 | GL-7271 | 120.496 |
| 预制混凝土梁 | 过梁 | 370 墙矩形截面过梁 | GL-7272 | 136.195 |
| 预制混凝土梁 | 过梁 | 370 墙矩形截面过梁 | GL-7273 | 157.135 |
| 预制混凝土梁 | 过梁 | 370 墙矩形截面过梁 | GL-7274 | 169.576 |
| 预制混凝土梁 | 过梁 | 370 墙矩形截面过梁 | GL-7275 | 189.661 |
| 预制混凝土梁 | 过梁 | 370 墙矩形截面过梁 | GL-7300 | 133.178 |
| 预制混凝土梁 | 过梁 | 370 墙矩形截面过梁 | GL-7301 | 141.054 |
| 预制混凝土梁 | 过梁 | 370 墙矩形截面过梁 | GL-7302 | 172.288 |
| 预制混凝土梁 | 过梁 | 370 墙矩形截面过梁 | GL-7303 | 173.143 |
| 预制混凝土梁 | 过梁 | 370 墙矩形截面过梁 | GL-7304 | 214.566 |
| 预制混凝土梁 | 过梁 | 370 墙矩形截面过梁 | GL-7305 | 221.428 |
| 预制混凝土梁 | 过梁 | 370 墙矩形截面过梁 | GL-7330 | 149.241 |
| 预制混凝土梁 | 过梁 | 370 墙矩形截面过梁 | GL-7331 | 186.418 |

续表

| 部品类型 | 部品细分 | 构件型号 | 编　号 | 碳排放（$kgCO_2$） |
|---|---|---|---|---|
| 预制混凝土梁 | 过梁 | 370 墙矩形截面过梁 | GL-7332 | 207.590 |
| 预制混凝土梁 | 过梁 | 370 墙矩形截面过梁 | GL-7360 | 188.186 |
| 预制混凝土梁 | 过梁 | 370 墙矩形截面过梁 | GL-7361 | 208.798 |
| 预制混凝土梁 | 过梁 | 370 墙矩形截面过梁 | GL-7362 | 250.974 |
| 预制混凝土梁 | 过梁 | 370 墙矩形截面过梁 | GL-7390 | 210.512 |
| 预制混凝土梁 | 过梁 | 370 墙矩形截面过梁 | GL-7420 | 263.031 |
| 预制混凝土梁 | 过梁 | 240 墙 L 形截面过梁 | GL-4060L | 10.643 |
| 预制混凝土梁 | 过梁 | 240 墙 L 形截面过梁 | GL-4061L | 10.643 |
| 预制混凝土梁 | 过梁 | 240 墙 L 形截面过梁 | GL-4062L | 10.643 |
| 预制混凝土梁 | 过梁 | 240 墙 L 形截面过梁 | GL-4063L | 10.643 |
| 预制混凝土梁 | 过梁 | 240 墙 L 形截面过梁 | GL-4064L | 21.665 |
| 预制混凝土梁 | 过梁 | 240 墙 L 形截面过梁 | GL-4065L | 21.665 |
| 预制混凝土梁 | 过梁 | 240 墙 L 形截面过梁 | GL-4080L | 12.561 |
| 预制混凝土梁 | 过梁 | 240 墙 L 形截面过梁 | GL-4081L | 12.561 |
| 预制混凝土梁 | 过梁 | 240 墙 L 形截面过梁 | GL-4082L | 12.561 |
| 预制混凝土梁 | 过梁 | 240 墙 L 形截面过梁 | GL-4083L | 25.258 |
| 预制混凝土梁 | 过梁 | 240 墙 L 形截面过梁 | GL-4084L | 25.258 |
| 预制混凝土梁 | 过梁 | 240 墙 L 形截面过梁 | GL-4085L | 26.967 |
| 预制混凝土梁 | 过梁 | 240 墙 L 形截面过梁 | GL-4100L | 14.480 |
| 预制混凝土梁 | 过梁 | 240 墙 L 形截面过梁 | GL-4101L | 14.480 |
| 预制混凝土梁 | 过梁 | 240 墙 L 形截面过梁 | GL-4102L | 16.429 |
| 预制混凝土梁 | 过梁 | 240 墙 L 形截面过梁 | GL-4103L | 30.774 |
| 预制混凝土梁 | 过梁 | 240 墙 L 形截面过梁 | GL-4104L | 33.230 |
| 预制混凝土梁 | 过梁 | 240 墙 L 形截面过梁 | GL-4105L | 33.230 |
| 预制混凝土梁 | 过梁 | 240 墙 L 形截面过梁 | GL-4120L | 16.121 |
| 预制混凝土梁 | 过梁 | 240 墙 L 形截面过梁 | GL-4121L | 18.310 |
| 预制混凝土梁 | 过梁 | 240 墙 L 形截面过梁 | GL-4122L | 34.581 |
| 预制混凝土梁 | 过梁 | 240 墙 L 形截面过梁 | GL-4123L | 37.331 |
| 预制混凝土梁 | 过梁 | 240 墙 L 形截面过梁 | GL-4124L | 36.610 |
| 预制混凝土梁 | 过梁 | 240 墙 L 形截面过梁 | GL-4125L | 43.089 |

续表

| 部品类型 | 部品细分 | 构件型号 | 编　号 | 碳排放（kgCO₂） |
|---|---|---|---|---|
| 预制混凝土梁 | 过梁 | 240 墙 L 形截面过梁 | GL-4150L | 37.323 |
| 预制混凝土梁 | 过梁 | 240 墙 L 形截面过梁 | GL-4151L | 39.886 |
| 预制混凝土梁 | 过梁 | 240 墙 L 形截面过梁 | GL-4152L | 43.036 |
| 预制混凝土梁 | 过梁 | 240 墙 L 形截面过梁 | GL-4153L | 49.982 |
| 预制混凝土梁 | 过梁 | 240 墙 L 形截面过梁 | GL-4154L | 49.288 |
| 预制混凝土梁 | 过梁 | 240 墙 L 形截面过梁 | GL-4155L | 52.679 |
| 预制混凝土梁 | 过梁 | 240 墙 L 形截面过梁 | GL-4180L | 43.118 |
| 预制混凝土梁 | 过梁 | 240 墙 L 形截面过梁 | GL-4181L | 49.633 |
| 预制混凝土梁 | 过梁 | 240 墙 L 形截面过梁 | GL-4182L | 56.822 |
| 预制混凝土梁 | 过梁 | 240 墙 L 形截面过梁 | GL-4183L | 60.747 |
| 预制混凝土梁 | 过梁 | 240 墙 L 形截面过梁 | GL-4184L | 62.242 |
| 预制混凝土梁 | 过梁 | 240 墙 L 形截面过梁 | GL-4185L | 68.656 |
| 预制混凝土梁 | 过梁 | 240 墙 L 形截面过梁 | GL-4210L | 51.584 |
| 预制混凝土梁 | 过梁 | 240 墙 L 形截面过梁 | GL-4211L | 64.436 |
| 预制混凝土梁 | 过梁 | 240 墙 L 形截面过梁 | GL-4212L | 68.147 |
| 预制混凝土梁 | 过梁 | 240 墙 L 形截面过梁 | GL-4213L | 73.247 |
| 预制混凝土梁 | 过梁 | 240 墙 L 形截面过梁 | GL-4214L | 78.676 |
| 预制混凝土梁 | 过梁 | 240 墙 L 形截面过梁 | GL-4215L | 96.111 |
| 预制混凝土梁 | 过梁 | 240 墙 L 形截面过梁 | GL-4240L | 61.935 |
| 预制混凝土梁 | 过梁 | 240 墙 L 形截面过梁 | GL-4241L | 70.999 |
| 预制混凝土梁 | 过梁 | 240 墙 L 形截面过梁 | GL-4242L | 81.625 |
| 预制混凝土梁 | 过梁 | 240 墙 L 形截面过梁 | GL-4243L | 91.686 |
| 预制混凝土梁 | 过梁 | 240 墙 L 形截面过梁 | GL-4244L | 104.662 |
| 预制混凝土梁 | 过梁 | 240 墙 L 形截面过梁 | GL-4245L | 111.884 |
| 预制混凝土梁 | 过梁 | 240 墙 L 形截面过梁 | GL-4270L | 78.613 |
| 预制混凝土梁 | 过梁 | 240 墙 L 形截面过梁 | GL-4271L | 83.339 |
| 预制混凝土梁 | 过梁 | 240 墙 L 形截面过梁 | GL-4272L | 104.563 |
| 预制混凝土梁 | 过梁 | 240 墙 L 形截面过梁 | GL-4273L | 111.692 |
| 预制混凝土梁 | 过梁 | 240 墙 L 形截面过梁 | GL-4274L | 128.875 |
| 预制混凝土梁 | 过梁 | 240 墙 L 形截面过梁 | GL-4275L | 150.341 |

续表

| 部品类型 | 部品细分 | 构件型号 | 编　号 | 碳排放（kgCO$_2$） |
|---|---|---|---|---|
| 预制混凝土梁 | 过梁 | 240 墙 L 形截面过梁 | GL-4300L | 85.453 |
| 预制混凝土梁 | 过梁 | 240 墙 L 形截面过梁 | GL-4301L | 103.370 |
| 预制混凝土梁 | 过梁 | 240 墙 L 形截面过梁 | GL-4302L | 118.908 |
| 预制混凝土梁 | 过梁 | 240 墙 L 形截面过梁 | GL-4303L | 134.743 |
| 预制混凝土梁 | 过梁 | 240 墙 L 形截面过梁 | GL-4304L | 162.056 |
| 预制混凝土梁 | 过梁 | 240 墙 L 形截面过梁 | GL-4305L | 186.245 |
| 预制混凝土梁 | 过梁 | 240 墙 L 形截面过梁 | GL-4330L | 98.834 |
| 预制混凝土梁 | 过梁 | 240 墙 L 形截面过梁 | GL-4331L | 123.829 |
| 预制混凝土梁 | 过梁 | 240 墙 L 形截面过梁 | GL-4332L | 151.387 |
| 预制混凝土梁 | 过梁 | 240 墙 L 形截面过梁 | GL-4360L | 120.713 |
| 预制混凝土梁 | 过梁 | 240 墙 L 形截面过梁 | GL-4361L | 147.633 |
| 预制混凝土梁 | 过梁 | 240 墙 L 形截面过梁 | GL-4362L | 171.021 |
| 预制混凝土梁 | 过梁 | 240 墙 L 形截面过梁 | GL-4390L | 137.301 |
| 预制混凝土梁 | 过梁 | 240 墙 L 形截面过梁 | GL-4420L | 162.856 |
| 预制混凝土梁 | 过梁 | 370 墙 L 形截面过梁 | GL-7060L | 14.856 |
| 预制混凝土梁 | 过梁 | 370 墙 L 形截面过梁 | GL-7061L | 14.856 |
| 预制混凝土梁 | 过梁 | 370 墙 L 形截面过梁 | GL-7062L | 14.856 |
| 预制混凝土梁 | 过梁 | 370 墙 L 形截面过梁 | GL-7063L | 14.856 |
| 预制混凝土梁 | 过梁 | 370 墙 L 形截面过梁 | GL-7064L | 14.856 |
| 预制混凝土梁 | 过梁 | 370 墙 L 形截面过梁 | GL-7065L | 16.325 |
| 预制混凝土梁 | 过梁 | 370 墙 L 形截面过梁 | GL-7080L | 17.408 |
| 预制混凝土梁 | 过梁 | 370 墙 L 形截面过梁 | GL-7081L | 17.408 |
| 预制混凝土梁 | 过梁 | 370 墙 L 形截面过梁 | GL-7082L | 17.408 |
| 预制混凝土梁 | 过梁 | 370 墙 L 形截面过梁 | GL-7083L | 19.117 |
| 预制混凝土梁 | 过梁 | 370 墙 L 形截面过梁 | GL-7084L | 35.247 |
| 预制混凝土梁 | 过梁 | 370 墙 L 形截面过梁 | GL-7085L | 35.247 |
| 预制混凝土梁 | 过梁 | 370 墙 L 形截面过梁 | GL-7100L | 19.961 |
| 预制混凝土梁 | 过梁 | 370 墙 L 形截面过梁 | GL-7101L | 19.961 |
| 预制混凝土梁 | 过梁 | 370 墙 L 形截面过梁 | GL-7102L | 21.910 |
| 预制混凝土梁 | 过梁 | 370 墙 L 形截面过梁 | GL-7103L | 40.045 |

续表

| 部品类型 | 部品细分 | 构件型号 | 编　号 | 碳排放（kgCO$_2$） |
|---|---|---|---|---|
| 预制混凝土梁 | 过梁 | 370 墙 L 形截面过梁 | GL-7104L | 42.475 |
| 预制混凝土梁 | 过梁 | 370 墙 L 形截面过梁 | GL-7105L | 42.475 |
| 预制混凝土梁 | 过梁 | 370 墙 L 形截面过梁 | GL-7120L | 22.513 |
| 预制混凝土梁 | 过梁 | 370 墙 L 形截面过梁 | GL-7121L | 24.702 |
| 预制混凝土梁 | 过梁 | 370 墙 L 形截面过梁 | GL-7122L | 26.731 |
| 预制混凝土梁 | 过梁 | 370 墙 L 形截面过梁 | GL-7123L | 47.566 |
| 预制混凝土梁 | 过梁 | 370 墙 L 形截面过梁 | GL-7124L | 46.872 |
| 预制混凝土梁 | 过梁 | 370 墙 L 形截面过梁 | GL-7125L | 49.756 |
| 预制混凝土梁 | 过梁 | 370 墙 L 形截面过梁 | GL-7150L | 26.386 |
| 预制混凝土梁 | 过梁 | 370 墙 L 形截面过梁 | GL-7151L | 52.690 |
| 预制混凝土梁 | 过梁 | 370 墙 L 形截面过梁 | GL-7152L | 55.147 |
| 预制混凝土梁 | 过梁 | 370 墙 L 形截面过梁 | GL-7153L | 58.537 |
| 预制混凝土梁 | 过梁 | 370 墙 L 形截面过梁 | GL-7154L | 59.846 |
| 预制混凝土梁 | 过梁 | 370 墙 L 形截面过梁 | GL-7155L | 67.832 |
| 预制混凝土梁 | 过梁 | 370 墙 L 形截面过梁 | GL-7180L | 59.817 |
| 预制混凝土梁 | 过梁 | 370 墙 L 形截面过梁 | GL-7181L | 62.700 |
| 预制混凝土梁 | 过梁 | 370 墙 L 形截面过梁 | GL-7182L | 66.599 |
| 预制混凝土梁 | 过梁 | 370 墙 L 形截面过梁 | GL-7183L | 77.080 |
| 预制混凝土梁 | 过梁 | 370 墙 L 形截面过梁 | GL-7184L | 78.575 |
| 预制混凝土梁 | 过梁 | 370 墙 L 形截面过梁 | GL-7185L | 91.765 |
| 预制混凝土梁 | 过梁 | 370 墙 L 形截面过梁 | GL-7210L | 71.419 |
| 预制混凝土梁 | 过梁 | 370 墙 L 形截面过梁 | GL-7211L | 75.130 |
| 预制混凝土梁 | 过梁 | 370 墙 L 形截面过梁 | GL-7212L | 87.130 |
| 预制混凝土梁 | 过梁 | 370 墙 L 形截面过梁 | GL-7213L | 92.229 |
| 预制混凝土梁 | 过梁 | 370 墙 L 形截面过梁 | GL-7214L | 104.229 |
| 预制混凝土梁 | 过梁 | 370 墙 L 形截面过梁 | GL-7215L | 112.479 |
| 预制混凝土梁 | 过梁 | 370 墙 L 形截面过梁 | GL-7240L | 79.000 |
| 预制混凝土梁 | 过梁 | 370 墙 L 形截面过梁 | GL-7241L | 97.179 |
| 预制混凝土梁 | 过梁 | 370 墙 L 形截面过梁 | GL-7242L | 102.866 |
| 预制混凝土梁 | 过梁 | 370 墙 L 形截面过梁 | GL-7243L | 121.136 |

续表

| 部品类型 | 部品细分 | 构件型号 | 编　号 | 碳排放（$kgCO_2$） |
|---|---|---|---|---|
| 预制混凝土梁 | 过梁 | 370 墙 L 形截面过梁 | GL-7244L | 126.823 |
| 预制混凝土梁 | 过梁 | 370 墙 L 形截面过梁 | GL-7245L | 149.464 |
| 预制混凝土梁 | 过梁 | 370 墙 L 形截面过梁 | GL-7270L | 101.782 |
| 预制混凝土梁 | 过梁 | 370 墙 L 形截面过梁 | GL-7271L | 113.503 |
| 预制混凝土梁 | 过梁 | 370 墙 L 形截面过梁 | GL-7272L | 133.495 |
| 预制混凝土梁 | 过梁 | 370 墙 L 形截面过梁 | GL-7273L | 142.519 |
| 预制混凝土梁 | 过梁 | 370 墙 L 形截面过梁 | GL-7274L | 162.190 |
| 预制混凝土梁 | 过梁 | 370 墙 L 形截面过梁 | GL-7275L | 185.605 |
| 预制混凝土梁 | 过梁 | 370 墙 L 形截面过梁 | GL-7300L | 117.555 |
| 预制混凝土梁 | 过梁 | 370 墙 L 形截面过梁 | GL-7301L | 140.443 |
| 预制混凝土梁 | 过梁 | 370 墙 L 形截面过梁 | GL-7302L | 153.018 |
| 预制混凝土梁 | 过梁 | 370 墙 L 形截面过梁 | GL-7303L | 172.311 |
| 预制混凝土梁 | 过梁 | 370 墙 L 形截面过梁 | GL-7304L | 198.503 |
| 预制混凝土梁 | 过梁 | 370 墙 L 形截面过梁 | GL-7305L | 233.239 |
| 预制混凝土梁 | 过梁 | 370 墙 L 形截面过梁 | GL-7330L | 144.268 |
| 预制混凝土梁 | 过梁 | 370 墙 L 形截面过梁 | GL-7331L | 165.360 |
| 预制混凝土梁 | 过梁 | 370 墙 L 形截面过梁 | GL-7332L | 191.875 |
| 预制混凝土梁 | 过梁 | 370 墙 L 形截面过梁 | GL-7360L | 163.621 |
| 预制混凝土梁 | 过梁 | 370 墙 L 形截面过梁 | GL-7361L | 197.341 |
| 预制混凝土梁 | 过梁 | 370 墙 L 形截面过梁 | GL-7362L | 220.195 |
| 预制混凝土梁 | 过梁 | 370 墙 L 形截面过梁 | GL-7390L | 201.446 |
| 预制混凝土梁 | 过梁 | 370 墙 L 形截面过梁 | GL-7420L | 228.137 |

附表 2.2　预制混凝土剪力墙构件碳排放

| 部品类型 | 部品细分 | | 层高（mm） | 编　号 | 碳排放（kgCO₂） |
|---|---|---|---|---|---|
| 预制混凝土墙板 | 剪力墙外墙板 | 无洞口外墙板（WQ） | | WQ-2728 | 705.832 |
| 预制混凝土墙板 | 剪力墙外墙板 | 无洞口外墙板（WQ） | | WQ-3028 | 800.208 |
| 预制混凝土墙板 | 剪力墙外墙板 | 无洞口外墙板（WQ） | | WQ-3328 | 894.765 |
| 预制混凝土墙板 | 剪力墙外墙板 | 无洞口外墙板（WQ） | 2 800 | WQ-3628 | 989.322 |
| 预制混凝土墙板 | 剪力墙外墙板 | 无洞口外墙板（WQ） | | WQ-3928 | 1 083.698 |
| 预制混凝土墙板 | 剪力墙外墙板 | 无洞口外墙板（WQ） | | WQ-4228 | 1 178.255 |
| 预制混凝土墙板 | 剪力墙外墙板 | 无洞口外墙板（WQ） | | WQ-4528 | 1 272.812 |
| 预制混凝土墙板 | 剪力墙外墙板 | 无洞口外墙板（WQ） | | WQ-2729 | 732.048 |
| 预制混凝土墙板 | 剪力墙外墙板 | 无洞口外墙板（WQ） | | WQ-3029 | 830.040 |
| 预制混凝土墙板 | 剪力墙外墙板 | 无洞口外墙板（WQ） | | WQ-3329 | 928.032 |
| 预制混凝土墙板 | 剪力墙外墙板 | 无洞口外墙板（WQ） | 2 900 | WQ-3629 | 1 026.024 |
| 预制混凝土墙板 | 剪力墙外墙板 | 无洞口外墙板（WQ） | | WQ-3929 | 1 124.197 |
| 预制混凝土墙板 | 剪力墙外墙板 | 无洞口外墙板（WQ） | | WQ-4229 | 1 222.189 |
| 预制混凝土墙板 | 剪力墙外墙板 | 无洞口外墙板（WQ） | | WQ-4529 | 1 332.475 |
| 预制混凝土墙板 | 剪力墙外墙板 | 无洞口外墙板（WQ） | | WQ-2730 | 758.263 |
| 预制混凝土墙板 | 剪力墙外墙板 | 无洞口外墙板（WQ） | | WQ-3030 | 859.871 |
| 预制混凝土墙板 | 剪力墙外墙板 | 无洞口外墙板（WQ） | | WQ-3330 | 961.299 |
| 预制混凝土墙板 | 剪力墙外墙板 | 无洞口外墙板（WQ） | 3 000 | WQ-3630 | 1 062.907 |
| 预制混凝土墙板 | 剪力墙外墙板 | 无洞口外墙板（WQ） | | WQ-3930 | 1 164.515 |
| 预制混凝土墙板 | 剪力墙外墙板 | 无洞口外墙板（WQ） | | WQ-4230 | 1 266.123 |
| 预制混凝土墙板 | 剪力墙外墙板 | 无洞口外墙板（WQ） | | WQ-4530 | 1 367.550 |
| 预制混凝土墙板 | 剪力墙外墙板 | 一个窗洞外墙板（WQC1） | | WQC1-3328-1214 | 849.353 |
| 预制混凝土墙板 | 剪力墙外墙板 | 一个窗洞外墙板（WQC1） | | WQC1-3328-1514 | 788.969 |
| 预制混凝土墙板 | 剪力墙外墙板 | 一个窗洞外墙板（WQC1） | | WQC1-3328-1814 | 728.586 |
| 预制混凝土墙板 | 剪力墙外墙板 | 一个窗洞外墙板（WQC1） | | WQC1-3628-1514 | 904.207 |
| 预制混凝土墙板 | 剪力墙外墙板 | 一个窗洞外墙板（WQC1） | 2 800 | WQC1-3328-1814 | 843.823 |
| 预制混凝土墙板 | 剪力墙外墙板 | 一个窗洞外墙板（WQC1） | | WQC1-3628-2114 | 783.440 |
| 预制混凝土墙板 | 剪力墙外墙板 | 一个窗洞外墙板（WQC1） | | WQC1-3928-1814 | 959.061 |
| 预制混凝土墙板 | 剪力墙外墙板 | 一个窗洞外墙板（WQC1） | | WQC1-3928-2114 | 898.677 |
| 预制混凝土墙板 | 剪力墙外墙板 | 一个窗洞外墙板（WQC1） | | WQC1-3928-2414 | 838.294 |

续表

| 部品类型 | 部品细分 | | 层高（mm） | 编　号 | 碳排放（kgCO$_2$） |
|---|---|---|---|---|---|
| 预制混凝土墙板 | 剪力墙外墙板 | 一个窗洞外墙板（WQC1） | 2 800 | WQC1-4228-2414 | 953.531 |
| 预制混凝土墙板 | 剪力墙外墙板 | 一个窗洞外墙板（WQC1） | | WQC1-4228-2714 | 893.148 |
| 预制混凝土墙板 | 剪力墙外墙板 | 一个窗洞外墙板（WQC1） | 2 900 | WQC1-3329-1214 | 890.051 |
| 预制混凝土墙板 | 剪力墙外墙板 | 一个窗洞外墙板（WQC1） | | WQC1-3329-1514 | 829.667 |
| 预制混凝土墙板 | 剪力墙外墙板 | 一个窗洞外墙板（WQC1） | | WQC1-3329-1814 | 769.284 |
| 预制混凝土墙板 | 剪力墙外墙板 | 一个窗洞外墙板（WQC1） | | WQC1-3629-1514 | 971.447 |
| 预制混凝土墙板 | 剪力墙外墙板 | 一个窗洞外墙板（WQC1） | | WQC1-3629-1814 | 888.945 |
| 预制混凝土墙板 | 剪力墙外墙板 | 一个窗洞外墙板（WQC1） | | WQC1-3629-2114 | 829.225 |
| 预制混凝土墙板 | 剪力墙外墙板 | 一个窗洞外墙板（WQC1） | | WQC1-3929-1814 | 1 008.385 |
| 预制混凝土墙板 | 剪力墙外墙板 | 一个窗洞外墙板（WQC1） | | WQC1-3929-2114 | 948.002 |
| 预制混凝土墙板 | 剪力墙外墙板 | 一个窗洞外墙板（WQC1） | | WQC1-3929-2414 | 887.618 |
| 预制混凝土墙板 | 剪力墙外墙板 | 一个窗洞外墙板（WQC1） | | WQC1-4229-2414 | 1 007.279 |
| 预制混凝土墙板 | 剪力墙外墙板 | 一个窗洞外墙板（WQC1） | | WQC1-4229-2714 | 946.896 |
| 预制混凝土墙板 | 剪力墙外墙板 | 一个窗洞外墙板（WQC1） | 3 000 | WQC1-3330-1215 | 913.497 |
| 预制混凝土墙板 | 剪力墙外墙板 | 一个窗洞外墙板（WQC1） | | WQC1-3330-1515 | 848.911 |
| 预制混凝土墙板 | 剪力墙外墙板 | 一个窗洞外墙板（WQC1） | | WQC1-3330-1815 | 784.103 |
| 预制混凝土墙板 | 剪力墙外墙板 | 一个窗洞外墙板（WQC1） | | WQC1-3630-1515 | 972.774 |
| 预制混凝土墙板 | 剪力墙外墙板 | 一个窗洞外墙板（WQC1） | | WQC1-3630-1815 | 907.967 |
| 预制混凝土墙板 | 剪力墙外墙板 | 一个窗洞外墙板（WQC1） | | WQC1-3630-2115 | 843.381 |
| 预制混凝土墙板 | 剪力墙外墙板 | 一个窗洞外墙板（WQC1） | | WQC1-3930-1815 | 1 031.831 |
| 预制混凝土墙板 | 剪力墙外墙板 | 一个窗洞外墙板（WQC1） | | WQC1-3930-2115 | 967.245 |
| 预制混凝土墙板 | 剪力墙外墙板 | 一个窗洞外墙板（WQC1） | | WQC1-3930-2414 | 902.437 |
| 预制混凝土墙板 | 剪力墙外墙板 | 一个窗洞外墙板（WQC1） | | WQC1-4230-2415 | 1 026.301 |
| 预制混凝土墙板 | 剪力墙外墙板 | 一个窗洞外墙板（WQC1） | | WQC1-4230-2715 | 961.715 |
| 预制混凝土墙板 | 剪力墙外墙板 | 一个窗洞外墙板（WQCA） | 2 800 | WQCA-3028-1516 | 650.115 |
| 预制混凝土墙板 | 剪力墙外墙板 | 一个窗洞外墙板（WQCA） | | WQCA-3328-1816 | 697.773 |
| 预制混凝土墙板 | 剪力墙外墙板 | 一个窗洞外墙板（WQCA） | | WQCA-3628-1816 | 816.577 |
| 预制混凝土墙板 | 剪力墙外墙板 | 一个窗洞外墙板（WQCA） | | WQCA-3628-2116 | 745.432 |
| 预制混凝土墙板 | 剪力墙外墙板 | 一个窗洞外墙板（WQCA） | | WQCA-3928-2116 | 864.236 |
| 预制混凝土墙板 | 剪力墙外墙板 | 一个窗洞外墙板（WQCA） | | WQCA-3928-2416 | 793.090 |

| 部品类型 | 部品细分 | | 层高（mm） | 编　号 | 碳排放（kgCO$_2$） |
|---|---|---|---|---|---|
| 预制混凝土墙板 | 剪力墙外墙板 | 一个窗洞外墙板（WQCA） | 2 800 | WQCA-4228-2416 | 911.894 |
| 预制混凝土墙板 | 剪力墙外墙板 | 一个窗洞外墙板（WQCA） | | WQCA-4228-2716 | 840.748 |
| 预制混凝土墙板 | 剪力墙外墙板 | 一个窗洞外墙板（WQCA） | 2 900 | WQCA-3029-1517 | 665.393 |
| 预制混凝土墙板 | 剪力墙外墙板 | 一个窗洞外墙板（WQCA） | | WQCA-3329-1817 | 713.051 |
| 预制混凝土墙板 | 剪力墙外墙板 | 一个窗洞外墙板（WQCA） | | WQCA-3629-1817 | 836.416 |
| 预制混凝土墙板 | 剪力墙外墙板 | 一个窗洞外墙板（WQCA） | | WQCA-3629-2117 | 760.710 |
| 预制混凝土墙板 | 剪力墙外墙板 | 一个窗洞外墙板（WQCA） | | WQCA-3929-2117 | 884.074 |
| 预制混凝土墙板 | 剪力墙外墙板 | 一个窗洞外墙板（WQCA） | | WQCA-3929-2417 | 808.368 |
| 预制混凝土墙板 | 剪力墙外墙板 | 一个窗洞外墙板（WQCA） | | WQCA-4229-2417 | 931.733 |
| 预制混凝土墙板 | 剪力墙外墙板 | 一个窗洞外墙板（WQCA） | | WQCA-4229-2717 | 856.026 |
| 预制混凝土墙板 | 剪力墙外墙板 | 一个窗洞外墙板（WQCA） | 3 000 | WQCA-3630-1818 | 855.798 |
| 预制混凝土墙板 | 剪力墙外墙板 | 一个窗洞外墙板（WQCA） | | WQCA-3630-2118 | 775.988 |
| 预制混凝土墙板 | 剪力墙外墙板 | 一个窗洞外墙板（WQCA） | | WQCA-3930-2118 | 903.685 |
| 预制混凝土墙板 | 剪力墙外墙板 | 一个窗洞外墙板（WQCA） | | WQCA-3930-2418 | 823.646 |
| 预制混凝土墙板 | 剪力墙外墙板 | 一个窗洞外墙板（WQCA） | | WQCA-4230-2418 | 951.343 |
| 预制混凝土墙板 | 剪力墙外墙板 | 一个窗洞外墙板（WQCA） | | WQCA-4230-2718 | 871.305 |
| 预制混凝土墙板 | 剪力墙外墙板 | 一个窗洞外墙板（WQCA） | | WQCA-4530-2718 | 999.230 |
| 预制混凝土墙板 | 剪力墙外墙板 | 两个窗洞外墙板（WQC2） | 2 800 | WQC2-4828-0614-1514 | 1 229.922 |
| 预制混凝土墙板 | 剪力墙外墙板 | 两个窗洞外墙板（WQC2） | | WQC2-5128-0914-1514 | 1 284.138 |
| 预制混凝土墙板 | 剪力墙外墙板 | 两个窗洞外墙板（WQC2） | 2 900 | WQC2-4829-0614-1514 | 1 291.571 |
| 预制混凝土墙板 | 剪力墙外墙板 | 两个窗洞外墙板（WQC2） | | WQC2-5129-0914-1514 | 1 350.159 |
| 预制混凝土墙板 | 剪力墙外墙板 | 两个窗洞外墙板（WQC2） | 3 000 | WQC2-4830-0615-1515 | 1 323.270 |
| 预制混凝土墙板 | 剪力墙外墙板 | 两个窗洞外墙板（WQC2） | | WQC2-5130-0915-1515 | 1 381.858 |

续表

| 部品类型 | 部品细分 | 部品细分 | 层高（mm） | 编　号 | 碳排放（kgCO$_2$） |
|---|---|---|---|---|---|
| 预制混凝土墙板 | 剪力墙外墙板 | 一个门洞外墙板（WQM）注：同一个编号对应2个碳排放量的情况，第二个碳排放量是对应图集中此编号构件括号内的质量（下同） | 2 800 | WQM-3628-1823 | 625.249 |
| 预制混凝土墙板 | 剪力墙外墙板 | 一个门洞外墙板（WQM） | | WQM-3628-1823 | 614.615 |
| 预制混凝土墙板 | 剪力墙外墙板 | 一个门洞外墙板（WQM） | | WQM-3628-2123 | 517.969 |
| 预制混凝土墙板 | 剪力墙外墙板 | 一个门洞外墙板（WQM） | | WQM-3628-2123 | 505.445 |
| 预制混凝土墙板 | 剪力墙外墙板 | 一个门洞外墙板（WQM） | | WQM-3928-2123 | 644.153 |
| 预制混凝土墙板 | 剪力墙外墙板 | 一个门洞外墙板（WQM） | | WQM-3928-2123 | 627.139 |
| 预制混凝土墙板 | 剪力墙外墙板 | 一个门洞外墙板（WQM） | | WQM-3928-2423 | 532.147 |
| 预制混凝土墙板 | 剪力墙外墙板 | 一个门洞外墙板（WQM） | | WQM-3928-2423 | 517.969 |
| 预制混凝土墙板 | 剪力墙外墙板 | 一个门洞外墙板（WQM） | | WQM-4228-2423 | 653.605 |
| 预制混凝土墙板 | 剪力墙外墙板 | 一个门洞外墙板（WQM） | | WQM-4228-2423 | 639.427 |
| 预制混凝土墙板 | 剪力墙外墙板 | 一个门洞外墙板（WQM） | | WQM-4228-2723 | 546.325 |
| 预制混凝土墙板 | 剪力墙外墙板 | 一个门洞外墙板（WQM） | | WQM-4228-2723 | 530.256 |
| 预制混凝土墙板 | 剪力墙外墙板 | 一个门洞外墙板（WQM） | | WQM-4528-2723 | 667.783 |
| 预制混凝土墙板 | 剪力墙外墙板 | 一个门洞外墙板（WQM） | | WQM-4528-2723 | 651.951 |
| 预制混凝土墙板 | 剪力墙外墙板 | 一个门洞外墙板（WQM） | 2 900 | WQM-3629-1823 | 681.724 |
| 预制混凝土墙板 | 剪力墙外墙板 | 一个门洞外墙板（WQM） | | WQM-3629-1823 | 664.711 |
| 预制混凝土墙板 | 剪力墙外墙板 | 一个门洞外墙板（WQM） | | WQM-3629-2123 | 575.862 |
| 预制混凝土墙板 | 剪力墙外墙板 | 一个门洞外墙板（WQM） | | WQM-3629-2123 | 556.013 |
| 预制混凝土墙板 | 剪力墙外墙板 | 一个门洞外墙板（WQM） | | WQM-3929-2123 | 701.810 |
| 预制混凝土墙板 | 剪力墙外墙板 | 一个门洞外墙板（WQM） | | WQM-3929-2123 | 681.961 |
| 预制混凝土墙板 | 剪力墙外墙板 | 一个门洞外墙板（WQM） | | WQM-3929-2423 | 595.948 |
| 预制混凝土墙板 | 剪力墙外墙板 | 一个门洞外墙板（WQM） | | WQM-3929-2423 | 573.263 |
| 预制混凝土墙板 | 剪力墙外墙板 | 一个门洞外墙板（WQM） | | WQM-4229-2423 | 722.132 |
| 预制混凝土墙板 | 剪力墙外墙板 | 一个门洞外墙板（WQM） | | WQM-4229-2423 | 699.447 |
| 预制混凝土墙板 | 剪力墙外墙板 | 一个门洞外墙板（WQM） | | WQM-4229-2723 | 616.033 |
| 预制混凝土墙板 | 剪力墙外墙板 | 一个门洞外墙板（WQM） | | WQM-4229-2723 | 590.513 |

续表

| 部品类型 | 部品细分 | | 层高<br>（mm） | 编 号 | 碳排放<br>（kgCO$_2$） |
|---|---|---|---|---|---|
| 预制混凝土墙板 | 剪力墙外墙板 | 一个门洞外墙板（WQM） | 2 900 | WQM-4529-2723 | 742.217 |
| 预制混凝土墙板 | 剪力墙外墙板 | 一个门洞外墙板（WQM） | | WQM-4529-2723 | 716.697 |
| 预制混凝土墙板 | 剪力墙外墙板 | 一个门洞外墙板（WQM） | | WQM-3630-1824 | 694.012 |
| 预制混凝土墙板 | 剪力墙外墙板 | 一个门洞外墙板（WQM） | | WQM-3630-1824 | 683.379 |
| 预制混凝土墙板 | 剪力墙外墙板 | 一个门洞外墙板（WQM） | | WQM-3630-2124 | 582.006 |
| 预制混凝土墙板 | 剪力墙外墙板 | 一个门洞外墙板（WQM） | | WQM-3630-2124 | 569.482 |
| 预制混凝土墙板 | 剪力墙外墙板 | 一个门洞外墙板（WQM） | | WQM-3930-2124 | 712.680 |
| 预制混凝土墙板 | 剪力墙外墙板 | 一个门洞外墙板（WQM） | | WQM-3930-2124 | 700.392 |
| 预制混凝土墙板 | 剪力墙外墙板 | 一个门洞外墙板（WQM） | 3 000 | WQM-3930-2424 | 600.674 |
| 预制混凝土墙板 | 剪力墙外墙板 | 一个门洞外墙板（WQM） | | WQM-3930-2424 | 586.496 |
| 预制混凝土墙板 | 剪力墙外墙板 | 一个门洞外墙板（WQM） | | WQM-4230-2424 | 731.584 |
| 预制混凝土墙板 | 剪力墙外墙板 | 一个门洞外墙板（WQM） | | WQM-4230-2424 | 717.406 |
| 预制混凝土墙板 | 剪力墙外墙板 | 一个门洞外墙板（WQM） | | WQM-4230-2724 | 619.578 |
| 预制混凝土墙板 | 剪力墙外墙板 | 一个门洞外墙板（WQM） | | WQM-4230-2724 | 603.509 |
| 预制混凝土墙板 | 剪力墙外墙板 | 一个门洞外墙板（WQM） | | WQM-4530-2724 | 750.251 |
| 预制混凝土墙板 | 剪力墙外墙板 | 一个门洞外墙板（WQM） | | WQM-4530-2724 | 734.419 |
| 预制混凝土墙板 | 剪力墙内墙板 | 无洞口内墙板（NQ） | | NQ-1828 | 472.292 |
| 预制混凝土墙板 | 剪力墙内墙板 | 无洞口内墙板（NQ） | | NQ-2128 | 551.007 |
| 预制混凝土墙板 | 剪力墙内墙板 | 无洞口内墙板（NQ） | | NQ-2428 | 629.722 |
| 预制混凝土墙板 | 剪力墙内墙板 | 无洞口内墙板（NQ） | 2 800 | NQ-2728 | 708.437 |
| 预制混凝土墙板 | 剪力墙内墙板 | 无洞口内墙板（NQ） | | NQ-3028 | 787.153 |
| 预制混凝土墙板 | 剪力墙内墙板 | 无洞口内墙板（NQ） | | NQ-3328 | 865.868 |
| 预制混凝土墙板 | 剪力墙内墙板 | 无洞口内墙板（NQ） | | NQ-3628 | 944.583 |
| 预制混凝土墙板 | 剪力墙内墙板 | 无洞口内墙板（NQ） | | NQ-1829 | 490.181 |
| 预制混凝土墙板 | 剪力墙内墙板 | 无洞口内墙板（NQ） | | NQ-2129 | 571.878 |
| 预制混凝土墙板 | 剪力墙内墙板 | 无洞口内墙板（NQ） | | NQ-2429 | 653.575 |
| 预制混凝土墙板 | 剪力墙内墙板 | 无洞口内墙板（NQ） | 2 900 | NQ-2729 | 735.272 |
| 预制混凝土墙板 | 剪力墙内墙板 | 无洞口内墙板（NQ） | | NQ-3029 | 816.969 |
| 预制混凝土墙板 | 剪力墙内墙板 | 无洞口内墙板（NQ） | | NQ-3329 | 898.666 |
| 预制混凝土墙板 | 剪力墙内墙板 | 无洞口内墙板（NQ） | | NQ-3629 | 980.363 |

续表

| 部品类型 | 部品细分 | | 层高<br>（mm） | 编　号 | 碳排放<br>（kgCO$_2$） |
|---|---|---|---|---|---|
| 预制混凝土墙板 | 剪力墙内墙板 | 无洞口内墙板（NQ） | | NQ-1830 | 508.071 |
| 预制混凝土墙板 | 剪力墙内墙板 | 无洞口内墙板（NQ） | | NQ-2130 | 592.750 |
| 预制混凝土墙板 | 剪力墙内墙板 | 无洞口内墙板（NQ） | | NQ-2430 | 677.428 |
| 预制混凝土墙板 | 剪力墙内墙板 | 无洞口内墙板（NQ） | 3 000 | NQ-2730 | 762.107 |
| 预制混凝土墙板 | 剪力墙内墙板 | 无洞口内墙板（NQ） | | NQ-3030 | 846.785 |
| 预制混凝土墙板 | 剪力墙内墙板 | 无洞口内墙板（NQ） | | NQ-3330 | 931.464 |
| 预制混凝土墙板 | 剪力墙内墙板 | 无洞口内墙板（NQ） | | NQ-3630 | 1 016.143 |
| 预制混凝土墙板 | 剪力墙内墙板 | 注:同一个编号对应2个碳排放量的情况,第二个碳排放量是对应图集中此编号构件括号内的质量(下同) | | NQM1-2128-0921 | 453.024 |
| 预制混凝土墙板 | 剪力墙内墙板 | 固定门垛内墙板（NQM1） | | NQM1-2128-0921 | 447.280 |
| 预制混凝土墙板 | 剪力墙内墙板 | 固定门垛内墙板（NQM1） | | NQM1-2428-1021 | 525.198 |
| 预制混凝土墙板 | 剪力墙内墙板 | 固定门垛内墙板（NQM1） | | NQM1-2428-1021 | 518.954 |
| 预制混凝土墙板 | 剪力墙内墙板 | 固定门垛内墙板（NQM1） | | NQM1-2728-0921 | 650.816 |
| 预制混凝土墙板 | 剪力墙内墙板 | 固定门垛内墙板（NQM1） | | NQM1-2728-0921 | 645.072 |
| 预制混凝土墙板 | 剪力墙内墙板 | 固定门垛内墙板（NQM1） | 2 800 | NQM1-2728-1021 | 624.094 |
| 预制混凝土墙板 | 剪力墙内墙板 | 固定门垛内墙板（NQM1） | | NQM1-2728-1021 | 617.851 |
| 预制混凝土墙板 | 剪力墙内墙板 | 固定门垛内墙板（NQM1） | | NQM1-3328-0921 | 848.608 |
| 预制混凝土墙板 | 剪力墙内墙板 | 固定门垛内墙板（NQM1） | | NQM1-3328-0921 | 842.864 |
| 预制混凝土墙板 | 剪力墙内墙板 | 固定门垛内墙板（NQM1） | | NQM1-3328-1021 | 821.886 |
| 预制混凝土墙板 | 剪力墙内墙板 | 固定门垛内墙板（NQM1） | | NQM1-3328-1021 | 815.643 |
| 预制混凝土墙板 | 剪力墙内墙板 | 固定门垛内墙板（NQM1） | | NQM1-3628-0921 | 947.504 |
| 预制混凝土墙板 | 剪力墙内墙板 | 固定门垛内墙板（NQM1） | | NQM1-3628-0921 | 941.760 |
| 预制混凝土墙板 | 剪力墙内墙板 | 固定门垛内墙板（NQM1） | | NQM1-3628-1021 | 920.782 |
| 预制混凝土墙板 | 剪力墙内墙板 | 固定门垛内墙板（NQM1） | | NQM1-3628-1021 | 914.539 |
| 预制混凝土墙板 | 剪力墙内墙板 | 固定门垛内墙板（NQM1） | | NQM1-2129-0922 | 468.008 |
| 预制混凝土墙板 | 剪力墙内墙板 | 固定门垛内墙板（NQM1） | 2 900 | NQM1-2129-0922 | 462.264 |
| 预制混凝土墙板 | 剪力墙内墙板 | 固定门垛内墙板（NQM1） | | NQM1-2429-1022 | 542.680 |

续表

| 部品类型 | 部品细分 | | 层高（mm） | 编 号 | 碳排放（kgCO$_2$） |
|---|---|---|---|---|---|
| 预制混凝土墙板 | 剪力墙内墙板 | 固定门垛内墙板（NQM1） | | NQM1-2429-1022 | 536.436 |
| 预制混凝土墙板 | 剪力墙内墙板 | 固定门垛内墙板（NQM1） | | NQM1-2729-0922 | 673.292 |
| 预制混凝土墙板 | 剪力墙内墙板 | 固定门垛内墙板（NQM1） | | NQM1-2729-0922 | 667.548 |
| 预制混凝土墙板 | 剪力墙内墙板 | 固定门垛内墙板（NQM1） | | NQM1-2729-1022 | 673.292 |
| 预制混凝土墙板 | 剪力墙内墙板 | 固定门垛内墙板（NQM1） | | NQM1-2729-1022 | 667.548 |
| 预制混凝土墙板 | 剪力墙内墙板 | 固定门垛内墙板（NQM1） | | NQM1-3329-0922 | 878.576 |
| 预制混凝土墙板 | 剪力墙内墙板 | 固定门垛内墙板（NQM1） | 2 900 | NQM1-3329-0922 | 872.833 |
| 预制混凝土墙板 | 剪力墙内墙板 | 固定门垛内墙板（NQM1） | | NQM1-3329-1022 | 850.606 |
| 预制混凝土墙板 | 剪力墙内墙板 | 固定门垛内墙板（NQM1） | | NQM1-3329-1022 | 844.362 |
| 预制混凝土墙板 | 剪力墙内墙板 | 固定门垛内墙板（NQM1） | | NQM1-3629-0922 | 981.219 |
| 预制混凝土墙板 | 剪力墙内墙板 | 固定门垛内墙板（NQM1） | | NQM1-3629-0922 | 975.475 |
| 预制混凝土墙板 | 剪力墙内墙板 | 固定门垛内墙板（NQM1） | | NQM1-3629-1022 | 953.248 |
| 预制混凝土墙板 | 剪力墙内墙板 | 固定门垛内墙板（NQM1） | | NQM1-3629-1022 | 947.005 |
| 预制混凝土墙板 | 剪力墙内墙板 | 固定门垛内墙板（NQM1） | | NQM1-2130-0922 | 494.230 |
| 预制混凝土墙板 | 剪力墙内墙板 | 固定门垛内墙板（NQM1） | | NQM1-2130-0922 | 488.487 |
| 预制混凝土墙板 | 剪力墙内墙板 | 固定门垛内墙板（NQM1） | | NQM1-2430-1022 | 572.648 |
| 预制混凝土墙板 | 剪力墙内墙板 | 固定门垛内墙板（NQM1） | | NQM1-2430-1022 | 566.405 |
| 预制混凝土墙板 | 剪力墙内墙板 | 固定门垛内墙板（NQM1） | | NQM1-2730-0922 | 707.007 |
| 预制混凝土墙板 | 剪力墙内墙板 | 固定门垛内墙板（NQM1） | | NQM1-2730-0922 | 701.263 |
| 预制混凝土墙板 | 剪力墙内墙板 | 固定门垛内墙板（NQM1） | | NQM1-2730-1022 | 679.036 |
| 预制混凝土墙板 | 剪力墙内墙板 | 固定门垛内墙板（NQM1） | | NQM1-2730-1022 | 672.793 |
| 预制混凝土墙板 | 剪力墙内墙板 | 固定门垛内墙板（NQM1） | 3 000 | NQM1-3330-0922 | 919.783 |
| 预制混凝土墙板 | 剪力墙内墙板 | 固定门垛内墙板（NQM1） | | NQM1-3330-0922 | 911.542 |
| 预制混凝土墙板 | 剪力墙内墙板 | 固定门垛内墙板（NQM1） | | NQM1-3330-1022 | 891.813 |
| 预制混凝土墙板 | 剪力墙内墙板 | 固定门垛内墙板（NQM1） | | NQM1-3330-1022 | 885.569 |
| 预制混凝土墙板 | 剪力墙内墙板 | 固定门垛内墙板（NQM1） | | NQM1-3630-0922 | 1 026.171 |
| 预制混凝土墙板 | 剪力墙内墙板 | 固定门垛内墙板（NQM1） | | NQM1-3630-0922 | 1 020.427 |
| 预制混凝土墙板 | 剪力墙内墙板 | 固定门垛内墙板（NQM1） | | NQM1-3630-1022 | 998.201 |
| 预制混凝土墙板 | 剪力墙内墙板 | 固定门垛内墙板（NQM1） | | NQM1-3630-1022 | 991.957 |

续表

| 部品类型 | 部品细分 | | 层高（mm） | 编 号 | 碳排放（kgCO₂） |
|---|---|---|---|---|---|
| 预制混凝土墙板 | 剪力墙内墙板 | 中间门洞内墙板(NQM2)注:同一个编号对应2个碳排放量的情况,第二个碳排放量是对应图集中此编号构件括号内的质量(下同) | | NQM2-2128-0921 | 478.775 |
| 预制混凝土墙板 | 剪力墙内墙板 | 中间门洞内墙板（NQM2） | 2 800 | NQM2-2128-0921 | 472.704 |
| 预制混凝土墙板 | 剪力墙内墙板 | 中间门洞内墙板（NQM2） | | NQM2-2428-0921 | 583.292 |
| 预制混凝土墙板 | 剪力墙内墙板 | 中间门洞内墙板（NQM2） | | NQM2-2428-0921 | 577.222 |
| 预制混凝土墙板 | 剪力墙内墙板 | 中间门洞内墙板（NQM2） | | NQM2-2428-1021 | 555.051 |
| 预制混凝土墙板 | 剪力墙内墙板 | 中间门洞内墙板（NQM2） | | NQM2-2428-1021 | 548.453 |
| 预制混凝土墙板 | 剪力墙内墙板 | 中间门洞内墙板（NQM2） | | NQM2-3028-0921 | 792.327 |
| 预制混凝土墙板 | 剪力墙内墙板 | 中间门洞内墙板（NQM2） | | NQM2-3028-0921 | 786.257 |
| 预制混凝土墙板 | 剪力墙内墙板 | 中间门洞内墙板（NQM2） | | NQM2-3028-1021 | 764.086 |
| 预制混凝土墙板 | 剪力墙内墙板 | 中间门洞内墙板（NQM2） | | NQM2-3028-1021 | 757.488 |
| 预制混凝土墙板 | 剪力墙内墙板 | 中间门洞内墙板（NQM2） | | NQM2-3328-0921 | 896.845 |
| 预制混凝土墙板 | 剪力墙内墙板 | 中间门洞内墙板（NQM2） | | NQM2-3328-0921 | 890.774 |
| 预制混凝土墙板 | 剪力墙内墙板 | 中间门洞内墙板（NQM2） | | NQM2-3328-1021 | 868.604 |
| 预制混凝土墙板 | 剪力墙内墙板 | 中间门洞内墙板（NQM2） | | NQM2-3328-1021 | 862.005 |
| 预制混凝土墙板 | 剪力墙内墙板 | 中间门洞内墙板（NQM2） | | NQM2-2129-0922 | 494.611 |
| 预制混凝土墙板 | 剪力墙内墙板 | 中间门洞内墙板（NQM2） | | NQM2-2129-0922 | 488.540 |
| 预制混凝土墙板 | 剪力墙内墙板 | 中间门洞内墙板（NQM2） | | NQM2-2429-0922 | 603.087 |
| 预制混凝土墙板 | 剪力墙内墙板 | 中间门洞内墙板（NQM2） | | NQM2-2429-0922 | 597.017 |
| 预制混凝土墙板 | 剪力墙内墙板 | 中间门洞内墙板（NQM2） | | NQM2-2429-1022 | 573.527 |
| 预制混凝土墙板 | 剪力墙内墙板 | 中间门洞内墙板（NQM2） | 2 900 | NQM2-2429-1022 | 566.928 |
| 预制混凝土墙板 | 剪力墙内墙板 | 中间门洞内墙板（NQM2） | | NQM2-3029-0922 | 820.040 |
| 预制混凝土墙板 | 剪力墙内墙板 | 中间门洞内墙板（NQM2） | | NQM2-3029-0922 | 813.970 |
| 预制混凝土墙板 | 剪力墙内墙板 | 中间门洞内墙板（NQM2） | | NQM2-3029-1022 | 820.040 |
| 预制混凝土墙板 | 剪力墙内墙板 | 中间门洞内墙板（NQM2） | | NQM2-3029-1022 | 813.970 |
| 预制混凝土墙板 | 剪力墙内墙板 | 中间门洞内墙板（NQM2） | | NQM2-3329-0922 | 928.517 |
| 预制混凝土墙板 | 剪力墙内墙板 | 中间门洞内墙板（NQM2） | | NQM2-3329-0922 | 922.446 |

续表

| 部品类型 | | 部品细分 | 层高<br>（mm） | 编 号 | 碳排放<br>（kgCO₂） |
|---|---|---|---|---|---|
| 预制混凝土墙板 | 剪力墙内墙板 | 中间门洞内墙板（NQM2） | 2 900 | NQM2-3329-1022 | 898.692 |
| 预制混凝土墙板 | 剪力墙内墙板 | 中间门洞内墙板（NQM2） | | NQM2-3329-1022 | 892.358 |
| 预制混凝土墙板 | 剪力墙内墙板 | 中间门洞内墙板（NQM2） | 3 000 | NQM2-2130-0922 | 522.324 |
| 预制混凝土墙板 | 剪力墙内墙板 | 中间门洞内墙板（NQM2） | | NQM2-2130-0922 | 516.253 |
| 预制混凝土墙板 | 剪力墙内墙板 | 中间门洞内墙板（NQM2） | | NQM2-2430-0922 | 634.759 |
| 预制混凝土墙板 | 剪力墙内墙板 | 中间门洞内墙板（NQM2） | | NQM2-2430-0922 | 628.689 |
| 预制混凝土墙板 | 剪力墙内墙板 | 中间门洞内墙板（NQM2） | | NQM2-2430-1022 | 605.199 |
| 预制混凝土墙板 | 剪力墙内墙板 | 中间门洞内墙板（NQM2） | | NQM2-2430-1022 | 598.600 |
| 预制混凝土墙板 | 剪力墙内墙板 | 中间门洞内墙板（NQM2） | | NQM2-3030-0922 | 859.630 |
| 预制混凝土墙板 | 剪力墙内墙板 | 中间门洞内墙板（NQM2） | | NQM2-3030-0922 | 853.560 |
| 预制混凝土墙板 | 剪力墙内墙板 | 中间门洞内墙板（NQM2） | | NQM2-3030-1022 | 830.070 |
| 预制混凝土墙板 | 剪力墙内墙板 | 中间门洞内墙板（NQM2） | | NQM2-3030-1022 | 823.471 |
| 预制混凝土墙板 | 剪力墙内墙板 | 中间门洞内墙板（NQM2） | | NQM2-3330-0922 | 972.066 |
| 预制混凝土墙板 | 剪力墙内墙板 | 中间门洞内墙板（NQM2） | | NQM2-3330-0922 | 965.995 |
| 预制混凝土墙板 | 剪力墙内墙板 | 中间门洞内墙板（NQM2） | | NQM2-3330-1022 | 942.505 |
| 预制混凝土墙板 | 剪力墙内墙板 | 中间门洞内墙板（NQM2） | | NQM2-3330-1022 | 935.907 |
| 预制混凝土墙板 | 剪力墙内墙板 | 刀把内墙板（NQM3）<br>注:同一个编号对应2个碳排放量的情况,第二个碳排放量是对应图集中此编号构件括号内的质量(下同) | 2 800 | NQM3-1828-0921 | 343.195 |
| 预制混凝土墙板 | 剪力墙内墙板 | 刀把内墙板（NQM3） | | NQM3-1828-0921 | 337.628 |
| 预制混凝土墙板 | 剪力墙内墙板 | 刀把内墙板（NQM3） | | NQM3-2128-0921 | 439.038 |
| 预制混凝土墙板 | 剪力墙内墙板 | 刀把内墙板（NQM3） | | NQM3-2128-0921 | 433.471 |
| 预制混凝土墙板 | 剪力墙内墙板 | 刀把内墙板（NQM3） | | NQM3-2428-0921 | 534.881 |
| 预制混凝土墙板 | 剪力墙内墙板 | 刀把内墙板（NQM3） | | NQM3-2428-0921 | 529.314 |
| 预制混凝土墙板 | 剪力墙内墙板 | 刀把内墙板（NQM3） | | NQM3-2728-0921 | 630.723 |
| 预制混凝土墙板 | 剪力墙内墙板 | 刀把内墙板（NQM3） | | NQM3-2728-0921 | 625.157 |
| 预制混凝土墙板 | 剪力墙内墙板 | 刀把内墙板（NQM3） | | NQM3-3028-0921 | 726.566 |
| 预制混凝土墙板 | 剪力墙内墙板 | 刀把内墙板（NQM3） | | NQM3-3028-0921 | 721.000 |

续表

| 部品类型 | 部品细分 | | 层高（mm） | 编　号 | 碳排放（kgCO₂） |
|---|---|---|---|---|---|
| 预制混凝土墙板 | 剪力墙内墙板 | 刀把内墙板（NQM3） | 2 800 | NQM3-3328-0921 | 822.409 |
| 预制混凝土墙板 | 剪力墙内墙板 | 刀把内墙板（NQM3） | | NQM3-3328-0921 | 816.842 |
| 预制混凝土墙板 | 剪力墙内墙板 | 刀把内墙板（NQM3） | 2 900 | NQM3-1829-0922 | 354.086 |
| 预制混凝土墙板 | 剪力墙内墙板 | 刀把内墙板（NQM3） | | NQM3-1829-0922 | 348.519 |
| 预制混凝土墙板 | 剪力墙内墙板 | 刀把内墙板（NQM3） | | NQM3-2129-0922 | 453.559 |
| 预制混凝土墙板 | 剪力墙内墙板 | 刀把内墙板（NQM3） | | NQM3-2129-0922 | 447.993 |
| 预制混凝土墙板 | 剪力墙内墙板 | 刀把内墙板（NQM3） | | NQM3-2429-0922 | 553.033 |
| 预制混凝土墙板 | 剪力墙内墙板 | 刀把内墙板（NQM3） | | NQM3-2429-0922 | 547.466 |
| 预制混凝土墙板 | 剪力墙内墙板 | 刀把内墙板（NQM3） | | NQM3-2729-0922 | 652.506 |
| 预制混凝土墙板 | 剪力墙内墙板 | 刀把内墙板（NQM3） | | NQM3-2729-0922 | 646.939 |
| 预制混凝土墙板 | 剪力墙内墙板 | 刀把内墙板（NQM3） | | NQM3-3029-0922 | 751.979 |
| 预制混凝土墙板 | 剪力墙内墙板 | 刀把内墙板（NQM3） | | NQM3-3029-0922 | 746.412 |
| 预制混凝土墙板 | 剪力墙内墙板 | 刀把内墙板（NQM3） | | NQM3-3329-0922 | 851.452 |
| 预制混凝土墙板 | 剪力墙内墙板 | 刀把内墙板（NQM3） | | NQM3-3329-0922 | 845.886 |
| 预制混凝土墙板 | 剪力墙内墙板 | 刀把内墙板（NQM3） | 3 000 | NQM3-1830-0922 | 375.869 |
| 预制混凝土墙板 | 剪力墙内墙板 | 刀把内墙板（NQM3） | | NQM3-1830-0922 | 370.302 |
| 预制混凝土墙板 | 剪力墙内墙板 | 刀把内墙板（NQM3） | | NQM3-2130-0922 | 478.972 |
| 预制混凝土墙板 | 剪力墙内墙板 | 刀把内墙板（NQM3） | | NQM3-2130-0922 | 473.406 |
| 预制混凝土墙板 | 剪力墙内墙板 | 刀把内墙板（NQM3） | | NQM3-2430-0922 | 582.076 |
| 预制混凝土墙板 | 剪力墙内墙板 | 刀把内墙板（NQM3） | | NQM3-2430-0922 | 576.509 |
| 预制混凝土墙板 | 剪力墙内墙板 | 刀把内墙板（NQM3） | | NQM3-2730-0922 | 685.180 |
| 预制混凝土墙板 | 剪力墙内墙板 | 刀把内墙板（NQM3） | | NQM3-2730-0922 | 679.613 |
| 预制混凝土墙板 | 剪力墙内墙板 | 刀把内墙板（NQM3） | | NQM3-3030-0922 | 788.283 |
| 预制混凝土墙板 | 剪力墙内墙板 | 刀把内墙板（NQM3） | | NQM3-3030-0922 | 782.717 |
| 预制混凝土墙板 | 剪力墙内墙板 | 刀把内墙板（NQM3） | | NQM3-3330-0922 | 891.387 |
| 预制混凝土墙板 | 剪力墙内墙板 | 刀把内墙板（NQM3） | | NQM3-3330-0922 | 885.820 |

附表 2.3　预制混凝土叠合板构件碳排放

| 部品类型 | 部品细分 | | 编　号 | 碳排放（kgCO$_2$） |
|---|---|---|---|---|
| 预制混凝土墙板 | 桁架钢筋混凝土叠合板（60 mm）厚底板 | 宽 1 200 双向底板边板（6X 包括 67、68；X1 包括 11、31） | DBS1-6X-3012-X1 | 118.433 |
| 预制混凝土墙板 | 桁架钢筋混凝土叠合板（60 mm）厚底板 | 宽 1 200 双向底板边板（6X 包括 67、68；X1 包括 11、31） | DBS1-6X-3312-X1 | 131.592 |
| 预制混凝土墙板 | 桁架钢筋混凝土叠合板（60 mm）厚底板 | 宽 1 200 双向底板边板（6X 包括 67、68；X1 包括 11、31） | DBS1-6X-3612-X1 | 144.020 |
| 预制混凝土墙板 | 桁架钢筋混凝土叠合板（60 mm）厚底板 | 宽 1 200 双向底板边板（6X 包括 67、68；X1 包括 11、31） | DBS1-6X-3912-X1 | 156.448 |
| 预制混凝土墙板 | 桁架钢筋混凝土叠合板（60 mm）厚底板 | 宽 1 200 双向底板边板（6X 包括 67、68；X1 包括 11、31） | DBS1-6X-4212-X1 | 169.608 |
| 预制混凝土墙板 | 桁架钢筋混凝土叠合板（60 mm）厚底板 | 宽 1 200 双向底板边板（6X 包括 67、68；X1 包括 11、31） | DBS1-6X-4512-X1 | 182.036 |
| 预制混凝土墙板 | 桁架钢筋混凝土叠合板（60 mm）厚底板 | 宽 1 200 双向底板边板（6X 包括 67、68；X1 包括 11、31） | DBS1-6X-4812-X1 | 194.464 |
| 预制混凝土墙板 | 桁架钢筋混凝土叠合板（60 mm）厚底板 | 宽 1 200 双向底板边板（6X 包括 67、68；X1 包括 11、31） | DBS1-6X-5112-X1 | 206.892 |
| 预制混凝土墙板 | 桁架钢筋混凝土叠合板（60 mm）厚底板 | 宽 1 200 双向底板边板（6X 包括 67、68；X1 包括 11、31） | DBS1-6X-5412-X1 | 220.051 |
| 预制混凝土墙板 | 桁架钢筋混凝土叠合板（60 mm）厚底板 | 宽 1 200 双向底板边板（6X 包括 67、68；X1 包括 11、31） | DBS1-6X-5712-X1 | 232.479 |
| 预制混凝土墙板 | 桁架钢筋混凝土叠合板（60 mm）厚底板 | 宽 1 200 双向底板边板（6X 包括 67、68；X1 包括 11、31） | DBS1-6X-6012-X1 | 244.908 |

续表

| 部品类型 | 部品细分 | | 编　号 | 碳排放（kgCO$_2$） |
|---|---|---|---|---|
| 预制混凝土墙板 | 桁架钢筋混凝土叠合板（60 mm）厚底板 | 宽1 500双向底板边板（6X 包括 67、68；X1 包括 11、31） | DBS1-6X-3015-X1 | 155.717 |
| 预制混凝土墙板 | 桁架钢筋混凝土叠合板（60 mm）厚底板 | 宽1 500双向底板边板（6X 包括 67、68；X1 包括 11、31） | DBS1-6X-3315-X1 | 172.532 |
| 预制混凝土墙板 | 桁架钢筋混凝土叠合板（60 mm）厚底板 | 宽1 500双向底板边板（6X 包括 67、68；X1 包括 11、31） | DBS1-6X-3615-X1 | 189.346 |
| 预制混凝土墙板 | 桁架钢筋混凝土叠合板（60 mm）厚底板 | 宽1 500双向底板边板（6X 包括 67、68；X1 包括 11、31） | DBS1-6X-3915-X1 | 205.430 |
| 预制混凝土墙板 | 桁架钢筋混凝土叠合板（60 mm）厚底板 | 宽1 500双向底板边板（6X 包括 67、68；X1 包括 11、31） | DBS1-6X-4215-X1 | 222.244 |
| 预制混凝土墙板 | 桁架钢筋混凝土叠合板（60 mm）厚底板 | 宽1 500双向底板边板（6X 包括 67、68；X1 包括 11、31） | DBS1-6X-4515-X1 | 239.059 |
| 预制混凝土墙板 | 桁架钢筋混凝土叠合板（60 mm）厚底板 | 宽1 500双向底板边板（6X 包括 67、68；X1 包括 11、31） | DBS1-6X-4815-X1 | 255.142 |
| 预制混凝土墙板 | 桁架钢筋混凝土叠合板（60 mm）厚底板 | 宽1 500双向底板边板（6X 包括 67、68；X1 包括 11、31） | DBS1-6X-5115-X1 | 271.957 |
| 预制混凝土墙板 | 桁架钢筋混凝土叠合板（60 mm）厚底板 | 宽1 500双向底板边板（6X 包括 67、68；X1 包括 11、31） | DBS1-6X-5415-X1 | 288.772 |
| 预制混凝土墙板 | 桁架钢筋混凝土叠合板（60 mm）厚底板 | 宽1 500双向底板边板（6X 包括 67、68；X1 包括 11、31） | DBS1-6X-5715-X1 | 304.855 |
| 预制混凝土墙板 | 桁架钢筋混凝土叠合板（60 mm）厚底板 | 宽1 500双向底板边板（6X 包括 67、68；X1 包括 11、31） | DBS1-6X-6015-X1 | 321.670 |

| 部品类型 | 部品细分 | | 编　号 | 碳排放（$kgCO_2$） |
|---|---|---|---|---|
| 预制混凝土墙板 | 桁架钢筋混凝土叠合板（60 mm）厚底板 | 宽1 800双向底板边板（6X包括67、68；X1包括11、31） | DBS1-6X-3018-X1 | 193.002 |
| 预制混凝土墙板 | 桁架钢筋混凝土叠合板（60 mm）厚底板 | 宽1 800双向底板边板（6X包括67、68；X1包括11、31） | DBS1-6X-3318-X1 | 213.472 |
| 预制混凝土墙板 | 桁架钢筋混凝土叠合板（60 mm）厚底板 | 宽1 800双向底板边板（6X包括67、68；X1包括11、31） | DBS1-6X-3618-X1 | 233.942 |
| 预制混凝土墙板 | 桁架钢筋混凝土叠合板（60 mm）厚底板 | 宽1 800双向底板边板（6X包括67、68；X1包括11、31） | DBS1-6X-3918-X1 | 254.411 |
| 预制混凝土墙板 | 桁架钢筋混凝土叠合板（60 mm）厚底板 | 宽1 800双向底板边板（6X包括67、68；X1包括11、31） | DBS1-6X-4218-X1 | 274.881 |
| 预制混凝土墙板 | 桁架钢筋混凝土叠合板（60 mm）厚底板 | 宽1 800双向底板边板（6X包括67、68；X1包括11、31） | DBS1-6X-4518-X1 | 295.351 |
| 预制混凝土墙板 | 桁架钢筋混凝土叠合板（60 mm）厚底板 | 宽1 800双向底板边板（6X包括67、68；X1包括11、31） | DBS1-6X-4818-X1 | 315.821 |
| 预制混凝土墙板 | 桁架钢筋混凝土叠合板（60 mm）厚底板 | 宽1 800双向底板边板（6X包括67、68；X1包括11、31） | DBS1-6X-5118-X1 | 337.022 |
| 预制混凝土墙板 | 桁架钢筋混凝土叠合板（60 mm）厚底板 | 宽1 800双向底板边板（6X包括67、68；X1包括11、31） | DBS1-6X-5418-X1 | 357.492 |
| 预制混凝土墙板 | 桁架钢筋混凝土叠合板（60 mm）厚底板 | 宽1 800双向底板边板（6X包括67、68；X1包括11、31） | DBS1-6X-5718-X1 | 377.962 |
| 预制混凝土墙板 | 桁架钢筋混凝土叠合板（60 mm）厚底板 | 宽1 800双向底板边板（6X包括67、68；X1包括11、31） | DBS1-6X-6018-X1 | 398.432 |

续表

| 部品类型 | 部品细分 | | 编　号 | 碳排放（kgCO$_2$） |
|---|---|---|---|---|
| 预制混凝土墙板 | 桁架钢筋混凝土叠合板（60 mm）厚底板 | 宽 2 000 双向底板边板（6X 包括 67、68；X1 包括 11、31） | DBS1-6X-3020-X1 | 217.858 |
| 预制混凝土墙板 | 桁架钢筋混凝土叠合板（60 mm）厚底板 | 宽 2 000 双向底板边板（6X 包括 67、68；X1 包括 11、31） | DBS1-6X-3320-X1 | 240.521 |
| 预制混凝土墙板 | 桁架钢筋混凝土叠合板（60 mm）厚底板 | 宽 2 000 双向底板边板（6X 包括 67、68；X1 包括 11、31） | DBS1-6X-3620-X1 | 263.915 |
| 预制混凝土墙板 | 桁架钢筋混凝土叠合板（60 mm）厚底板 | 宽 2 000 双向底板边板（6X 包括 67、68；X1 包括 11、31） | DBS1-6X-3920-X1 | 287.309 |
| 预制混凝土墙板 | 桁架钢筋混凝土叠合板（60 mm）厚底板 | 宽 2 000 双向底板边板（6X 包括 67、68；X1 包括 11、31） | DBS1-6X-4220-X1 | 310.704 |
| 预制混凝土墙板 | 桁架钢筋混凝土叠合板（60 mm）厚底板 | 宽 2 000 双向底板边板（6X 包括 67、68；X1 包括 11、31） | DBS1-6X-4520-X1 | 333.367 |
| 预制混凝土墙板 | 桁架钢筋混凝土叠合板（60 mm）厚底板 | 宽 2 000 双向底板边板（6X 包括 67、68；X1 包括 11、31） | DBS1-6X-4820-X1 | 356.761 |
| 预制混凝土墙板 | 桁架钢筋混凝土叠合板（60 mm）厚底板 | 宽 2 000 双向底板边板（6X 包括 67、68；X1 包括 11、31） | DBS1-6X-5120-X1 | 380.155 |
| 预制混凝土墙板 | 桁架钢筋混凝土叠合板（60 mm）厚底板 | 宽 2 000 双向底板边板（6X 包括 67、68；X1 包括 11、31） | DBS1-6X-5420-X1 | 402.818 |
| 预制混凝土墙板 | 桁架钢筋混凝土叠合板（60 mm）厚底板 | 宽 2 000 双向底板边板（6X 包括 67、68；X1 包括 11、31） | DBS1-6X-5720-X1 | 426.212 |
| 预制混凝土墙板 | 桁架钢筋混凝土叠合板（60 mm）厚底板 | 宽 2 000 双向底板边板（6X 包括 67、68；X1 包括 11、31） | DBS1-6X-6020-X1 | 456.917 |

续表

| 部品类型 | 部品细分 | | 编　号 | 碳排放（$kgCO_2$） |
|---|---|---|---|---|
| 预制混凝土墙板 | 桁架钢筋混凝土叠合板（60 mm）厚底板 | 宽2 400 双向底板边板（6X 包括 67、68；X1 包括 11、31） | DBS1-6X-3024-X1 | 266.840 |
| 预制混凝土墙板 | 桁架钢筋混凝土叠合板（60 mm）厚底板 | 宽2 400 双向底板边板（6X 包括 67、68；X1 包括 11、31） | DBS1-6X-3324-X1 | 295.351 |
| 预制混凝土墙板 | 桁架钢筋混凝土叠合板（60 mm）厚底板 | 宽2 400 双向底板边板（6X 包括 67、68；X1 包括 11、31） | DBS1-6X-3624-X1 | 323.863 |
| 预制混凝土墙板 | 桁架钢筋混凝土叠合板（60 mm）厚底板 | 宽2 400 双向底板边板（6X 包括 67、68；X1 包括 11、31） | DBS1-6X-3924-X1 | 352.374 |
| 预制混凝土墙板 | 桁架钢筋混凝土叠合板（60 mm）厚底板 | 宽2 400 双向底板边板（6X 包括 67、68；X1 包括 11、31） | DBS1-6X-4224-X1 | 380.886 |
| 预制混凝土墙板 | 桁架钢筋混凝土叠合板（60 mm）厚底板 | 宽2 400 双向底板边板（6X 包括 67、68；X1 包括 11、31） | DBS1-6X-4524-X1 | 409.398 |
| 预制混凝土墙板 | 桁架钢筋混凝土叠合板（60 mm）厚底板 | 宽2 400 双向底板边板（6X 包括 67、68；X1 包括 11、31） | DBS1-6X-4824-X1 | 437.909 |
| 预制混凝土墙板 | 桁架钢筋混凝土叠合板（60 mm）厚底板 | 宽2 400 双向底板边板（6X 包括 67、68；X1 包括 11、31） | DBS1-6X-5124-X1 | 466.421 |
| 预制混凝土墙板 | 桁架钢筋混凝土叠合板（60 mm）厚底板 | 宽2 400 双向底板边板（6X 包括 67、68；X1 包括 11、31） | DBS1-6X-5424-X1 | 494.932 |
| 预制混凝土墙板 | 桁架钢筋混凝土叠合板（60 mm）厚底板 | 宽2 400 双向底板边板（6X 包括 67、68；X1 包括 11、31） | DBS1-6X-5724-X1 | 522.713 |
| 预制混凝土墙板 | 桁架钢筋混凝土叠合板（60 mm）厚底板 | 宽2 400 双向底板边板（6X 包括 67、68；X1 包括 11、31） | DBS1-6X-6024-X1 | 551.225 |

续表

| 部品类型 | 部品细分 | | 编　号 | 碳排放（kgCO$_2$） |
|---|---|---|---|---|
| 预制混凝土墙板 | 桁架钢筋混凝土叠合板（60 mm）厚底板 | 宽1 200双向底板边板（6X 包括 67、68、69;X2 包括 22、42） | DBS1-6X-3012-X2 | 118.433 |
| 预制混凝土墙板 | 桁架钢筋混凝土叠合板（60 mm）厚底板 | 宽1 200双向底板边板（6X 包括 67、68、69;X2 包括 22、42） | DBS1-6X-3312-X2 | 131.592 |
| 预制混凝土墙板 | 桁架钢筋混凝土叠合板（60 mm）厚底板 | 宽1 200双向底板边板（6X 包括 67、68、69;X2 包括 22、42） | DBS1-6X-3612-X2 | 144.020 |
| 预制混凝土墙板 | 桁架钢筋混凝土叠合板（60 mm）厚底板 | 宽1 200双向底板边板（6X 包括 67、68、69;X2 包括 22、42） | DBS1-6X-3912-X2 | 156.448 |
| 预制混凝土墙板 | 桁架钢筋混凝土叠合板（60 mm）厚底板 | 宽1 200双向底板边板（6X 包括 67、68、69;X2 包括 22、42） | DBS1-6X-4212-X2 | 169.608 |
| 预制混凝土墙板 | 桁架钢筋混凝土叠合板（60 mm）厚底板 | 宽1 200双向底板边板（6X 包括 67、68、69;X2 包括 22、42） | DBS1-6X-4512-X2 | 182.036 |
| 预制混凝土墙板 | 桁架钢筋混凝土叠合板（60 mm）厚底板 | 宽1 200双向底板边板（6X 包括 67、68、69;X2 包括 22、42） | DBS1-6X-4812-X2 | 194.464 |
| 预制混凝土墙板 | 桁架钢筋混凝土叠合板（60 mm）厚底板 | 宽1 200双向底板边板（6X 包括 67、68、69;X2 包括 22、42） | DBS1-6X-5112-X2 | 206.892 |
| 预制混凝土墙板 | 桁架钢筋混凝土叠合板（60 mm）厚底板 | 宽1 200双向底板边板（6X 包括 67、68、69;X2 包括 22、42） | DBS1-6X-5412-X2 | 220.051 |
| 预制混凝土墙板 | 桁架钢筋混凝土叠合板（60 mm）厚底板 | 宽1 200双向底板边板（6X 包括 67、68、69;X2 包括 22、42） | DBS1-6X-5712-X2 | 232.479 |
| 预制混凝土墙板 | 桁架钢筋混凝土叠合板（60 mm）厚底板 | 宽1 200双向底板边板（6X 包括 67、68、69;X2 包括 22、42） | DBS1-6X-6012-X2 | 244.908 |

| 部品类型 | 部品细分 | | 编　号 | 碳排放<br>（kgCO$_2$） |
|---|---|---|---|---|
| 预制混凝土墙板 | 桁架钢筋混凝土叠合板（60 mm）厚底板 | 宽1 500双向底板边板（6X 包括 67、68、69；X2 包括 22、42） | DBS1-6X-3015-X2 | 155.717 |
| 预制混凝土墙板 | 桁架钢筋混凝土叠合板（60 mm）厚底板 | 宽1 500双向底板边板（6X 包括 67、68、69；X2 包括 22、42） | DBS1-6X-3315-X2 | 172.532 |
| 预制混凝土墙板 | 桁架钢筋混凝土叠合板（60 mm）厚底板 | 宽1 500双向底板边板（6X 包括 67、68、69；X2 包括 22、42） | DBS1-6X-3615-X2 | 189.346 |
| 预制混凝土墙板 | 桁架钢筋混凝土叠合板（60 mm）厚底板 | 宽1 500双向底板边板（6X 包括 67、68、69；X2 包括 22、42） | DBS1-6X-3915-X2 | 205.430 |
| 预制混凝土墙板 | 桁架钢筋混凝土叠合板（60 mm）厚底板 | 宽1 500双向底板边板（6X 包括 67、68、69；X2 包括 22、42） | DBS1-6X-4215-X2 | 222.244 |
| 预制混凝土墙板 | 桁架钢筋混凝土叠合板（60 mm）厚底板 | 宽1 500双向底板边板（6X 包括 67、68、69；X2 包括 22、42） | DBS1-6X-4515-X2 | 239.059 |
| 预制混凝土墙板 | 桁架钢筋混凝土叠合板（60 mm）厚底板 | 宽1 500双向底板边板（6X 包括 67、68、69；X2 包括 22、42） | DBS1-6X-4815-X2 | 255.142 |
| 预制混凝土墙板 | 桁架钢筋混凝土叠合板（60 mm）厚底板 | 宽1 500双向底板边板（6X 包括 67、68、69；X2 包括 22、42） | DBS1-6X-5115-X2 | 271.957 |
| 预制混凝土墙板 | 桁架钢筋混凝土叠合板（60 mm）厚底板 | 宽1 500双向底板边板（6X 包括 67、68、69；X2 包括 22、42） | DBS1-6X-5415-X2 | 288.772 |
| 预制混凝土墙板 | 桁架钢筋混凝土叠合板（60 mm）厚底板 | 宽1 500双向底板边板（6X 包括 67、68、69；X2 包括 22、42） | DBS1-6X-5715-X2 | 304.855 |
| 预制混凝土墙板 | 桁架钢筋混凝土叠合板（60 mm）厚底板 | 宽1 500双向底板边板（6X 包括 67、68、69；X2 包括 22、42） | DBS1-6X-6015-X2 | 321.670 |

续表

| 部品类型 | 部品细分 | | 编　号 | 碳排放（kgCO$_2$） |
|---|---|---|---|---|
| 预制混凝土墙板 | 桁架钢筋混凝土叠合板（60 mm）厚底板 | 宽1 800双向底板边板（6X 包括 67、68、69；X2 包括 22、42） | DBS1-6X-3018-X2 | 193.002 |
| 预制混凝土墙板 | 桁架钢筋混凝土叠合板（60 mm）厚底板 | 宽1 800双向底板边板（6X 包括 67、68、69；X2 包括 22、42） | DBS1-6X-3318-X2 | 213.472 |
| 预制混凝土墙板 | 桁架钢筋混凝土叠合板（60 mm）厚底板 | 宽1 800双向底板边板（6X 包括 67、68、69；X2 包括 22、42） | DBS1-6X-3618-X2 | 233.942 |
| 预制混凝土墙板 | 桁架钢筋混凝土叠合板（60 mm）厚底板 | 宽1 800双向底板边板（6X 包括 67、68、69；X2 包括 22、42） | DBS1-6X-3918-X2 | 254.411 |
| 预制混凝土墙板 | 桁架钢筋混凝土叠合板（60 mm）厚底板 | 宽1 800双向底板边板（6X 包括 67、68、69；X2 包括 22、42） | DBS1-6X-4218-X2 | 274.881 |
| 预制混凝土墙板 | 桁架钢筋混凝土叠合板（60 mm）厚底板 | 宽1 800双向底板边板（6X 包括 67、68、69；X2 包括 22、42） | DBS1-6X-4518-X2 | 295.351 |
| 预制混凝土墙板 | 桁架钢筋混凝土叠合板（60 mm）厚底板 | 宽1 800双向底板边板（6X 包括 67、68、69；X2 包括 22、42） | DBS1-6X-4818-X2 | 315.821 |
| 预制混凝土墙板 | 桁架钢筋混凝土叠合板（60 mm）厚底板 | 宽1 800双向底板边板（6X 包括 67、68、69；X2 包括 22、42） | DBS1-6X-5118-X2 | 337.022 |
| 预制混凝土墙板 | 桁架钢筋混凝土叠合板（60 mm）厚底板 | 宽1 800双向底板边板（6X 包括 67、68、69；X2 包括 22、42） | DBS1-6X-5418-X2 | 357.492 |
| 预制混凝土墙板 | 桁架钢筋混凝土叠合板（60 mm）厚底板 | 宽1 800双向底板边板（6X 包括 67、68、69；X2 包括 22、42） | DBS1-6X-5718-X2 | 377.962 |
| 预制混凝土墙板 | 桁架钢筋混凝土叠合板（60 mm）厚底板 | 宽1 800双向底板边板（6X 包括 67、68、69；X2 包括 22、42） | DBS1-6X-6018-X2 | 398.432 |

| 部品类型 | 部品细分 | | 编　号 | 碳排放<br>（kgCO$_2$） |
|---|---|---|---|---|
| 预制混凝土墙板 | 桁架钢筋混凝土叠合板（60 mm）厚底板 | 宽 2 000 双向底板边板（6X 包括 67、68、69；X2 包括 22、42） | DBS1-6X-3020-X2 | 217.858 |
| 预制混凝土墙板 | 桁架钢筋混凝土叠合板（60 mm）厚底板 | 宽 2 000 双向底板边板（6X 包括 67、68、69；X2 包括 22、42） | DBS1-6X-3320-X2 | 240.521 |
| 预制混凝土墙板 | 桁架钢筋混凝土叠合板（60 mm）厚底板 | 宽 2 000 双向底板边板（6X 包括 67、68、69；X2 包括 22、42） | DBS1-6X-3620-X2 | 263.915 |
| 预制混凝土墙板 | 桁架钢筋混凝土叠合板（60 mm）厚底板 | 宽 2 000 双向底板边板（6X 包括 67、68、69；X2 包括 22、42） | DBS1-6X-3920-X2 | 287.309 |
| 预制混凝土墙板 | 桁架钢筋混凝土叠合板（60 mm）厚底板 | 宽 2 000 双向底板边板（6X 包括 67、68、69；X2 包括 22、42） | DBS1-6X-4220-X2 | 310.704 |
| 预制混凝土墙板 | 桁架钢筋混凝土叠合板（60 mm）厚底板 | 宽 2 000 双向底板边板（6X 包括 67、68、69；X2 包括 22、42） | DBS1-6X-4520-X2 | 333.367 |
| 预制混凝土墙板 | 桁架钢筋混凝土叠合板（60 mm）厚底板 | 宽 2 000 双向底板边板（6X 包括 67、68、69；X2 包括 22、42） | DBS1-6X-4820-X2 | 356.761 |
| 预制混凝土墙板 | 桁架钢筋混凝土叠合板（60 mm）厚底板 | 宽 2 000 双向底板边板（6X 包括 67、68、69；X2 包括 22、42） | DBS1-6X-5120-X2 | 380.155 |
| 预制混凝土墙板 | 桁架钢筋混凝土叠合板（60 mm）厚底板 | 宽 2 000 双向底板边板（6X 包括 67、68、69；X2 包括 22、42） | DBS1-6X-5420-X2 | 402.818 |
| 预制混凝土墙板 | 桁架钢筋混凝土叠合板（60 mm）厚底板 | 宽 2 000 双向底板边板（6X 包括 67、68、69；X2 包括 22、42） | DBS1-6X-5720-X2 | 426.212 |
| 预制混凝土墙板 | 桁架钢筋混凝土叠合板（60 mm）厚底板 | 宽 2 000 双向底板边板（6X 包括 67、68、69；X2 包括 22、42） | DBS1-6X-6020-X2 | 456.917 |

续表

| 部品类型 | 部品细分 | | 编　号 | 碳排放（kgCO₂） |
|---|---|---|---|---|
| 预制混凝土墙板 | 桁架钢筋混凝土叠合板（60 mm）厚底板 | 宽 2 400 双向底板边板（6X 包括 67、68、69；X2 包括 22、42） | DBS1-6X-3024-X2 | 266.840 |
| 预制混凝土墙板 | 桁架钢筋混凝土叠合板（60 mm）厚底板 | 宽 2 400 双向底板边板（6X 包括 67、68、69；X2 包括 22、42） | DBS1-6X-3324-X2 | 295.351 |
| 预制混凝土墙板 | 桁架钢筋混凝土叠合板（60 mm）厚底板 | 宽 2 400 双向底板边板（6X 包括 67、68、69；X2 包括 22、42） | DBS1-6X-3624-X2 | 323.863 |
| 预制混凝土墙板 | 桁架钢筋混凝土叠合板（60 mm）厚底板 | 宽 2 400 双向底板边板（6X 包括 67、68、69；X2 包括 22、42） | DBS1-6X-3924-X2 | 352.374 |
| 预制混凝土墙板 | 桁架钢筋混凝土叠合板（60 mm）厚底板 | 宽 2 400 双向底板边板（6X 包括 67、68、69；X2 包括 22、42） | DBS1-6X-4224-X2 | 380.886 |
| 预制混凝土墙板 | 桁架钢筋混凝土叠合板（60 mm）厚底板 | 宽 2 400 双向底板边板（6X 包括 67、68、69；X2 包括 22、42） | DBS1-6X-4524-X2 | 409.398 |
| 预制混凝土墙板 | 桁架钢筋混凝土叠合板（60 mm）厚底板 | 宽 2 400 双向底板边板（6X 包括 67、68、69；X2 包括 22、42） | DBS1-6X-4824-X2 | 437.909 |
| 预制混凝土墙板 | 桁架钢筋混凝土叠合板（60 mm）厚底板 | 宽 2 400 双向底板边板（6X 包括 67、68、69；X2 包括 22、42） | DBS1-6X-5124-X2 | 466.421 |
| 预制混凝土墙板 | 桁架钢筋混凝土叠合板（60 mm）厚底板 | 宽 2 400 双向底板边板（6X 包括 67、68、69；X2 包括 22、42） | DBS1-6X-5424-X2 | 494.932 |
| 预制混凝土墙板 | 桁架钢筋混凝土叠合板（60 mm）厚底板 | 宽 2 400 双向底板边板（6X 包括 67、68、69；X2 包括 22、42） | DBS1-6X-5724-X2 | 522.713 |
| 预制混凝土墙板 | 桁架钢筋混凝土叠合板（60 mm）厚底板 | 宽 2 400 双向底板边板（6X 包括 67、68、69；X2 包括 22、42） | DBS1-6X-6024-X2 | 551.225 |

续表

| 部品类型 | 部品细分 | | 编　号 | 碳排放（kgCO$_2$） |
|---|---|---|---|---|
| 预制混凝土墙板 | 桁架钢筋混凝土叠合板（60 mm）厚底板 | 宽1 200 双向底板边板（6X 包括 67、68、69） | DBS1-6X-3012-32 | 118.433 |
| 预制混凝土墙板 | 桁架钢筋混凝土叠合板（60 mm）厚底板 | 宽1 200 双向底板边板（6X 包括 67、68、69） | DBS1-6X-3312-32 | 131.592 |
| 预制混凝土墙板 | 桁架钢筋混凝土叠合板（60 mm）厚底板 | 宽1 200 双向底板边板（6X 包括 67、68、69） | DBS1-6X-3612-32 | 144.020 |
| 预制混凝土墙板 | 桁架钢筋混凝土叠合板（60 mm）厚底板 | 宽1 200 双向底板边板（6X 包括 67、68、69） | DBS1-6X-3912-32 | 156.448 |
| 预制混凝土墙板 | 桁架钢筋混凝土叠合板（60 mm）厚底板 | 宽1 200 双向底板边板（6X 包括 67、68、69） | DBS1-6X-4212-32 | 169.608 |
| 预制混凝土墙板 | 桁架钢筋混凝土叠合板（60 mm）厚底板 | 宽1 200 双向底板边板（6X 包括 67、68、69） | DBS1-6X-4512-32 | 182.036 |
| 预制混凝土墙板 | 桁架钢筋混凝土叠合板（60 mm）厚底板 | 宽1 200 双向底板边板（6X 包括 67、68、69） | DBS1-6X-4812-32 | 194.464 |
| 预制混凝土墙板 | 桁架钢筋混凝土叠合板（60 mm）厚底板 | 宽1 200 双向底板边板（6X 包括 67、68、69） | DBS1-6X-5112-32 | 206.892 |
| 预制混凝土墙板 | 桁架钢筋混凝土叠合板（60 mm）厚底板 | 宽1 200 双向底板边板（6X 包括 67、68、69） | DBS1-6X-5412-32 | 220.051 |
| 预制混凝土墙板 | 桁架钢筋混凝土叠合板（60 mm）厚底板 | 宽1 200 双向底板边板（6X 包括 67、68、69） | DBS1-6X-5712-32 | 232.479 |
| 预制混凝土墙板 | 桁架钢筋混凝土叠合板（60 mm）厚底板 | 宽1 200 双向底板边板（6X 包括 67、68、69） | DBS1-6X-6012-32 | 244.908 |

续表

| 部品类型 | 部品细分 | | 编　号 | 碳排放（$kgCO_2$） |
|---|---|---|---|---|
| 预制混凝土墙板 | 桁架钢筋混凝土叠合板（60 mm）厚底板 | 宽 1 500 双向底板边板（6X 包括 67、68、69） | DBS1-6X-3015-32 | 155.717 |
| 预制混凝土墙板 | 桁架钢筋混凝土叠合板（60 mm）厚底板 | 宽 1 500 双向底板边板（6X 包括 67、68、69） | DBS1-6X-3315-32 | 172.532 |
| 预制混凝土墙板 | 桁架钢筋混凝土叠合板（60 mm）厚底板 | 宽 1 500 双向底板边板（6X 包括 67、68、69） | DBS1-6X-3615-32 | 189.346 |
| 预制混凝土墙板 | 桁架钢筋混凝土叠合板（60 mm）厚底板 | 宽 1 500 双向底板边板（6X 包括 67、68、69） | DBS1-6X-3915-32 | 205.430 |
| 预制混凝土墙板 | 桁架钢筋混凝土叠合板（60 mm）厚底板 | 宽 1 500 双向底板边板（6X 包括 67、68、69） | DBS1-6X-4215-32 | 222.244 |
| 预制混凝土墙板 | 桁架钢筋混凝土叠合板（60 mm）厚底板 | 宽 1 500 双向底板边板（6X 包括 67、68、69） | DBS1-6X-4515-32 | 239.059 |
| 预制混凝土墙板 | 桁架钢筋混凝土叠合板（60 mm）厚底板 | 宽 1 500 双向底板边板（6X 包括 67、68、69） | DBS1-6X-4815-32 | 255.142 |
| 预制混凝土墙板 | 桁架钢筋混凝土叠合板（60 mm）厚底板 | 宽 1 500 双向底板边板（6X 包括 67、68、69） | DBS1-6X-5115-32 | 271.957 |
| 预制混凝土墙板 | 桁架钢筋混凝土叠合板（60 mm）厚底板 | 宽 1 500 双向底板边板（6X 包括 67、68、69） | DBS1-6X-5415-32 | 288.772 |
| 预制混凝土墙板 | 桁架钢筋混凝土叠合板（60 mm）厚底板 | 宽 1 500 双向底板边板（6X 包括 67、68、69） | DBS1-6X-5715-32 | 304.855 |
| 预制混凝土墙板 | 桁架钢筋混凝土叠合板（60 mm）厚底板 | 宽 1 500 双向底板边板（6X 包括 67、68、69） | DBS1-6X-6015-32 | 321.670 |

续表

| 部品类型 | 部品细分 | | 编 号 | 碳排放（kgCO$_2$） |
|---|---|---|---|---|
| 预制混凝土墙板 | 桁架钢筋混凝土叠合板（60 mm）厚底板 | 宽 1 800 双向底板边板（6X 包括 67、68、69） | DBS1-6X-3018-32 | 193.002 |
| 预制混凝土墙板 | 桁架钢筋混凝土叠合板（60 mm）厚底板 | 宽 1 800 双向底板边板（6X 包括 67、68、69） | DBS1-6X-3318-32 | 213.472 |
| 预制混凝土墙板 | 桁架钢筋混凝土叠合板（60 mm）厚底板 | 宽 1 800 双向底板边板（6X 包括 67、68、69） | DBS1-6X-3618-32 | 233.942 |
| 预制混凝土墙板 | 桁架钢筋混凝土叠合板（60 mm）厚底板 | 宽 1 800 双向底板边板（6X 包括 67、68、69） | DBS1-6X-3918-32 | 254.411 |
| 预制混凝土墙板 | 桁架钢筋混凝土叠合板（60 mm）厚底板 | 宽 1 800 双向底板边板（6X 包括 67、68、69） | DBS1-6X-4218-32 | 274.881 |
| 预制混凝土墙板 | 桁架钢筋混凝土叠合板（60 mm）厚底板 | 宽 1 800 双向底板边板（6X 包括 67、68、69） | DBS1-6X-4518-32 | 295.351 |
| 预制混凝土墙板 | 桁架钢筋混凝土叠合板（60 mm）厚底板 | 宽 1 800 双向底板边板（6X 包括 67、68、69） | DBS1-6X-4818-32 | 315.821 |
| 预制混凝土墙板 | 桁架钢筋混凝土叠合板（60 mm）厚底板 | 宽 1 800 双向底板边板（6X 包括 67、68、69） | DBS1-6X-5118-32 | 337.022 |
| 预制混凝土墙板 | 桁架钢筋混凝土叠合板（60 mm）厚底板 | 宽 1 800 双向底板边板（6X 包括 67、68、69） | DBS1-6X-5418-32 | 357.492 |
| 预制混凝土墙板 | 桁架钢筋混凝土叠合板（60 mm）厚底板 | 宽 1 800 双向底板边板（6X 包括 67、68、69） | DBS1-6X-5718-32 | 377.962 |
| 预制混凝土墙板 | 桁架钢筋混凝土叠合板（60 mm）厚底板 | 宽 1 800 双向底板边板（6X 包括 67、68、69） | DBS1-6X-6018-32 | 398.432 |

续表

| 部品类型 | 部品细分 | | 编　号 | 碳排放（kgCO$_2$） |
|---|---|---|---|---|
| 预制混凝土墙板 | 桁架钢筋混凝土叠合板（60 mm）厚底板 | 宽2 000双向底板边板（6X 包括67、68、69） | DBS1-6X-3020-32 | 217.858 |
| 预制混凝土墙板 | 桁架钢筋混凝土叠合板（60 mm）厚底板 | 宽2 000双向底板边板（6X 包括67、68、69） | DBS1-6X-3320-32 | 240.521 |
| 预制混凝土墙板 | 桁架钢筋混凝土叠合板（60 mm）厚底板 | 宽2 000双向底板边板（6X 包括67、68、69） | DBS1-6X-3620-32 | 263.915 |
| 预制混凝土墙板 | 桁架钢筋混凝土叠合板（60 mm）厚底板 | 宽2 000双向底板边板（6X 包括67、68、69） | DBS1-6X-3920-32 | 287.309 |
| 预制混凝土墙板 | 桁架钢筋混凝土叠合板（60 mm）厚底板 | 宽2 000双向底板边板（6X 包括67、68、69） | DBS1-6X-4220-32 | 310.704 |
| 预制混凝土墙板 | 桁架钢筋混凝土叠合板（60 mm）厚底板 | 宽2 000双向底板边板（6X 包括67、68、69） | DBS1-6X-4520-32 | 333.367 |
| 预制混凝土墙板 | 桁架钢筋混凝土叠合板（60 mm）厚底板 | 宽2 000双向底板边板（6X 包括67、68、69） | DBS1-6X-4820-32 | 356.761 |
| 预制混凝土墙板 | 桁架钢筋混凝土叠合板（60 mm）厚底板 | 宽2 000双向底板边板（6X 包括67、68、69） | DBS1-6X-5120-32 | 380.155 |
| 预制混凝土墙板 | 桁架钢筋混凝土叠合板（60 mm）厚底板 | 宽2 000双向底板边板（6X 包括67、68、69） | DBS1-6X-5420-32 | 402.818 |
| 预制混凝土墙板 | 桁架钢筋混凝土叠合板（60 mm）厚底板 | 宽2 000双向底板边板（6X 包括67、68、69） | DBS1-6X-5720-32 | 426.212 |
| 预制混凝土墙板 | 桁架钢筋混凝土叠合板（60 mm）厚底板 | 宽2 000双向底板边板（6X 包括67、68、69） | DBS1-6X-6020-32 | 456.917 |

续表

| 部品类型 | 部品细分 | | 编　号 | 碳排放（kgCO$_2$） |
|---|---|---|---|---|
| 预制混凝土墙板 | 桁架钢筋混凝土叠合板（60 mm）厚底板 | 宽 2 400 双向底板边板（6X 包括 67、68、69） | DBS1-6X-3024-32 | 266.840 |
| 预制混凝土墙板 | 桁架钢筋混凝土叠合板（60 mm）厚底板 | 宽 2 400 双向底板边板（6X 包括 67、68、69） | DBS1-6X-3324-32 | 295.351 |
| 预制混凝土墙板 | 桁架钢筋混凝土叠合板（60 mm）厚底板 | 宽 2 400 双向底板边板（6X 包括 67、68、69） | DBS1-6X-3624-32 | 323.863 |
| 预制混凝土墙板 | 桁架钢筋混凝土叠合板（60 mm）厚底板 | 宽 2 400 双向底板边板（6X 包括 67、68、69） | DBS1-6X-3924-32 | 352.374 |
| 预制混凝土墙板 | 桁架钢筋混凝土叠合板（60 mm）厚底板 | 宽 2 400 双向底板边板（6X 包括 67、68、69） | DBS1-6X-4224-32 | 380.886 |
| 预制混凝土墙板 | 桁架钢筋混凝土叠合板（60 mm）厚底板 | 宽 2 400 双向底板边板（6X 包括 67、68、69） | DBS1-6X-4524-32 | 409.398 |
| 预制混凝土墙板 | 桁架钢筋混凝土叠合板（60 mm）厚底板 | 宽 2 400 双向底板边板（6X 包括 67、68、69） | DBS1-6X-4824-32 | 437.909 |
| 预制混凝土墙板 | 桁架钢筋混凝土叠合板（60 mm）厚底板 | 宽 2 400 双向底板边板（6X 包括 67、68、69） | DBS1-6X-5124-32 | 466.421 |
| 预制混凝土墙板 | 桁架钢筋混凝土叠合板（60 mm）厚底板 | 宽 2 400 双向底板边板（6X 包括 67、68、69） | DBS1-6X-5424-32 | 494.932 |
| 预制混凝土墙板 | 桁架钢筋混凝土叠合板（60 mm）厚底板 | 宽 2 400 双向底板边板（6X 包括 67、68、69） | DBS1-6X-5724-32 | 522.713 |
| 预制混凝土墙板 | 桁架钢筋混凝土叠合板（60 mm）厚底板 | 宽 2 400 双向底板边板（6X 包括 67、68、69） | DBS1-6X-6024-32 | 551.225 |

续表

| 部品类型 | 部品细分 | | 编 号 | 碳排放（kgCO$_2$） |
|---|---|---|---|---|
| 预制混凝土墙板 | 桁架钢筋混凝土叠合板（60 mm）厚底板 | 宽1 200 双向底板边板（6X 包括 67、68；X1 包括 21、41） | DBS1-6X-3012-X1 | 118.433 |
| 预制混凝土墙板 | 桁架钢筋混凝土叠合板（60 mm）厚底板 | 宽1 200 双向底板边板（6X 包括 67、68；X1 包括 21、41） | DBS1-6X-3312-X1 | 131.592 |
| 预制混凝土墙板 | 桁架钢筋混凝土叠合板（60 mm）厚底板 | 宽1 200 双向底板边板（6X 包括 67、68；X1 包括 21、41） | DBS1-6X-3612-X1 | 144.020 |
| 预制混凝土墙板 | 桁架钢筋混凝土叠合板（60 mm）厚底板 | 宽1 200 双向底板边板（6X 包括 67、68；X1 包括 21、41） | DBS1-6X-3912-X1 | 156.448 |
| 预制混凝土墙板 | 桁架钢筋混凝土叠合板（60 mm）厚底板 | 宽1 200 双向底板边板（6X 包括 67、68；X1 包括 21、41） | DBS1-6X-4212-X1 | 169.608 |
| 预制混凝土墙板 | 桁架钢筋混凝土叠合板（60 mm）厚底板 | 宽1 200 双向底板边板（6X 包括 67、68；X1 包括 21、41） | DBS1-6X-4512-X1 | 182.036 |
| 预制混凝土墙板 | 桁架钢筋混凝土叠合板（60 mm）厚底板 | 宽1 200 双向底板边板（6X 包括 67、68；X1 包括 21、41） | DBS1-6X-4812-X1 | 194.464 |
| 预制混凝土墙板 | 桁架钢筋混凝土叠合板（60 mm）厚底板 | 宽1 200 双向底板边板（6X 包括 67、68；X1 包括 21、41） | DBS1-6X-5112-X1 | 206.892 |
| 预制混凝土墙板 | 桁架钢筋混凝土叠合板（60 mm）厚底板 | 宽1 200 双向底板边板（6X 包括 67、68；X1 包括 21、41） | DBS1-6X-5412-X1 | 220.051 |
| 预制混凝土墙板 | 桁架钢筋混凝土叠合板（60 mm）厚底板 | 宽1 200 双向底板边板（6X 包括 67、68；X1 包括 21、41） | DBS1-6X-5712-X1 | 232.479 |
| 预制混凝土墙板 | 桁架钢筋混凝土叠合板（60 mm）厚底板 | 宽1 200 双向底板边板（6X 包括 67、68；X1 包括 21、41） | DBS1-6X-6012-X1 | 244.908 |

续表

| 部品类型 | 部品细分 | | 编 号 | 碳排放<br>（kgCO<sub>2</sub>） |
|---|---|---|---|---|
| 预制混凝土墙板 | 桁架钢筋混凝土叠合板（60 mm）厚底板 | 宽1 500双向底板边板（6X 包括 67、68；X1 包括 21、41） | DBS1-6X-3015-X1 | 155.717 |
| 预制混凝土墙板 | 桁架钢筋混凝土叠合板（60 mm）厚底板 | 宽1 500双向底板边板（6X 包括 67、68；X1 包括 21、41） | DBS1-6X-3315-X1 | 172.532 |
| 预制混凝土墙板 | 桁架钢筋混凝土叠合板（60 mm）厚底板 | 宽1 500双向底板边板（6X 包括 67、68；X1 包括 21、41） | DBS1-6X-3615-X1 | 189.346 |
| 预制混凝土墙板 | 桁架钢筋混凝土叠合板（60 mm）厚底板 | 宽1 500双向底板边板（6X 包括 67、68；X1 包括 21、41） | DBS1-6X-3915-X1 | 205.430 |
| 预制混凝土墙板 | 桁架钢筋混凝土叠合板（60 mm）厚底板 | 宽1 500双向底板边板（6X 包括 67、68；X1 包括 21、41） | DBS1-6X-4215-X1 | 222.244 |
| 预制混凝土墙板 | 桁架钢筋混凝土叠合板（60 mm）厚底板 | 宽1 500双向底板边板（6X 包括 67、68；X1 包括 21、41） | DBS1-6X-4515-X1 | 239.059 |
| 预制混凝土墙板 | 桁架钢筋混凝土叠合板（60 mm）厚底板 | 宽1 500双向底板边板（6X 包括 67、68；X1 包括 21、41） | DBS1-6X-4815-X1 | 255.142 |
| 预制混凝土墙板 | 桁架钢筋混凝土叠合板（60 mm）厚底板 | 宽1 500双向底板边板（6X 包括 67、68；X1 包括 21、41） | DBS1-6X-5115-X1 | 271.957 |
| 预制混凝土墙板 | 桁架钢筋混凝土叠合板（60 mm）厚底板 | 宽1 500双向底板边板（6X 包括 67、68；X1 包括 21、41） | DBS1-6X-5415-X1 | 288.772 |
| 预制混凝土墙板 | 桁架钢筋混凝土叠合板（60 mm）厚底板 | 宽1 500双向底板边板（6X 包括 67、68；X1 包括 21、41） | DBS1-6X-5715-X1 | 304.855 |
| 预制混凝土墙板 | 桁架钢筋混凝土叠合板（60 mm）厚底板 | 宽1 500双向底板边板（6X 包括 67、68；X1 包括 21、41） | DBS1-6X-6015-X1 | 321.670 |

续表

| 部品类型 | 部品细分 | | 编　号 | 碳排放<br>（kgCO$_2$） |
|---|---|---|---|---|
| 预制混凝土墙板 | 桁架钢筋混凝土叠合板（60 mm）厚底板 | 宽1 800 双向底板边板（6X 包括 67、68；X1 包括 21、41） | DBS1-6X-3018-X1 | 193.002 |
| 预制混凝土墙板 | 桁架钢筋混凝土叠合板（60 mm）厚底板 | 宽1 800 双向底板边板（6X 包括 67、68；X1 包括 21、41） | DBS1-6X-3318-X1 | 213.472 |
| 预制混凝土墙板 | 桁架钢筋混凝土叠合板（60 mm）厚底板 | 宽1 800 双向底板边板（6X 包括 67、68；X1 包括 21、41） | DBS1-6X-3618-X1 | 233.942 |
| 预制混凝土墙板 | 桁架钢筋混凝土叠合板（60 mm）厚底板 | 宽1 800 双向底板边板（6X 包括 67、68；X1 包括 21、41） | DBS1-6X-3918-X1 | 254.411 |
| 预制混凝土墙板 | 桁架钢筋混凝土叠合板（60 mm）厚底板 | 宽1 800 双向底板边板（6X 包括 67、68；X1 包括 21、41） | DBS1-6X-4218-X1 | 274.881 |
| 预制混凝土墙板 | 桁架钢筋混凝土叠合板（60 mm）厚底板 | 宽1 800 双向底板边板（6X 包括 67、68；X1 包括 21、41） | DBS1-6X-4518-X1 | 295.351 |
| 预制混凝土墙板 | 桁架钢筋混凝土叠合板（60 mm）厚底板 | 宽1 800 双向底板边板（6X 包括 67、68；X1 包括 21、41） | DBS1-6X-4818-X1 | 315.821 |
| 预制混凝土墙板 | 桁架钢筋混凝土叠合板（60 mm）厚底板 | 宽1 800 双向底板边板（6X 包括 67、68；X1 包括 21、41） | DBS1-6X-5118-X1 | 337.022 |
| 预制混凝土墙板 | 桁架钢筋混凝土叠合板（60 mm）厚底板 | 宽1 800 双向底板边板（6X 包括 67、68；X1 包括 21、41） | DBS1-6X-5418-X1 | 357.492 |
| 预制混凝土墙板 | 桁架钢筋混凝土叠合板（60 mm）厚底板 | 宽1 800 双向底板边板（6X 包括 67、68；X1 包括 21、41） | DBS1-6X-5718-X1 | 377.962 |
| 预制混凝土墙板 | 桁架钢筋混凝土叠合板（60 mm）厚底板 | 宽1 800 双向底板边板（6X 包括 67、68；X1 包括 21、41） | DBS1-6X-6018-X1 | 398.432 |

续表

| 部品类型 | 部品细分 | | 编　号 | 碳排放<br>（kgCO$_2$） |
|---|---|---|---|---|
| 预制混凝土墙板 | 桁架钢筋混凝土叠合板（60 mm）厚底板 | 宽 2 000 双向底板边板（6X 包括 67、68；X1 包括 21、41） | DBS1-6X-3020-X1 | 217.858 |
| 预制混凝土墙板 | 桁架钢筋混凝土叠合板（60 mm）厚底板 | 宽 2 000 双向底板边板（6X 包括 67、68；X1 包括 21、41） | DBS1-6X-3320-X1 | 240.521 |
| 预制混凝土墙板 | 桁架钢筋混凝土叠合板（60 mm）厚底板 | 宽 2 000 双向底板边板（6X 包括 67、68；X1 包括 21、41） | DBS1-6X-3620-X1 | 263.915 |
| 预制混凝土墙板 | 桁架钢筋混凝土叠合板（60 mm）厚底板 | 宽 2 000 双向底板边板（6X 包括 67、68；X1 包括 21、41） | DBS1-6X-3920-X1 | 287.309 |
| 预制混凝土墙板 | 桁架钢筋混凝土叠合板（60 mm）厚底板 | 宽 2 000 双向底板边板（6X 包括 67、68；X1 包括 21、41） | DBS1-6X-4220-X1 | 310.704 |
| 预制混凝土墙板 | 桁架钢筋混凝土叠合板（60 mm）厚底板 | 宽 2 000 双向底板边板（6X 包括 67、68；X1 包括 21、41） | DBS1-6X-4520-X1 | 333.367 |
| 预制混凝土墙板 | 桁架钢筋混凝土叠合板（60 mm）厚底板 | 宽 2 000 双向底板边板（6X 包括 67、68；X1 包括 21、41） | DBS1-6X-4820-X1 | 356.761 |
| 预制混凝土墙板 | 桁架钢筋混凝土叠合板（60 mm）厚底板 | 宽 2 000 双向底板边板（6X 包括 67、68；X1 包括 21、41） | DBS1-6X-5120-X1 | 380.155 |
| 预制混凝土墙板 | 桁架钢筋混凝土叠合板（60 mm）厚底板 | 宽 2 000 双向底板边板（6X 包括 67、68；X1 包括 21、41） | DBS1-6X-5420-X1 | 402.818 |
| 预制混凝土墙板 | 桁架钢筋混凝土叠合板（60 mm）厚底板 | 宽 2 000 双向底板边板（6X 包括 67、68；X1 包括 21、41） | DBS1-6X-5720-X1 | 426.212 |
| 预制混凝土墙板 | 桁架钢筋混凝土叠合板（60 mm）厚底板 | 宽 2 000 双向底板边板（6X 包括 67、68；X1 包括 21、41） | DBS1-6X-6020-X1 | 449.606 |

续表

| 部品类型 | 部品细分 | | 编　号 | 碳排放（kgCO$_2$） |
|---|---|---|---|---|
| 预制混凝土墙板 | 桁架钢筋混凝土叠合板（60 mm）厚底板 | 宽2 400 双向底板边板（6X 包括 67、68；X1 包括 21、41） | DBS1-6X-3024-X1 | 266.840 |
| 预制混凝土墙板 | 桁架钢筋混凝土叠合板（60 mm）厚底板 | 宽2 400 双向底板边板（6X 包括 67、68；X1 包括 21、41） | DBS1-6X-3324-X1 | 295.351 |
| 预制混凝土墙板 | 桁架钢筋混凝土叠合板（60 mm）厚底板 | 宽2 400 双向底板边板（6X 包括 67、68；X1 包括 21、41） | DBS1-6X-3624-X1 | 323.863 |
| 预制混凝土墙板 | 桁架钢筋混凝土叠合板（60 mm）厚底板 | 宽2 400 双向底板边板（6X 包括 67、68；X1 包括 21、41） | DBS1-6X-3924-X1 | 352.374 |
| 预制混凝土墙板 | 桁架钢筋混凝土叠合板（60 mm）厚底板 | 宽2 400 双向底板边板（6X 包括 67、68；X1 包括 21、41） | DBS1-6X-4224-X1 | 380.886 |
| 预制混凝土墙板 | 桁架钢筋混凝土叠合板（60 mm）厚底板 | 宽2 400 双向底板边板（6X 包括 67、68；X1 包括 21、41） | DBS1-6X-4524-X1 | 409.398 |
| 预制混凝土墙板 | 桁架钢筋混凝土叠合板（60 mm）厚底板 | 宽2 400 双向底板边板（6X 包括 67、68；X1 包括 21、41） | DBS1-6X-4824-X1 | 437.909 |
| 预制混凝土墙板 | 桁架钢筋混凝土叠合板（60 mm）厚底板 | 宽2 400 双向底板边板（6X 包括 67、68；X1 包括 21、41） | DBS1-6X-5124-X1 | 466.421 |
| 预制混凝土墙板 | 桁架钢筋混凝土叠合板（60 mm）厚底板 | 宽2 400 双向底板边板（6X 包括 67、68；X1 包括 21、41） | DBS1-6X-5424-X1 | 494.932 |
| 预制混凝土墙板 | 桁架钢筋混凝土叠合板（60 mm）厚底板 | 宽2 400 双向底板边板（6X 包括 67、68；X1 包括 21、41） | DBS1-6X-5724-X1 | 522.713 |
| 预制混凝土墙板 | 桁架钢筋混凝土叠合板（60 mm）厚底板 | 宽2 400 双向底板边板（6X 包括 67、68；X1 包括 21、41） | DBS1-6X-6024-X1 | 551.225 |

续表

| 部品类型 | 部品细分 | | 编 号 | 碳排放 (kgCO$_2$) |
|---|---|---|---|---|
| 预制混凝土墙板 | 桁架钢筋混凝土叠合板(60 mm)厚底板 | 宽1 200双向板底板边板(6X包括67、68、69) | DBS1-6X-3012-43 | 118.433 |
| 预制混凝土墙板 | 桁架钢筋混凝土叠合板(60 mm)厚底板 | 宽1 200双向板底板边板(6X包括67、68、69) | DBS1-6X-3312-43 | 131.592 |
| 预制混凝土墙板 | 桁架钢筋混凝土叠合板(60 mm)厚底板 | 宽1 200双向板底板边板(6X包括67、68、69) | DBS1-6X-3612-43 | 144.020 |
| 预制混凝土墙板 | 桁架钢筋混凝土叠合板(60 mm)厚底板 | 宽1 200双向板底板边板(6X包括67、68、69) | DBS1-6X-3912-43 | 156.448 |
| 预制混凝土墙板 | 桁架钢筋混凝土叠合板(60 mm)厚底板 | 宽1 200双向板底板边板(6X包括67、68、69) | DBS1-6X-4212-43 | 169.608 |
| 预制混凝土墙板 | 桁架钢筋混凝土叠合板(60 mm)厚底板 | 宽1 200双向板底板边板(6X包括67、68、69) | DBS1-6X-4512-43 | 182.036 |
| 预制混凝土墙板 | 桁架钢筋混凝土叠合板(60 mm)厚底板 | 宽1 200双向板底板边板(6X包括67、68、69) | DBS1-6X-4812-43 | 194.464 |
| 预制混凝土墙板 | 桁架钢筋混凝土叠合板(60 mm)厚底板 | 宽1 200双向板底板边板(6X包括67、68、69) | DBS1-6X-5112-43 | 206.892 |
| 预制混凝土墙板 | 桁架钢筋混凝土叠合板(60 mm)厚底板 | 宽1 200双向板底板边板(6X包括67、68、69) | DBS1-6X-5412-43 | 220.051 |
| 预制混凝土墙板 | 桁架钢筋混凝土叠合板(60 mm)厚底板 | 宽1 200双向板底板边板(6X包括67、68、69) | DBS1-6X-5712-43 | 232.479 |
| 预制混凝土墙板 | 桁架钢筋混凝土叠合板(60 mm)厚底板 | 宽1 200双向板底板边板(6X包括67、68、69) | DBS1-6X-6012-43 | 244.908 |

续表

| 部品类型 | 部品细分 | | 编 号 | 碳排放（kgCO$_2$） |
|---|---|---|---|---|
| 预制混凝土墙板 | 桁架钢筋混凝土叠合板（60 mm）厚底板 | 宽1 500双向板底板边板（6X 包括 67、68、69） | DBS1-6X-3015-43 | 155.717 |
| 预制混凝土墙板 | 桁架钢筋混凝土叠合板（60 mm）厚底板 | 宽1 500双向板底板边板（6X 包括 67、68、69） | DBS1-6X-3315-43 | 172.532 |
| 预制混凝土墙板 | 桁架钢筋混凝土叠合板（60 mm）厚底板 | 宽1 500双向板底板边板（6X 包括 67、68、69） | DBS1-6X-3615-43 | 189.346 |
| 预制混凝土墙板 | 桁架钢筋混凝土叠合板（60 mm）厚底板 | 宽1 500双向板底板边板（6X 包括 67、68、69） | DBS1-6X-3915-43 | 205.430 |
| 预制混凝土墙板 | 桁架钢筋混凝土叠合板（60 mm）厚底板 | 宽1 500双向板底板边板（6X 包括 67、68、69） | DBS1-6X-4215-43 | 222.244 |
| 预制混凝土墙板 | 桁架钢筋混凝土叠合板（60 mm）厚底板 | 宽1 500双向板底板边板（6X 包括 67、68、69） | DBS1-6X-4515-43 | 239.059 |
| 预制混凝土墙板 | 桁架钢筋混凝土叠合板（60 mm）厚底板 | 宽1 500双向板底板边板（6X 包括 67、68、69） | DBS1-6X-4815-43 | 255.142 |
| 预制混凝土墙板 | 桁架钢筋混凝土叠合板（60 mm）厚底板 | 宽1 500双向板底板边板（6X 包括 67、68、69） | DBS1-6X-5115-43 | 271.957 |
| 预制混凝土墙板 | 桁架钢筋混凝土叠合板（60 mm）厚底板 | 宽1 500双向板底板边板（6X 包括 67、68、69） | DBS1-6X-5415-43 | 288.772 |
| 预制混凝土墙板 | 桁架钢筋混凝土叠合板（60 mm）厚底板 | 宽1 500双向板底板边板（6X 包括 67、68、69） | DBS1-6X-5715-43 | 304.855 |
| 预制混凝土墙板 | 桁架钢筋混凝土叠合板（60 mm）厚底板 | 宽1 500双向板底板边板（6X 包括 67、68、69） | DBS1-6X-6015-43 | 321.670 |

| 部品类型 | 部品细分 | | 编　号 | 碳排放<br>（$kgCO_2$） |
|---|---|---|---|---|
| 预制混凝土墙板 | 桁架钢筋混凝土叠合板（60 mm）厚底板 | 宽1 800双向板底板边板（6X 包括67、68、69） | DBS1-6X-3018-43 | 193.002 |
| 预制混凝土墙板 | 桁架钢筋混凝土叠合板（60 mm）厚底板 | 宽1 800双向板底板边板（6X 包括67、68、69） | DBS1-6X-3318-43 | 213.472 |
| 预制混凝土墙板 | 桁架钢筋混凝土叠合板（60 mm）厚底板 | 宽1 800双向板底板边板（6X 包括67、68、69） | DBS1-6X-3618-43 | 233.942 |
| 预制混凝土墙板 | 桁架钢筋混凝土叠合板（60 mm）厚底板 | 宽1 800双向板底板边板（6X 包括67、68、69） | DBS1-6X-3918-43 | 254.411 |
| 预制混凝土墙板 | 桁架钢筋混凝土叠合板（60 mm）厚底板 | 宽1 800双向板底板边板（6X 包括67、68、69） | DBS1-6X-4218-43 | 274.881 |
| 预制混凝土墙板 | 桁架钢筋混凝土叠合板（60 mm）厚底板 | 宽1 800双向板底板边板（6X 包括67、68、69） | DBS1-6X-4518-43 | 295.351 |
| 预制混凝土墙板 | 桁架钢筋混凝土叠合板（60 mm）厚底板 | 宽1 800双向板底板边板（6X 包括67、68、69） | DBS1-6X-4818-43 | 315.821 |
| 预制混凝土墙板 | 桁架钢筋混凝土叠合板（60 mm）厚底板 | 宽1 800双向板底板边板（6X 包括67、68、69） | DBS1-6X-5118-43 | 337.022 |
| 预制混凝土墙板 | 桁架钢筋混凝土叠合板（60 mm）厚底板 | 宽1 800双向板底板边板（6X 包括67、68、69） | DBS1-6X-5418-43 | 357.492 |
| 预制混凝土墙板 | 桁架钢筋混凝土叠合板（60 mm）厚底板 | 宽1 800双向板底板边板（6X 包括67、68、69） | DBS1-6X-5718-43 | 377.962 |
| 预制混凝土墙板 | 桁架钢筋混凝土叠合板（60 mm）厚底板 | 宽1 800双向板底板边板（6X 包括67、68、69） | DBS1-6X-6018-43 | 398.432 |

续表

| 部品类型 | 部品细分 | | 编　号 | 碳排放（$kgCO_2$） |
|---|---|---|---|---|
| 预制混凝土墙板 | 桁架钢筋混凝土叠合板（60 mm）厚底板 | 宽2 000双向板底板边板（6X 包括67、68、69） | DBS1-6X-3020-43 | 217.858 |
| 预制混凝土墙板 | 桁架钢筋混凝土叠合板（60 mm）厚底板 | 宽2 000双向板底板边板（6X 包括67、68、69） | DBS1-6X-3320-43 | 240.521 |
| 预制混凝土墙板 | 桁架钢筋混凝土叠合板（60 mm）厚底板 | 宽2 000双向板底板边板（6X 包括67、68、69） | DBS1-6X-3620-43 | 263.915 |
| 预制混凝土墙板 | 桁架钢筋混凝土叠合板（60 mm）厚底板 | 宽2 000双向板底板边板（6X 包括67、68、69） | DBS1-6X-3920-43 | 287.309 |
| 预制混凝土墙板 | 桁架钢筋混凝土叠合板（60 mm）厚底板 | 宽2 000双向板底板边板（6X 包括67、68、69） | DBS1-6X-4220-43 | 310.704 |
| 预制混凝土墙板 | 桁架钢筋混凝土叠合板（60 mm）厚底板 | 宽2 000双向板底板边板（6X 包括67、68、69） | DBS1-6X-4520-43 | 333.367 |
| 预制混凝土墙板 | 桁架钢筋混凝土叠合板（60 mm）厚底板 | 宽2 000双向板底板边板（6X 包括67、68、69） | DBS1-6X-4820-43 | 356.761 |
| 预制混凝土墙板 | 桁架钢筋混凝土叠合板（60 mm）厚底板 | 宽2 000双向板底板边板（6X 包括67、68、69） | DBS1-6X-5120-43 | 380.155 |
| 预制混凝土墙板 | 桁架钢筋混凝土叠合板（60 mm）厚底板 | 宽2 000双向板底板边板（6X 包括67、68、69） | DBS1-6X-5420-43 | 402.818 |
| 预制混凝土墙板 | 桁架钢筋混凝土叠合板（60 mm）厚底板 | 宽2 000双向板底板边板（6X 包括67、68、69） | DBS1-6X-5720-43 | 426.212 |
| 预制混凝土墙板 | 桁架钢筋混凝土叠合板（60 mm）厚底板 | 宽2 000双向板底板边板（6X 包括67、68、69） | DBS1-6X-6020-43 | 449.606 |

续表

| 部品类型 | 部品细分 | | 编　号 | 碳排放（kgCO$_2$） |
|---|---|---|---|---|
| 预制混凝土墙板 | 桁架钢筋混凝土叠合板（60 mm）厚底板 | 宽2 400双向板底板边板（6X包括67、68、69） | DBS1-6X-3024-43 | 266.840 |
| 预制混凝土墙板 | 桁架钢筋混凝土叠合板（60 mm）厚底板 | 宽2 400双向板底板边板（6X包括67、68、69） | DBS1-6X-3324-43 | 295.351 |
| 预制混凝土墙板 | 桁架钢筋混凝土叠合板（60 mm）厚底板 | 宽2 400双向板底板边板（6X包括67、68、69） | DBS1-6X-3624-43 | 323.863 |
| 预制混凝土墙板 | 桁架钢筋混凝土叠合板（60 mm）厚底板 | 宽2 400双向板底板边板（6X包括67、68、69） | DBS1-6X-3924-43 | 352.374 |
| 预制混凝土墙板 | 桁架钢筋混凝土叠合板（60 mm）厚底板 | 宽2 400双向板底板边板（6X包括67、68、69） | DBS1-6X-4224-43 | 380.886 |
| 预制混凝土墙板 | 桁架钢筋混凝土叠合板（60 mm）厚底板 | 宽2 400双向板底板边板（6X包括67、68、69） | DBS1-6X-4524-43 | 409.398 |
| 预制混凝土墙板 | 桁架钢筋混凝土叠合板（60 mm）厚底板 | 宽2 400双向板底板边板（6X包括67、68、69） | DBS1-6X-4824-43 | 437.909 |
| 预制混凝土墙板 | 桁架钢筋混凝土叠合板（60 mm）厚底板 | 宽2 400双向板底板边板（6X包括67、68、69） | DBS1-6X-5124-43 | 466.421 |
| 预制混凝土墙板 | 桁架钢筋混凝土叠合板（60 mm）厚底板 | 宽2 400双向板底板边板（6X包括67、68、69） | DBS1-6X-5424-43 | 494.932 |
| 预制混凝土墙板 | 桁架钢筋混凝土叠合板（60 mm）厚底板 | 宽2 400双向板底板边板（6X包括67、68、69） | DBS1-6X-5724-43 | 522.713 |
| 预制混凝土墙板 | 桁架钢筋混凝土叠合板（60 mm）厚底板 | 宽2 400双向板底板边板（6X包括67、68、69） | DBS1-6X-6024-43 | 551.225 |

续表

| 部品类型 | 部品细分 | | 编　号 | 碳排放（kgCO₂） |
|---|---|---|---|---|
| 预制混凝土墙板 | 桁架钢筋混凝土叠合板（60 mm）厚底板 | 宽 1 200 双向底板中板（6X 包括 67、68；X1 包括 11、31） | DBS2-6X-3012-X1 | 109.927 |
| 预制混凝土墙板 | 桁架钢筋混凝土叠合板（60 mm）厚底板 | 宽 1 200 双向底板中板（6X 包括 67、68；X1 包括 11、31） | DBS2-6X-3312-X1 | 121.498 |
| 预制混凝土墙板 | 桁架钢筋混凝土叠合板（60 mm）厚底板 | 宽 1 200 双向底板中板（6X 包括 67、68；X1 包括 11、31） | DBS2-6X-3612-X1 | 133.792 |
| 预制混凝土墙板 | 桁架钢筋混凝土叠合板（60 mm）厚底板 | 宽 1 200 双向底板中板（6X 包括 67、68；X1 包括 11、31） | DBS2-6X-3912-X1 | 145.363 |
| 预制混凝土墙板 | 桁架钢筋混凝土叠合板（60 mm）厚底板 | 宽 1 200 双向底板中板（6X 包括 67、68；X1 包括 11、31） | DBS2-6X-4212-X1 | 156.935 |
| 预制混凝土墙板 | 桁架钢筋混凝土叠合板（60 mm）厚底板 | 宽 1 200 双向底板中板（6X 包括 67、68；X1 包括 11、31） | DBS2-6X-4512-X1 | 168.506 |
| 预制混凝土墙板 | 桁架钢筋混凝土叠合板（60 mm）厚底板 | 宽 1 200 双向底板中板（6X 包括 67、68；X1 包括 11、31） | DBS2-6X-4812-X1 | 180.077 |
| 预制混凝土墙板 | 桁架钢筋混凝土叠合板（60 mm）厚底板 | 宽 1 200 双向底板中板（6X 包括 67、68；X1 包括 11、31） | DBS2-6X-5112-X1 | 192.372 |
| 预制混凝土墙板 | 桁架钢筋混凝土叠合板（60 mm）厚底板 | 宽 1 200 双向底板中板（6X 包括 67、68；X1 包括 11、31） | DBS2-6X-5412-X1 | 203.943 |
| 预制混凝土墙板 | 桁架钢筋混凝土叠合板（60 mm）厚底板 | 宽 1 200 双向底板中板（6X 包括 67、68；X1 包括 11、31） | DBS2-6X-5712-X1 | 215.514 |
| 预制混凝土墙板 | 桁架钢筋混凝土叠合板（60 mm）厚底板 | 宽 1 200 双向底板中板（6X 包括 67、68；X1 包括 11、31） | DBS2-6X-6012-X1 | 227.085 |

| 部品类型 | 部品细分 | | 编　号 | 碳排放（$kgCO_2$） |
|---|---|---|---|---|
| 预制混凝土墙板 | 桁架钢筋混凝土叠合板（60 mm）厚底板 | 宽 1 500 双向底板中板（6X 包括 67、68；X1 包括 11、31） | DBS2-6X-3015-X1 | 146.810 |
| 预制混凝土墙板 | 桁架钢筋混凝土叠合板（60 mm）厚底板 | 宽 1 500 双向底板中板（6X 包括 67、68；X1 包括 11、31） | DBS2-6X-3315-X1 | 162.720 |
| 预制混凝土墙板 | 桁架钢筋混凝土叠合板（60 mm）厚底板 | 宽 1 500 双向底板中板（6X 包括 67、68；X1 包括 11、31） | DBS2-6X-3615-X1 | 177.908 |
| 预制混凝土墙板 | 桁架钢筋混凝土叠合板（60 mm）厚底板 | 宽 1 500 双向底板中板（6X 包括 67、68；X1 包括 11、31） | DBS2-6X-3915-X1 | 193.818 |
| 预制混凝土墙板 | 桁架钢筋混凝土叠合板（60 mm）厚底板 | 宽 1 500 双向底板中板（6X 包括 67、68；X1 包括 11、31） | DBS2-6X-4215-X1 | 209.005 |
| 预制混凝土墙板 | 桁架钢筋混凝土叠合板（60 mm）厚底板 | 宽 1 500 双向底板中板（6X 包括 67、68；X1 包括 11、31） | DBS2-6X-4515-X1 | 224.916 |
| 预制混凝土墙板 | 桁架钢筋混凝土叠合板（60 mm）厚底板 | 宽 1 500 双向底板中板（6X 包括 67、68；X1 包括 11、31） | DBS2-6X-4815-X1 | 240.826 |
| 预制混凝土墙板 | 桁架钢筋混凝土叠合板（60 mm）厚底板 | 宽 1 500 双向底板中板（6X 包括 67、68；X1 包括 11、31） | DBS2-6X-5115-X1 | 256.013 |
| 预制混凝土墙板 | 桁架钢筋混凝土叠合板（60 mm）厚底板 | 宽 1 500 双向底板中板（6X 包括 67、68；X1 包括 11、31） | DBS2-6X-5415-X1 | 271.924 |
| 预制混凝土墙板 | 桁架钢筋混凝土叠合板（60 mm）厚底板 | 宽 1 500 双向底板中板（6X 包括 67、68；X1 包括 11、31） | DBS2-6X-5715-X1 | 287.111 |
| 预制混凝土墙板 | 桁架钢筋混凝土叠合板（60 mm）厚底板 | 宽 1 500 双向底板中板（6X 包括 67、68；X1 包括 11、31） | DBS2-6X-6015-X1 | 303.021 |

续表

| 部品类型 | 部品细分 | | 编　号 | 碳排放（kgCO$_2$） |
|---|---|---|---|---|
| 预制混凝土墙板 | 桁架钢筋混凝土叠合板（60 mm）厚底板 | 宽 1 800 双向底板中板（6X 包括 67、68；X1 包括 11、31） | DBS2-6X-3018-X1 | 183.693 |
| 预制混凝土墙板 | 桁架钢筋混凝土叠合板（60 mm）厚底板 | 宽 1 800 双向底板中板（6X 包括 67、68；X1 包括 11、31） | DBS2-6X-3318-X1 | 203.220 |
| 预制混凝土墙板 | 桁架钢筋混凝土叠合板（60 mm）厚底板 | 宽 1 800 双向底板中板（6X 包括 67、68；X1 包括 11、31） | DBS2-6X-3618-X1 | 222.746 |
| 预制混凝土墙板 | 桁架钢筋混凝土叠合板（60 mm）厚底板 | 宽 1 800 双向底板中板（6X 包括 67、68；X1 包括 11、31） | DBS2-6X-3918-X1 | 242.272 |
| 预制混凝土墙板 | 桁架钢筋混凝土叠合板（60 mm）厚底板 | 宽 1 800 双向底板中板（6X 包括 67、68；X1 包括 11、31） | DBS2-6X-4218-X1 | 261.799 |
| 预制混凝土墙板 | 桁架钢筋混凝土叠合板（60 mm）厚底板 | 宽 1 800 双向底板中板（6X 包括 67、68；X1 包括 11、31） | DBS2-6X-4518-X1 | 281.325 |
| 预制混凝土墙板 | 桁架钢筋混凝土叠合板（60 mm）厚底板 | 宽 1 800 双向底板中板（6X 包括 67、68；X1 包括 11、31） | DBS2-6X-4818-X1 | 300.852 |
| 预制混凝土墙板 | 桁架钢筋混凝土叠合板（60 mm）厚底板 | 宽 1 800 双向底板中板（6X 包括 67、68；X1 包括 11、31） | DBS2-6X-5118-X1 | 320.378 |
| 预制混凝土墙板 | 桁架钢筋混凝土叠合板（60 mm）厚底板 | 宽 1 800 双向底板中板（6X 包括 67、68；X1 包括 11、31） | DBS2-6X-5418-X1 | 339.905 |
| 预制混凝土墙板 | 桁架钢筋混凝土叠合板（60 mm）厚底板 | 宽 1 800 双向底板中板（6X 包括 67、68；X1 包括 11、31） | DBS2-6X-5718-X1 | 359.431 |
| 预制混凝土墙板 | 桁架钢筋混凝土叠合板（60 mm）厚底板 | 宽 1 800 双向底板中板（6X 包括 67、68；X1 包括 11、31） | DBS2-6X-6018-X1 | 378.958 |

| 部品类型 | 部品细分 | | 编 号 | 碳排放<br>（$kgCO_2$） |
|---|---|---|---|---|
| 预制混凝土墙板 | 桁架钢筋混凝土<br>叠合板（60 mm）<br>厚底板 | 宽 2 000 双向底板中<br>板（6X 包括 67、68；<br>X1 包括 11、31） | DBS2-6X-3020-X1 | 208.282 |
| 预制混凝土墙板 | 桁架钢筋混凝土<br>叠合板（60 mm）<br>厚底板 | 宽 2 000 双向底板中<br>板（6X 包括 67、68；<br>X1 包括 11、31） | DBS2-6X-3320-X1 | 229.978 |
| 预制混凝土墙板 | 桁架钢筋混凝土<br>叠合板（60 mm）<br>厚底板 | 宽 2 000 双向底板中<br>板（6X 包括 67、68；<br>X1 包括 11、31） | DBS2-6X-3620-X1 | 252.397 |
| 预制混凝土墙板 | 桁架钢筋混凝土<br>叠合板（60 mm）<br>厚底板 | 宽 2 000 双向底板中<br>板（6X 包括 67、68；<br>X1 包括 11、31） | DBS2-6X-3920-X1 | 274.093 |
| 预制混凝土墙板 | 桁架钢筋混凝土<br>叠合板（60 mm）<br>厚底板 | 宽 2 000 双向底板中<br>板（6X 包括 67、68；<br>X1 包括 11、31） | DBS2-6X-4220-X1 | 296.513 |
| 预制混凝土墙板 | 桁架钢筋混凝土<br>叠合板（60 mm）<br>厚底板 | 宽 2 000 双向底板中<br>板（6X 包括 67、68；<br>X1 包括 11、31） | DBS2-6X-4520-X1 | 318.932 |
| 预制混凝土墙板 | 桁架钢筋混凝土<br>叠合板（60 mm）<br>厚底板 | 宽 2 000 双向底板中<br>板（6X 包括 67、68；<br>X1 包括 11、31） | DBS2-6X-4820-X1 | 340.628 |
| 预制混凝土墙板 | 桁架钢筋混凝土<br>叠合板（60 mm）<br>厚底板 | 宽 2 000 双向底板中<br>板（6X 包括 67、68；<br>X1 包括 11、31） | DBS2-6X-5120-X1 | 363.047 |
| 预制混凝土墙板 | 桁架钢筋混凝土<br>叠合板（60 mm）<br>厚底板 | 宽 2 000 双向底板中<br>板（6X 包括 67、68；<br>X1 包括 11、31） | DBS2-6X-5420-X1 | 384.743 |
| 预制混凝土墙板 | 桁架钢筋混凝土<br>叠合板（60 mm）<br>厚底板 | 宽 2 000 双向底板中<br>板（6X 包括 67、68；<br>X1 包括 11、31） | DBS2-6X-5720-X1 | 407.162 |
| 预制混凝土墙板 | 桁架钢筋混凝土<br>叠合板（60 mm）<br>厚底板 | 宽 2 000 双向底板中<br>板（6X 包括 67、68；<br>X1 包括 11、31） | DBS2-6X-6020-X1 | 429.582 |

续表

| 部品类型 | 部品细分 | | 编 号 | 碳排放（kgCO$_2$） |
|---|---|---|---|---|
| 预制混凝土墙板 | 桁架钢筋混凝土叠合板（60 mm）厚底板 | 宽 2 400 双向底板中板（6X 包括 67、68；X1 包括 11、31） | DBS2-6X-3024-X1 | 256.736 |
| 预制混凝土墙板 | 桁架钢筋混凝土叠合板（60 mm）厚底板 | 宽 2 400 双向底板中板（6X 包括 67、68；X1 包括 11、31） | DBS2-6X-3324-X1 | 284.218 |
| 预制混凝土墙板 | 桁架钢筋混凝土叠合板（60 mm）厚底板 | 宽 2 400 双向底板中板（6X 包括 67、68；X1 包括 11、31） | DBS2-6X-3624-X1 | 326.164 |
| 预制混凝土墙板 | 桁架钢筋混凝土叠合板（60 mm）厚底板 | 宽 2 400 双向底板中板（6X 包括 67、68；X1 包括 11、31） | DBS2-6X-3924-X1 | 339.181 |
| 预制混凝土墙板 | 桁架钢筋混凝土叠合板（60 mm）厚底板 | 宽 2 400 双向底板中板（6X 包括 67、68；X1 包括 11、31） | DBS2-6X-4224-X1 | 366.663 |
| 预制混凝土墙板 | 桁架钢筋混凝土叠合板（60 mm）厚底板 | 宽 2 400 双向底板中板（6X 包括 67、68；X1 包括 11、31） | DBS2-6X-4524-X1 | 393.422 |
| 预制混凝土墙板 | 桁架钢筋混凝土叠合板（60 mm）厚底板 | 宽 2 400 双向底板中板（6X 包括 67、68；X1 包括 11、31） | DBS2-6X-4824-X1 | 420.903 |
| 预制混凝土墙板 | 桁架钢筋混凝土叠合板（60 mm）厚底板 | 宽 2 400 双向底板中板（6X 包括 67、68；X1 包括 11、31） | DBS2-6X-5124-X1 | 448.385 |
| 预制混凝土墙板 | 桁架钢筋混凝土叠合板（60 mm）厚底板 | 宽 2 400 双向底板中板（6X 包括 67、68；X1 包括 11、31） | DBS2-6X-5424-X1 | 475.867 |
| 预制混凝土墙板 | 桁架钢筋混凝土叠合板（60 mm）厚底板 | 宽 2 400 双向底板中板（6X 包括 67、68；X1 包括 11、31） | DBS2-6X-5724-X1 | 503.348 |
| 预制混凝土墙板 | 桁架钢筋混凝土叠合板（60 mm）厚底板 | 宽 2 400 双向底板中板（6X 包括 67、68；X1 包括 11、31） | DBS2-6X-6024-X1 | 529.383 |

| 部品类型 | 部品细分 | | 编　号 | 碳排放（ $kgCO_2$ ） |
|---|---|---|---|---|
| 预制混凝土墙板 | 桁架钢筋混凝土叠合板（60 mm）厚底板 | 宽 1 200 双向底板中板（6X 包括 67、68、69;X2 包括 22、42） | DBS2-6X-3012-X2 | 109.927 |
| 预制混凝土墙板 | 桁架钢筋混凝土叠合板（60 mm）厚底板 | 宽 1 200 双向底板中板（6X 包括 67、68、69;X2 包括 22、42） | DBS2-6X-3312-X2 | 121.498 |
| 预制混凝土墙板 | 桁架钢筋混凝土叠合板（60 mm）厚底板 | 宽 1 200 双向底板中板（6X 包括 67、68、69;X2 包括 22、42） | DBS2-6X-3612-X2 | 133.792 |
| 预制混凝土墙板 | 桁架钢筋混凝土叠合板（60 mm）厚底板 | 宽 1 200 双向底板中板（6X 包括 67、68、69;X2 包括 22、42） | DBS2-6X-3912-X2 | 145.363 |
| 预制混凝土墙板 | 桁架钢筋混凝土叠合板（60 mm）厚底板 | 宽 1 200 双向底板中板（6X 包括 67、68、69;X2 包括 22、42） | DBS2-6X-4212-X2 | 156.935 |
| 预制混凝土墙板 | 桁架钢筋混凝土叠合板（60 mm）厚底板 | 宽 1 200 双向底板中板（6X 包括 67、68、69;X2 包括 22、42） | DBS2-6X-4512-X2 | 168.506 |
| 预制混凝土墙板 | 桁架钢筋混凝土叠合板（60 mm）厚底板 | 宽 1 200 双向底板中板（6X 包括 67、68、69;X2 包括 22、42） | DBS2-6X-4812-X2 | 180.077 |
| 预制混凝土墙板 | 桁架钢筋混凝土叠合板（60 mm）厚底板 | 宽 1 200 双向底板中板（6X 包括 67、68、69;X2 包括 22、42） | DBS2-6X-5112-X2 | 192.372 |
| 预制混凝土墙板 | 桁架钢筋混凝土叠合板（60 mm）厚底板 | 宽 1 200 双向底板中板（6X 包括 67、68、69;X2 包括 22、42） | DBS2-6X-5412-X2 | 203.943 |
| 预制混凝土墙板 | 桁架钢筋混凝土叠合板（60 mm）厚底板 | 宽 1 200 双向底板中板（6X 包括 67、68、69;X2 包括 22、42） | DBS2-6X-5712-X2 | 215.514 |
| 预制混凝土墙板 | 桁架钢筋混凝土叠合板（60 mm）厚底板 | 宽 1 200 双向底板中板（6X 包括 67、68、69;X2 包括 22、42） | DBS2-6X-6012-X2 | 227.085 |

续表

| 部品类型 | 部品细分 | | 编　号 | 碳排放（kgCO$_2$） |
|---|---|---|---|---|
| 预制混凝土墙板 | 桁架钢筋混凝土叠合板（60 mm）厚底板 | 宽1 500 双向底板中板（6X 包括 67、68、69；X2 包括 22、42） | DBS2-6X-3015-X2 | 146.810 |
| 预制混凝土墙板 | 桁架钢筋混凝土叠合板（60 mm）厚底板 | 宽1 500 双向底板中板（6X 包括 67、68、69；X2 包括 22、42） | DBS2-6X-3315-X2 | 162.720 |
| 预制混凝土墙板 | 桁架钢筋混凝土叠合板（60 mm）厚底板 | 宽1 500 双向底板中板（6X 包括 67、68、69；X2 包括 22、42） | DBS2-6X-3615-X2 | 177.908 |
| 预制混凝土墙板 | 桁架钢筋混凝土叠合板（60 mm）厚底板 | 宽1 500 双向底板中板（6X 包括 67、68、69；X2 包括 22、42） | DBS2-6X-3915-X2 | 193.818 |
| 预制混凝土墙板 | 桁架钢筋混凝土叠合板（60 mm）厚底板 | 宽1 500 双向底板中板（6X 包括 67、68、69；X2 包括 22、42） | DBS2-6X-4215-X2 | 209.005 |
| 预制混凝土墙板 | 桁架钢筋混凝土叠合板（60 mm）厚底板 | 宽1 500 双向底板中板（6X 包括 67、68、69；X2 包括 22、42） | DBS2-6X-4515-X2 | 224.916 |
| 预制混凝土墙板 | 桁架钢筋混凝土叠合板（60 mm）厚底板 | 宽1 500 双向底板中板（6X 包括 67、68、69；X2 包括 22、42） | DBS2-6X-4815-X2 | 240.826 |
| 预制混凝土墙板 | 桁架钢筋混凝土叠合板（60 mm）厚底板 | 宽1 500 双向底板中板（6X 包括 67、68、69；X2 包括 22、42） | DBS2-6X-5115-X2 | 256.013 |
| 预制混凝土墙板 | 桁架钢筋混凝土叠合板（60 mm）厚底板 | 宽1 500 双向底板中板（6X 包括 67、68、69；X2 包括 22、42） | DBS2-6X-5415-X2 | 271.924 |
| 预制混凝土墙板 | 桁架钢筋混凝土叠合板（60 mm）厚底板 | 宽1 500 双向底板中板（6X 包括 67、68、69；X2 包括 22、42） | DBS2-6X-5715-X2 | 287.111 |
| 预制混凝土墙板 | 桁架钢筋混凝土叠合板（60 mm）厚底板 | 宽1 500 双向底板中板（6X 包括 67、68、69；X2 包括 22、42） | DBS2-6X-6015-X2 | 303.021 |

续表

| 部品类型 | 部品细分 | | 编　号 | 碳排放（kgCO$_2$） |
|---|---|---|---|---|
| 预制混凝土墙板 | 桁架钢筋混凝土叠合板（60 mm）厚底板 | 宽1 800 双向底板中板（6X 包括 67、68、69；X2 包括 22、42） | DBS2-6X-3018-X2 | 183.693 |
| 预制混凝土墙板 | 桁架钢筋混凝土叠合板（60 mm）厚底板 | 宽1 800 双向底板中板（6X 包括 67、68、69；X2 包括 22、42） | DBS2-6X-3318-X2 | 203.220 |
| 预制混凝土墙板 | 桁架钢筋混凝土叠合板（60 mm）厚底板 | 宽1 800 双向底板中板（6X 包括 67、68、69；X2 包括 22、42） | DBS2-6X-3618-X2 | 222.746 |
| 预制混凝土墙板 | 桁架钢筋混凝土叠合板（60 mm）厚底板 | 宽1 800 双向底板中板（6X 包括 67、68、69；X2 包括 22、42） | DBS2-6X-3918-X2 | 242.272 |
| 预制混凝土墙板 | 桁架钢筋混凝土叠合板（60 mm）厚底板 | 宽1 800 双向底板中板（6X 包括 67、68、69；X2 包括 22、42） | DBS2-6X-4218-X2 | 261.799 |
| 预制混凝土墙板 | 桁架钢筋混凝土叠合板（60 mm）厚底板 | 宽1 800 双向底板中板（6X 包括 67、68、69；X2 包括 22、42） | DBS2-6X-4518-X2 | 281.325 |
| 预制混凝土墙板 | 桁架钢筋混凝土叠合板（60 mm）厚底板 | 宽1 800 双向底板中板（6X 包括 67、68、69；X2 包括 22、42） | DBS2-6X-4818-X2 | 300.852 |
| 预制混凝土墙板 | 桁架钢筋混凝土叠合板（60 mm）厚底板 | 宽1 800 双向底板中板（6X 包括 67、68、69；X2 包括 22、42） | DBS2-6X-5118-X2 | 320.378 |
| 预制混凝土墙板 | 桁架钢筋混凝土叠合板（60 mm）厚底板 | 宽1 800 双向底板中板（6X 包括 67、68、69；X2 包括 22、42） | DBS2-6X-5418-X2 | 339.905 |
| 预制混凝土墙板 | 桁架钢筋混凝土叠合板（60 mm）厚底板 | 宽1 800 双向底板中板（6X 包括 67、68、69；X2 包括 22、42） | DBS2-6X-5718-X2 | 359.431 |
| 预制混凝土墙板 | 桁架钢筋混凝土叠合板（60 mm）厚底板 | 宽1 800 双向底板中板（6X 包括 67、68、69；X2 包括 22、42） | DBS1-6X-6018-X2 | 378.958 |

续表

| 部品类型 | 部品细分 | | 编　号 | 碳排放（kgCO$_2$） |
|---|---|---|---|---|
| 预制混凝土墙板 | 桁架钢筋混凝土叠合板（60 mm）厚底板 | 宽 2 000 双向底板中板（6X 包括 67、68、69；X2 包括 22、42） | DBS2-6X-3020-X2 | 208.282 |
| 预制混凝土墙板 | 桁架钢筋混凝土叠合板（60 mm）厚底板 | 宽 2 000 双向底板中板（6X 包括 67、68、69；X2 包括 22、42） | DBS2-6X-3320-X2 | 229.978 |
| 预制混凝土墙板 | 桁架钢筋混凝土叠合板（60 mm）厚底板 | 宽 2 000 双向底板中板（6X 包括 67、68、69；X2 包括 22、42） | DBS2-6X-3620-X2 | 252.397 |
| 预制混凝土墙板 | 桁架钢筋混凝土叠合板（60 mm）厚底板 | 宽 2 000 双向底板中板（6X 包括 67、68、69；X2 包括 22、42） | DBS2-6X-3920-X2 | 274.093 |
| 预制混凝土墙板 | 桁架钢筋混凝土叠合板（60 mm）厚底板 | 宽 2 000 双向底板中板（6X 包括 67、68、69；X2 包括 22、42） | DBS2-6X-4220-X2 | 296.513 |
| 预制混凝土墙板 | 桁架钢筋混凝土叠合板（60 mm）厚底板 | 宽 2 000 双向底板中板（6X 包括 67、68、69；X2 包括 22、42） | DBS2-6X-4520-X2 | 318.932 |
| 预制混凝土墙板 | 桁架钢筋混凝土叠合板（60 mm）厚底板 | 宽 2 000 双向底板中板（6X 包括 67、68、69；X2 包括 22、42） | DBS2-6X-4820-X2 | 340.628 |
| 预制混凝土墙板 | 桁架钢筋混凝土叠合板（60 mm）厚底板 | 宽 2 000 双向底板中板（6X 包括 67、68、69；X2 包括 22、42） | DBS2-6X-5120-X2 | 363.047 |
| 预制混凝土墙板 | 桁架钢筋混凝土叠合板（60 mm）厚底板 | 宽 2 000 双向底板中板（6X 包括 67、68、69；X2 包括 22、42） | DBS2-6X-5420-X2 | 384.743 |
| 预制混凝土墙板 | 桁架钢筋混凝土叠合板（60 mm）厚底板 | 宽 2 000 双向底板中板（6X 包括 67、68、69；X2 包括 22、42） | DBS2-6X-5720-X2 | 407.162 |
| 预制混凝土墙板 | 桁架钢筋混凝土叠合板（60 mm）厚底板 | 宽 2 000 双向底板中板（6X 包括 67、68、69；X2 包括 22、42） | DBS2-6X-6020-X2 | 431.028 |

续表

| 部品类型 | 部品细分 | | 编　号 | 碳排放（$kgCO_2$） |
|---|---|---|---|---|
| 预制混凝土墙板 | 桁架钢筋混凝土叠合板（60 mm）厚底板 | 宽2 400双向底板中板（6X 包括 67、68、69；X2 包括 22、42） | DBS2-6X-3024-X2 | 256.736 |
| 预制混凝土墙板 | 桁架钢筋混凝土叠合板（60 mm）厚底板 | 宽2 400双向底板中板（6X 包括 67、68、69；X2 包括 22、42） | DBS2-6X-3324-X2 | 269.754 |
| 预制混凝土墙板 | 桁架钢筋混凝土叠合板（60 mm）厚底板 | 宽2 400双向底板中板（6X 包括 67、68、69；X2 包括 22、42） | DBS2-6X-3624-X2 | 311.700 |
| 预制混凝土墙板 | 桁架钢筋混凝土叠合板（60 mm）厚底板 | 宽2 400双向底板中板（6X 包括 67、68、69；X2 包括 22、42） | DBS2-6X-3924-X2 | 339.181 |
| 预制混凝土墙板 | 桁架钢筋混凝土叠合板（60 mm）厚底板 | 宽2 400双向底板中板（6X 包括 67、68、69；X2 包括 22、42） | DBS2-6X-4224-X2 | 366.663 |
| 预制混凝土墙板 | 桁架钢筋混凝土叠合板（60 mm）厚底板 | 宽2 400双向底板中板（6X 包括 67、68、69；X2 包括 22、42） | DBS2-6X-4524-X2 | 393.422 |
| 预制混凝土墙板 | 桁架钢筋混凝土叠合板（60 mm）厚底板 | 宽2 400双向底板中板（6X 包括 67、68、69；X2 包括 22、42） | DBS2-6X-4824-X2 | 420.903 |
| 预制混凝土墙板 | 桁架钢筋混凝土叠合板（60 mm）厚底板 | 宽2 400双向底板中板（6X 包括 67、68、69；X2 包括 22、42） | DBS2-6X-5124-X2 | 448.385 |
| 预制混凝土墙板 | 桁架钢筋混凝土叠合板（60 mm）厚底板 | 宽2 400双向底板中板（6X 包括 67、68、69；X2 包括 22、42） | DBS2-6X-5424-X2 | 475.867 |
| 预制混凝土墙板 | 桁架钢筋混凝土叠合板（60 mm）厚底板 | 宽2 400双向底板中板（6X 包括 67、68、69；X2 包括 22、42） | DBS2-6X-5724-X2 | 503.348 |
| 预制混凝土墙板 | 桁架钢筋混凝土叠合板（60 mm）厚底板 | 宽2 400双向底板中板（6X 包括 67、68、69；X2 包括 22、42） | DBS2-6X-6024-X2 | 530.107 |

续表

| 部品类型 | 部品细分 | | 编　号 | 碳排放（kgCO$_2$） |
|---|---|---|---|---|
| 预制混凝土墙板 | 桁架钢筋混凝土叠合板（60 mm）厚底板 | 宽1 200双向底板中板（6X 包括 67、68、69） | DBS2-6X-3012-32 | 109.927 |
| 预制混凝土墙板 | 桁架钢筋混凝土叠合板（60 mm）厚底板 | 宽1 200双向底板中板（6X 包括 67、68、69） | DBS2-6X-3312-32 | 121.498 |
| 预制混凝土墙板 | 桁架钢筋混凝土叠合板（60 mm）厚底板 | 宽1 200双向底板中板（6X 包括 67、68、69） | DBS2-6X-3612-32 | 133.792 |
| 预制混凝土墙板 | 桁架钢筋混凝土叠合板（60 mm）厚底板 | 宽1 200双向底板中板（6X 包括 67、68、69） | DBS2-6X-3912-32 | 145.363 |
| 预制混凝土墙板 | 桁架钢筋混凝土叠合板（60 mm）厚底板 | 宽1 200双向底板中板（6X 包括 67、68、69） | DBS2-6X-4212-32 | 156.935 |
| 预制混凝土墙板 | 桁架钢筋混凝土叠合板（60 mm）厚底板 | 宽1 200双向底板中板（6X 包括 67、68、69） | DBS2-6X-4512-32 | 168.506 |
| 预制混凝土墙板 | 桁架钢筋混凝土叠合板（60 mm）厚底板 | 宽1 200双向底板中板（6X 包括 67、68、69） | DBS2-6X-4812-32 | 180.077 |
| 预制混凝土墙板 | 桁架钢筋混凝土叠合板（60 mm）厚底板 | 宽1 200双向底板中板（6X 包括 67、68、69） | DBS2-6X-5112-32 | 192.372 |
| 预制混凝土墙板 | 桁架钢筋混凝土叠合板（60 mm）厚底板 | 宽1 200双向底板中板（6X 包括 67、68、69） | DBS2-6X-5412-32 | 203.943 |
| 预制混凝土墙板 | 桁架钢筋混凝土叠合板（60 mm）厚底板 | 宽1 200双向底板中板（6X 包括 67、68、69） | DBS2-6X-5712-32 | 215.514 |
| 预制混凝土墙板 | 桁架钢筋混凝土叠合板（60 mm）厚底板 | 宽1 200双向底板中板（6X 包括 67、68、69） | DBS1-6X-6012-32 | 227.085 |

续表

| 部品类型 | 部品细分 | | 编　号 | 碳排放<br>（$kgCO_2$） |
|---|---|---|---|---|
| 预制混凝土墙板 | 桁架钢筋混凝土<br>叠合板（60 mm）<br>厚底板 | 宽 1 500 双向底板中<br>板（6X 包括 67、68、<br>69） | DBS2-6X-3015-32 | 146.810 |
| 预制混凝土墙板 | 桁架钢筋混凝土<br>叠合板（60 mm）<br>厚底板 | 宽 1 500 双向底板中<br>板（6X 包括 67、68、<br>69） | DBS2-6X-3315-32 | 162.720 |
| 预制混凝土墙板 | 桁架钢筋混凝土<br>叠合板（60 mm）<br>厚底板 | 宽 1 500 双向底板中<br>板（6X 包括 67、68、<br>69） | DBS2-6X-3615-32 | 177.908 |
| 预制混凝土墙板 | 桁架钢筋混凝土<br>叠合板（60 mm）<br>厚底板 | 宽 1 500 双向底板中<br>板（6X 包括 67、68、<br>69） | DBS2-6X-3915-32 | 193.818 |
| 预制混凝土墙板 | 桁架钢筋混凝土<br>叠合板（60 mm）<br>厚底板 | 宽 1 500 双向底板中<br>板（6X 包括 67、68、<br>69） | DBS2-6X-4215-32 | 209.005 |
| 预制混凝土墙板 | 桁架钢筋混凝土<br>叠合板（60 mm）<br>厚底板 | 宽 1 500 双向底板中<br>板（6X 包括 67、68、<br>69） | DBS2-6X-4515-32 | 224.916 |
| 预制混凝土墙板 | 桁架钢筋混凝土<br>叠合板（60 mm）<br>厚底板 | 宽 1 500 双向底板中<br>板（6X 包括 67、68、<br>69） | DBS2-6X-4815-32 | 240.826 |
| 预制混凝土墙板 | 桁架钢筋混凝土<br>叠合板（60 mm）<br>厚底板 | 宽 1 500 双向底板中<br>板（6X 包括 67、68、<br>69） | DBS2-6X-5115-32 | 256.013 |
| 预制混凝土墙板 | 桁架钢筋混凝土<br>叠合板（60 mm）<br>厚底板 | 宽 1 500 双向底板中<br>板（6X 包括 67、68、<br>69） | DBS2-6X-5415-32 | 271.924 |
| 预制混凝土墙板 | 桁架钢筋混凝土<br>叠合板（60 mm）<br>厚底板 | 宽 1 500 双向底板中<br>板（6X 包括 67、68、<br>69） | DBS2-6X-5715-32 | 287.111 |
| 预制混凝土墙板 | 桁架钢筋混凝土<br>叠合板（60 mm）<br>厚底板 | 宽 1 500 双向底板中<br>板（6X 包括 67、68、<br>69） | DBS2-6X-6015-32 | 303.021 |

续表

| 部品类型 | 部品细分 | | 编　号 | 碳排放（$kgCO_2$） |
|---|---|---|---|---|
| 预制混凝土墙板 | 桁架钢筋混凝土叠合板（60 mm）厚底板 | 宽1 800 双向底板中板（6X 包括 67、68、69） | DBS2-6X-3018-32 | 183.693 |
| 预制混凝土墙板 | 桁架钢筋混凝土叠合板（60 mm）厚底板 | 宽1 800 双向底板中板（6X 包括 67、68、69） | DBS2-6X-3318-32 | 205.462 |
| 预制混凝土墙板 | 桁架钢筋混凝土叠合板（60 mm）厚底板 | 宽1 800 双向底板中板（6X 包括 67、68、69） | DBS2-6X-3618-32 | 222.746 |
| 预制混凝土墙板 | 桁架钢筋混凝土叠合板（60 mm）厚底板 | 宽1 800 双向底板中板（6X 包括 67、68、69） | DBS2-6X-3918-32 | 242.272 |
| 预制混凝土墙板 | 桁架钢筋混凝土叠合板（60 mm）厚底板 | 宽1 800 双向底板中板（6X 包括 67、68、69） | DBS2-6X-4218-32 | 261.799 |
| 预制混凝土墙板 | 桁架钢筋混凝土叠合板（60 mm）厚底板 | 宽1 800 双向底板中板（6X 包括 67、68、69） | DBS2-6X-4518-32 | 281.325 |
| 预制混凝土墙板 | 桁架钢筋混凝土叠合板（60 mm）厚底板 | 宽1 800 双向底板中板（6X 包括 67、68、69） | DBS2-6X-4818-32 | 300.852 |
| 预制混凝土墙板 | 桁架钢筋混凝土叠合板（60 mm）厚底板 | 宽1 800 双向底板中板（6X 包括 67、68、69） | DBS2-6X-5118-32 | 320.378 |
| 预制混凝土墙板 | 桁架钢筋混凝土叠合板（60 mm）厚底板 | 宽1 800 双向底板中板（6X 包括 67、68、69） | DBS2-6X-5418-32 | 339.905 |
| 预制混凝土墙板 | 桁架钢筋混凝土叠合板（60 mm）厚底板 | 宽1 800 双向底板中板（6X 包括 67、68、69） | DBS2-6X-5718-32 | 355.092 |
| 预制混凝土墙板 | 桁架钢筋混凝土叠合板（60 mm）厚底板 | 宽1 800 双向底板中板（6X 包括 67、68、69） | DBS2-6X-6018-32 | 378.958 |

续表

| 部品类型 | 部品细分 | | 编 号 | 碳排放（kgCO₂） |
|---|---|---|---|---|
| 预制混凝土墙板 | 桁架钢筋混凝土叠合板（60 mm）厚底板 | 宽 2 000 双向底板中板（6X 包括 67、68、69） | DBS2-6X-3020-32 | 208.282 |
| 预制混凝土墙板 | 桁架钢筋混凝土叠合板（60 mm）厚底板 | 宽 2 000 双向底板中板（6X 包括 67、68、69） | DBS2-6X-3320-32 | 229.978 |
| 预制混凝土墙板 | 桁架钢筋混凝土叠合板（60 mm）厚底板 | 宽 2 000 双向底板中板（6X 包括 67、68、69） | DBS2-6X-3620-32 | 252.397 |
| 预制混凝土墙板 | 桁架钢筋混凝土叠合板（60 mm）厚底板 | 宽 2 000 双向底板中板（6X 包括 67、68、69） | DBS2-6X-3920-32 | 274.093 |
| 预制混凝土墙板 | 桁架钢筋混凝土叠合板（60 mm）厚底板 | 宽 2 000 双向底板中板（6X 包括 67、68、69） | DBS2-6X-4220-32 | 296.513 |
| 预制混凝土墙板 | 桁架钢筋混凝土叠合板（60 mm）厚底板 | 宽 2 000 双向底板中板（6X 包括 67、68、69） | DBS2-6X-4520-32 | 318.932 |
| 预制混凝土墙板 | 桁架钢筋混凝土叠合板（60 mm）厚底板 | 宽 2 000 双向底板中板（6X 包括 67、68、69） | DBS2-6X-4820-32 | 340.628 |
| 预制混凝土墙板 | 桁架钢筋混凝土叠合板（60 mm）厚底板 | 宽 2 000 双向底板中板（6X 包括 67、68、69） | DBS2-6X-5120-32 | 363.047 |
| 预制混凝土墙板 | 桁架钢筋混凝土叠合板（60 mm）厚底板 | 宽 2 000 双向底板中板（6X 包括 67、68、69） | DBS2-6X-5420-32 | 384.743 |
| 预制混凝土墙板 | 桁架钢筋混凝土叠合板（60 mm）厚底板 | 宽 2 000 双向底板中板（6X 包括 67、68、69） | DBS2-6X-5720-32 | 407.162 |
| 预制混凝土墙板 | 桁架钢筋混凝土叠合板（60 mm）厚底板 | 宽 2 000 双向底板中板（6X 包括 67、68、69） | DBS2-6X-6020-32 | 429.582 |

续表

| 部品类型 | 部品细分 | | 编　号 | 碳排放<br>（kgCO$_2$） |
|---|---|---|---|---|
| 预制混凝土墙板 | 桁架钢筋混凝土叠合板（60 mm）厚底板 | 宽 2 400 双向底板中板（6X 包括 67、68、69） | DBS2-6X-3024-32 | 242.272 |
| 预制混凝土墙板 | 桁架钢筋混凝土叠合板（60 mm）厚底板 | 宽 2 400 双向底板中板（6X 包括 67、68、69） | DBS2-6X-3324-32 | 284.218 |
| 预制混凝土墙板 | 桁架钢筋混凝土叠合板（60 mm）厚底板 | 宽 2 400 双向底板中板（6X 包括 67、68、69） | DBS2-6X-3624-32 | 311.700 |
| 预制混凝土墙板 | 桁架钢筋混凝土叠合板（60 mm）厚底板 | 宽 2 400 双向底板中板（6X 包括 67、68、69） | DBS2-6X-3924-32 | 339.181 |
| 预制混凝土墙板 | 桁架钢筋混凝土叠合板（60 mm）厚底板 | 宽 2 400 双向底板中板（6X 包括 67、68、69） | DBS2-6X-4224-32 | 366.663 |
| 预制混凝土墙板 | 桁架钢筋混凝土叠合板（60 mm）厚底板 | 宽 2 400 双向底板中板（6X 包括 67、68、69） | DBS2-6X-4524-32 | 393.422 |
| 预制混凝土墙板 | 桁架钢筋混凝土叠合板（60 mm）厚底板 | 宽 2 400 双向底板中板（6X 包括 67、68、69） | DBS2-6X-4824-32 | 420.903 |
| 预制混凝土墙板 | 桁架钢筋混凝土叠合板（60 mm）厚底板 | 宽 2 400 双向底板中板（6X 包括 67、68、69） | DBS2-6X-5124-32 | 448.385 |
| 预制混凝土墙板 | 桁架钢筋混凝土叠合板（60 mm）厚底板 | 宽 2 400 双向底板中板（6X 包括 67、68、69） | DBS2-6X-5424-32 | 475.867 |
| 预制混凝土墙板 | 桁架钢筋混凝土叠合板（60 mm）厚底板 | 宽 2 400 双向底板中板（6X 包括 67、68、69） | DBS2-6X-5724-32 | 503.348 |
| 预制混凝土墙板 | 桁架钢筋混凝土叠合板（60 mm）厚底板 | 宽 2 400 双向底板中板（6X 包括 67、68、69） | DBS2-6X-6024-32 | 530.107 |

| 部品类型 | 部品细分 | | 编　号 | 碳排放（$kgCO_2$） |
|---|---|---|---|---|
| 预制混凝土墙板 | 桁架钢筋混凝土叠合板（60 mm）厚底板 | 宽1 200 双向底板中板（6X 包括 67、68；X1 包括 21、41） | DBS2-6X-3012-X1 | 109.927 |
| 预制混凝土墙板 | 桁架钢筋混凝土叠合板（60 mm）厚底板 | 宽1 200 双向底板中板（6X 包括 67、68；X1 包括 21、41） | DBS2-6X-3312-X1 | 121.498 |
| 预制混凝土墙板 | 桁架钢筋混凝土叠合板（60 mm）厚底板 | 宽1 200 双向底板中板（6X 包括 67、68；X1 包括 21、41） | DBS2-6X-3612-X1 | 133.792 |
| 预制混凝土墙板 | 桁架钢筋混凝土叠合板（60 mm）厚底板 | 宽1 200 双向底板中板（6X 包括 67、68；X1 包括 21、41） | DBS2-6X-3912-X1 | 145.363 |
| 预制混凝土墙板 | 桁架钢筋混凝土叠合板（60 mm）厚底板 | 宽1 200 双向底板中板（6X 包括 67、68；X1 包括 21、41） | DBS2-6X-4212-X1 | 156.935 |
| 预制混凝土墙板 | 桁架钢筋混凝土叠合板（60 mm）厚底板 | 宽1 200 双向底板中板（6X 包括 67、68；X1 包括 21、41） | DBS2-6X-4512-X1 | 168.506 |
| 预制混凝土墙板 | 桁架钢筋混凝土叠合板（60 mm）厚底板 | 宽1 200 双向底板中板（6X 包括 67、68；X1 包括 21、41） | DBS2-6X-4812-X1 | 180.077 |
| 预制混凝土墙板 | 桁架钢筋混凝土叠合板（60 mm）厚底板 | 宽1 200 双向底板中板（6X 包括 67、68；X1 包括 21、41） | DBS2-6X-5112-X1 | 192.372 |
| 预制混凝土墙板 | 桁架钢筋混凝土叠合板（60 mm）厚底板 | 宽1 200 双向底板中板（6X 包括 67、68；X1 包括 21、41） | DBS2-6X-5412-X1 | 203.943 |
| 预制混凝土墙板 | 桁架钢筋混凝土叠合板（60 mm）厚底板 | 宽1 200 双向底板中板（6X 包括 67、68；X1 包括 21、41） | DBS2-6X-5712-X1 | 215.514 |
| 预制混凝土墙板 | 桁架钢筋混凝土叠合板（60 mm）厚底板 | 宽1 200 双向底板中板（6X 包括 67、68；X1 包括 21、41） | DBS2-6X-6012-X1 | 227.085 |

续表

| 部品类型 | 部品细分 | | 编 号 | 碳排放（$kgCO_2$） |
|---|---|---|---|---|
| 预制混凝土墙板 | 桁架钢筋混凝土叠合板（60 mm）厚底板 | 宽1 500 双向底板中板（6X 包括 67、68；X1 包括 21、41） | DBS2-6X-3015-X1 | 146.810 |
| 预制混凝土墙板 | 桁架钢筋混凝土叠合板（60 mm）厚底板 | 宽1 500 双向底板中板（6X 包括 67、68；X1 包括 21、41） | DBS2-6X-3315-X1 | 162.720 |
| 预制混凝土墙板 | 桁架钢筋混凝土叠合板（60 mm）厚底板 | 宽1 500 双向底板中板（6X 包括 67、68；X1 包括 21、41） | DBS2-6X-3615-X1 | 177.908 |
| 预制混凝土墙板 | 桁架钢筋混凝土叠合板（60 mm）厚底板 | 宽1 500 双向底板中板（6X 包括 67、68；X1 包括 21、41） | DBS2-6X-3915-X1 | 193.818 |
| 预制混凝土墙板 | 桁架钢筋混凝土叠合板（60 mm）厚底板 | 宽1 500 双向底板中板（6X 包括 67、68；X1 包括 21、41） | DBS2-6X-4215-X1 | 209.005 |
| 预制混凝土墙板 | 桁架钢筋混凝土叠合板（60 mm）厚底板 | 宽1 500 双向底板中板（6X 包括 67、68；X1 包括 21、41） | DBS2-6X-4515-X1 | 224.916 |
| 预制混凝土墙板 | 桁架钢筋混凝土叠合板（60 mm）厚底板 | 宽1 500 双向底板中板（6X 包括 67、68；X1 包括 21、41） | DBS2-6X-4815-X1 | 240.826 |
| 预制混凝土墙板 | 桁架钢筋混凝土叠合板（60 mm）厚底板 | 宽1 500 双向底板中板（6X 包括 67、68；X1 包括 21、41） | DBS2-6X-5115-X1 | 256.013 |
| 预制混凝土墙板 | 桁架钢筋混凝土叠合板（60 mm）厚底板 | 宽1 500 双向底板中板（6X 包括 67、68；X1 包括 21、41） | DBS2-6X-5415-X1 | 271.924 |
| 预制混凝土墙板 | 桁架钢筋混凝土叠合板（60 mm）厚底板 | 宽1 500 双向底板中板（6X 包括 67、68；X1 包括 21、41） | DBS2-6X-5715-X1 | 287.111 |
| 预制混凝土墙板 | 桁架钢筋混凝土叠合板（60 mm）厚底板 | 宽1 500 双向底板中板（6X 包括 67、68；X1 包括 21、41） | DBS2-6X-6015-X1 | 303.021 |

续表

| 部品类型 | 部品细分 | | 编　号 | 碳排放（kgCO$_2$） |
|---|---|---|---|---|
| 预制混凝土墙板 | 桁架钢筋混凝土叠合板（60 mm）厚底板 | 宽 1 800 双向底板中板（6X 包括 67、68；X1 包括 21、41） | DBS2-6X-3018-X1 | 183.693 |
| 预制混凝土墙板 | 桁架钢筋混凝土叠合板（60 mm）厚底板 | 宽 1 800 双向底板中板（6X 包括 67、68；X1 包括 21、41） | DBS2-6X-3318-X1 | 203.220 |
| 预制混凝土墙板 | 桁架钢筋混凝土叠合板（60 mm）厚底板 | 宽 1 800 双向底板中板（6X 包括 67、68；X1 包括 21、41） | DBS2-6X-3618-X1 | 222.746 |
| 预制混凝土墙板 | 桁架钢筋混凝土叠合板（60 mm）厚底板 | 宽 1 800 双向底板中板（6X 包括 67、68；X1 包括 21、41） | DBS2-6X-3918-X1 | 242.272 |
| 预制混凝土墙板 | 桁架钢筋混凝土叠合板（60 mm）厚底板 | 宽 1 800 双向底板中板（6X 包括 67、68；X1 包括 21、41） | DBS2-6X-4218-X1 | 261.799 |
| 预制混凝土墙板 | 桁架钢筋混凝土叠合板（60 mm）厚底板 | 宽 1 800 双向底板中板（6X 包括 67、68；X1 包括 21、41） | DBS2-6X-4518-X1 | 281.325 |
| 预制混凝土墙板 | 桁架钢筋混凝土叠合板（60 mm）厚底板 | 宽 1 800 双向底板中板（6X 包括 67、68；X1 包括 21、41） | DBS2-6X-4818-X1 | 300.852 |
| 预制混凝土墙板 | 桁架钢筋混凝土叠合板（60 mm）厚底板 | 宽 1 800 双向底板中板（6X 包括 67、68；X1 包括 21、41） | DBS2-6X-5118-X1 | 320.378 |
| 预制混凝土墙板 | 桁架钢筋混凝土叠合板（60 mm）厚底板 | 宽 1 800 双向底板中板（6X 包括 67、68；X1 包括 21、41） | DBS2-6X-5418-X1 | 339.905 |
| 预制混凝土墙板 | 桁架钢筋混凝土叠合板（60 mm）厚底板 | 宽 1 800 双向底板中板（6X 包括 67、68；X1 包括 21、41） | DBS2-6X-5718-X1 | 359.431 |
| 预制混凝土墙板 | 桁架钢筋混凝土叠合板（60 mm）厚底板 | 宽 1 800 双向底板中板（6X 包括 67、68；X1 包括 21、41） | DBS1-6X-6018-X1 | 378.958 |

续表

| 部品类型 | 部品细分 | | 编　号 | 碳排放（$kgCO_2$） |
|---|---|---|---|---|
| 预制混凝土墙板 | 桁架钢筋混凝土叠合板（60 mm）厚底板 | 宽2 000双向底板中板（6X 包括67、68；X1 包括21、41） | DBS2-6X-3020-X1 | 208.282 |
| 预制混凝土墙板 | 桁架钢筋混凝土叠合板（60 mm）厚底板 | 宽2 000双向底板中板（6X 包括67、68；X1 包括21、41） | DBS2-6X-3320-X1 | 229.978 |
| 预制混凝土墙板 | 桁架钢筋混凝土叠合板（60 mm）厚底板 | 宽2 000双向底板中板（6X 包括67、68；X1 包括21、41） | DBS2-6X-3620-X1 | 252.397 |
| 预制混凝土墙板 | 桁架钢筋混凝土叠合板（60 mm）厚底板 | 宽2 000双向底板中板（6X 包括67、68；X1 包括21、41） | DBS2-6X-3920-X1 | 274.093 |
| 预制混凝土墙板 | 桁架钢筋混凝土叠合板（60 mm）厚底板 | 宽2 000双向底板中板（6X 包括67、68；X1 包括21、41） | DBS2-6X-4220-X1 | 296.513 |
| 预制混凝土墙板 | 桁架钢筋混凝土叠合板（60 mm）厚底板 | 宽2 000双向底板中板（6X 包括67、68；X1 包括21、41） | DBS2-6X-4520-X1 | 318.932 |
| 预制混凝土墙板 | 桁架钢筋混凝土叠合板（60 mm）厚底板 | 宽2 000双向底板中板（6X 包括67、68；X1 包括21、41） | DBS2-6X-4820-X1 | 340.628 |
| 预制混凝土墙板 | 桁架钢筋混凝土叠合板（60 mm）厚底板 | 宽2 000双向底板中板（6X 包括67、68；X1 包括21、41） | DBS2-6X-5120-X1 | 363.047 |
| 预制混凝土墙板 | 桁架钢筋混凝土叠合板（60 mm）厚底板 | 宽2 000双向底板中板（6X 包括67、68；X1 包括21、41） | DBS2-6X-5420-X1 | 384.743 |
| 预制混凝土墙板 | 桁架钢筋混凝土叠合板（60 mm）厚底板 | 宽2 000双向底板中板（6X 包括67、68；X1 包括21、41） | DBS2-6X-5720-X1 | 407.162 |
| 预制混凝土墙板 | 桁架钢筋混凝土叠合板（60 mm）厚底板 | 宽2 000双向底板中板（6X 包括67、68；X1 包括21、41） | DBS2-6X-6020-X1 | 429.582 |

续表

| 部品类型 | 部品细分 | | 编　号 | 碳排放（kgCO$_2$） |
|---|---|---|---|---|
| 预制混凝土墙板 | 桁架钢筋混凝土叠合板（60 mm）厚底板 | 宽2 400双向底板中板（6X包括67、68；X1包括21、41） | DBS2-6X-3024-X1 | 256.736 |
| 预制混凝土墙板 | 桁架钢筋混凝土叠合板（60 mm）厚底板 | 宽2 400双向底板中板（6X包括67、68；X1包括21、41） | DBS2-6X-3324-X1 | 284.218 |
| 预制混凝土墙板 | 桁架钢筋混凝土叠合板（60 mm）厚底板 | 宽2 400双向底板中板（6X包括67、68；X1包括21、41） | DBS2-6X-3624-X1 | 311.700 |
| 预制混凝土墙板 | 桁架钢筋混凝土叠合板（60 mm）厚底板 | 宽2 400双向底板中板（6X包括67、68；X1包括21、41） | DBS2-6X-3924-X1 | 339.181 |
| 预制混凝土墙板 | 桁架钢筋混凝土叠合板（60 mm）厚底板 | 宽2 400双向底板中板（6X包括67、68；X1包括21、41） | DBS2-6X-4224-X1 | 366.663 |
| 预制混凝土墙板 | 桁架钢筋混凝土叠合板（60 mm）厚底板 | 宽2 400双向底板中板（6X包括67、68；X1包括21、41） | DBS2-6X-4524-X1 | 393.422 |
| 预制混凝土墙板 | 桁架钢筋混凝土叠合板（60 mm）厚底板 | 宽2 400双向底板中板（6X包括67、68；X1包括21、41） | DBS2-6X-4824-X1 | 420.903 |
| 预制混凝土墙板 | 桁架钢筋混凝土叠合板（60 mm）厚底板 | 宽2 400双向底板中板（6X包括67、68；X1包括21、41） | DBS2-6X-5124-X1 | 448.385 |
| 预制混凝土墙板 | 桁架钢筋混凝土叠合板（60 mm）厚底板 | 宽2 400双向底板中板（6X包括67、68；X1包括21、41） | DBS2-6X-5424-X1 | 475.867 |
| 预制混凝土墙板 | 桁架钢筋混凝土叠合板（60 mm）厚底板 | 宽2 400双向底板中板（6X包括67、68；X1包括21、41） | DBS2-6X-5724-X1 | 503.348 |
| 预制混凝土墙板 | 桁架钢筋混凝土叠合板（60 mm）厚底板 | 宽2 400双向底板中板（6X包括67、68；X1包括21、41） | DBS2-6X-6024-X1 | 530.107 |

续表

| 部品类型 | 部品细分 | | 编 号 | 碳排放<br>（kgCO$_2$） |
|---|---|---|---|---|
| 预制混凝土墙板 | 桁架钢筋混凝土叠合板（60 mm）厚底板 | 宽1 200 双向板底板中板（6X 包括 67、68、69） | DBS2-6X-3012-43 | 109.927 |
| 预制混凝土墙板 | 桁架钢筋混凝土叠合板（60 mm）厚底板 | 宽1 200 双向板底板中板（6X 包括 67、68、69） | DBS2-6X-3312-43 | 121.498 |
| 预制混凝土墙板 | 桁架钢筋混凝土叠合板（60 mm）厚底板 | 宽1 200 双向板底板中板（6X 包括 67、68、69） | DBS2-6X-3612-43 | 133.792 |
| 预制混凝土墙板 | 桁架钢筋混凝土叠合板（60 mm）厚底板 | 宽1 200 双向板底板中板（6X 包括 67、68、69） | DBS2-6X-3912-43 | 145.363 |
| 预制混凝土墙板 | 桁架钢筋混凝土叠合板（60 mm）厚底板 | 宽1 200 双向板底板中板（6X 包括 67、68、69） | DBS2-6X-4212-43 | 156.935 |
| 预制混凝土墙板 | 桁架钢筋混凝土叠合板（60 mm）厚底板 | 宽1 200 双向板底板中板（6X 包括 67、68、69） | DBS2-6X-4512-43 | 168.506 |
| 预制混凝土墙板 | 桁架钢筋混凝土叠合板（60 mm）厚底板 | 宽1 200 双向板底板中板（6X 包括 67、68、69） | DBS2-6X-4812-43 | 180.077 |
| 预制混凝土墙板 | 桁架钢筋混凝土叠合板（60 mm）厚底板 | 宽1 200 双向板底板中板（6X 包括 67、68、69） | DBS2-6X-5112-43 | 192.372 |
| 预制混凝土墙板 | 桁架钢筋混凝土叠合板（60 mm）厚底板 | 宽1 200 双向板底板中板（6X 包括 67、68、69） | DBS2-6X-5412-43 | 203.943 |
| 预制混凝土墙板 | 桁架钢筋混凝土叠合板（60 mm）厚底板 | 宽1 200 双向板底板中板（6X 包括 67、68、69） | DBS2-6X-5712-43 | 215.514 |
| 预制混凝土墙板 | 桁架钢筋混凝土叠合板（60 mm）厚底板 | 宽1 200 双向板底板中板（6X 包括 67、68、69） | DBS2-6X-6012-43 | 227.085 |

| 部品类型 | 部品细分 | | 编 号 | 碳排放<br>（$kgCO_2$） |
|---|---|---|---|---|
| 预制混凝土墙板 | 桁架钢筋混凝土叠合板（60 mm）厚底板 | 宽1 500双向板底板中板（6X 包括67、68、69） | DBS2-6X-3015-43 | 146.810 |
| 预制混凝土墙板 | 桁架钢筋混凝土叠合板（60 mm）厚底板 | 宽1 500双向板底板中板（6X 包括67、68、69） | DBS2-6X-3315-43 | 162.720 |
| 预制混凝土墙板 | 桁架钢筋混凝土叠合板（60 mm）厚底板 | 宽1 500双向板底板中板（6X 包括67、68、69） | DBS2-6X-3615-43 | 177.908 |
| 预制混凝土墙板 | 桁架钢筋混凝土叠合板（60 mm）厚底板 | 宽1 500双向板底板中板（6X 包括67、68、69） | DBS2-6X-3915-43 | 193.818 |
| 预制混凝土墙板 | 桁架钢筋混凝土叠合板（60 mm）厚底板 | 宽1 500双向板底板中板（6X 包括67、68、69） | DBS2-6X-4215-43 | 209.005 |
| 预制混凝土墙板 | 桁架钢筋混凝土叠合板（60 mm）厚底板 | 宽1 500双向板底板中板（6X 包括67、68、69） | DBS2-6X-4515-43 | 224.916 |
| 预制混凝土墙板 | 桁架钢筋混凝土叠合板（60 mm）厚底板 | 宽1 500双向板底板中板（6X 包括67、68、69） | DBS2-6X-4815-43 | 240.826 |
| 预制混凝土墙板 | 桁架钢筋混凝土叠合板（60 mm）厚底板 | 宽1 500双向板底板中板（6X 包括67、68、69） | DBS2-6X-5115-43 | 256.013 |
| 预制混凝土墙板 | 桁架钢筋混凝土叠合板（60 mm）厚底板 | 宽1 500双向板底板中板（6X 包括67、68、69） | DBS2-6X-5415-43 | 271.924 |
| 预制混凝土墙板 | 桁架钢筋混凝土叠合板（60 mm）厚底板 | 宽1 500双向板底板中板（6X 包括67、68、69） | DBS2-6X-5715-43 | 287.111 |
| 预制混凝土墙板 | 桁架钢筋混凝土叠合板（60 mm）厚底板 | 宽1 500双向板底板中板（6X 包括67、68、69） | DBS2-6X-6015-43 | 303.021 |

续表

| 部品类型 | 部品细分 | | 编　号 | 碳排放<br>（kgCO$_2$） |
|---|---|---|---|---|
| 预制混凝土墙板 | 桁架钢筋混凝土叠合板（60 mm）厚底板 | 宽1 800双向板底板中板（6X 包括 67、68、69） | DBS2-6X-3018-43 | 183.693 |
| 预制混凝土墙板 | 桁架钢筋混凝土叠合板（60 mm）厚底板 | 宽1 800双向板底板中板（6X 包括 67、68、69） | DBS2-6X-3318-43 | 203.220 |
| 预制混凝土墙板 | 桁架钢筋混凝土叠合板（60 mm）厚底板 | 宽1 800双向板底板中板（6X 包括 67、68、69） | DBS2-6X-3618-43 | 222.746 |
| 预制混凝土墙板 | 桁架钢筋混凝土叠合板（60 mm）厚底板 | 宽1 800双向板底板中板（6X 包括 67、68、69） | DBS2-6X-3918-43 | 242.272 |
| 预制混凝土墙板 | 桁架钢筋混凝土叠合板（60 mm）厚底板 | 宽1 800双向板底板中板（6X 包括 67、68、69） | DBS2-6X-4218-43 | 261.799 |
| 预制混凝土墙板 | 桁架钢筋混凝土叠合板（60 mm）厚底板 | 宽1 800双向板底板中板（6X 包括 67、68、69） | DBS2-6X-4518-43 | 281.325 |
| 预制混凝土墙板 | 桁架钢筋混凝土叠合板（60 mm）厚底板 | 宽1 800双向板底板中板（6X 包括 67、68、69） | DBS2-6X-4818-43 | 300.852 |
| 预制混凝土墙板 | 桁架钢筋混凝土叠合板（60 mm）厚底板 | 宽1 800双向板底板中板（6X 包括 67、68、69） | DBS2-6X-5118-43 | 320.378 |
| 预制混凝土墙板 | 桁架钢筋混凝土叠合板（60 mm）厚底板 | 宽1 800双向板底板中板（6X 包括 67、68、69） | DBS2-6X-5418-43 | 339.905 |
| 预制混凝土墙板 | 桁架钢筋混凝土叠合板（60 mm）厚底板 | 宽1 800双向板底板中板（6X 包括 67、68、69） | DBS2-6X-5718-43 | 359.431 |
| 预制混凝土墙板 | 桁架钢筋混凝土叠合板（60 mm）厚底板 | 宽1 800双向板底板中板（6X 包括 67、68、69） | DBS2-6X-6018-43 | 378.958 |

| 部品类型 | 部品细分 | | 编　号 | 碳排放（$kgCO_2$） |
|---|---|---|---|---|
| 预制混凝土墙板 | 桁架钢筋混凝土叠合板（60 mm）厚底板 | 宽 2 000 双向板底板中板（6X 包括 67、68、69） | DBS2-6X-3020-43 | 208.282 |
| 预制混凝土墙板 | 桁架钢筋混凝土叠合板（60 mm）厚底板 | 宽 2 000 双向板底板中板（6X 包括 67、68、69） | DBS2-6X-3320-43 | 229.978 |
| 预制混凝土墙板 | 桁架钢筋混凝土叠合板（60 mm）厚底板 | 宽 2 000 双向板底板中板（6X 包括 67、68、69） | DBS2-6X-3620-43 | 252.397 |
| 预制混凝土墙板 | 桁架钢筋混凝土叠合板（60 mm）厚底板 | 宽 2 000 双向板底板中板（6X 包括 67、68、69） | DBS2-6X-3920-43 | 274.093 |
| 预制混凝土墙板 | 桁架钢筋混凝土叠合板（60 mm）厚底板 | 宽 2 000 双向板底板中板（6X 包括 67、68、69） | DBS2-6X-4220-43 | 296.513 |
| 预制混凝土墙板 | 桁架钢筋混凝土叠合板（60 mm）厚底板 | 宽 2 000 双向板底板中板（6X 包括 67、68、69） | DBS2-6X-4520-43 | 318.932 |
| 预制混凝土墙板 | 桁架钢筋混凝土叠合板（60 mm）厚底板 | 宽 2 000 双向板底板中板（6X 包括 67、68、69） | DBS2-6X-4820-43 | 340.628 |
| 预制混凝土墙板 | 桁架钢筋混凝土叠合板（60 mm）厚底板 | 宽 2 000 双向板底板中板（6X 包括 67、68、69） | DBS2-6X-5120-43 | 363.047 |
| 预制混凝土墙板 | 桁架钢筋混凝土叠合板（60 mm）厚底板 | 宽 2 000 双向板底板中板（6X 包括 67、68、69） | DBS2-6X-5420-43 | 384.743 |
| 预制混凝土墙板 | 桁架钢筋混凝土叠合板（60 mm）厚底板 | 宽 2 000 双向板底板中板（6X 包括 67、68、69） | DBS2-6X-5720-43 | 407.162 |
| 预制混凝土墙板 | 桁架钢筋混凝土叠合板（60 mm）厚底板 | 宽 2 000 双向板底板中板（6X 包括 67、68、69） | DBS2-6X-6020-43 | 429.582 |

续表

| 部品类型 | 部品细分 | | 编　号 | 碳排放（kgCO$_2$） |
|---|---|---|---|---|
| 预制混凝土墙板 | 桁架钢筋混凝土叠合板（60 mm）厚底板 | 宽2 400 双向板底板中板（6X 包括 67、68、69） | DBS2-6X-3024-43 | 256.736 |
| 预制混凝土墙板 | 桁架钢筋混凝土叠合板（60 mm）厚底板 | 宽2 400 双向板底板中板（6X 包括 67、68、69） | DBS2-6X-3324-43 | 284.218 |
| 预制混凝土墙板 | 桁架钢筋混凝土叠合板（60 mm）厚底板 | 宽2 400 双向板底板中板（6X 包括 67、68、69） | DBS2-6X-3624-43 | 311.700 |
| 预制混凝土墙板 | 桁架钢筋混凝土叠合板（60 mm）厚底板 | 宽2 400 双向板底板中板（6X 包括 67、68、69） | DBS2-6X-3924-43 | 339.181 |
| 预制混凝土墙板 | 桁架钢筋混凝土叠合板（60 mm）厚底板 | 宽2 400 双向板底板中板（6X 包括 67、68、69） | DBS2-6X-4224-43 | 366.663 |
| 预制混凝土墙板 | 桁架钢筋混凝土叠合板（60 mm）厚底板 | 宽2 400 双向板底板中板（6X 包括 67、68、69） | DBS2-6X-4524-43 | 393.422 |
| 预制混凝土墙板 | 桁架钢筋混凝土叠合板（60 mm）厚底板 | 宽2 400 双向板底板中板（6X 包括 67、68、69） | DBS2-6X-4824-43 | 420.903 |
| 预制混凝土墙板 | 桁架钢筋混凝土叠合板（60 mm）厚底板 | 宽2 400 双向板底板中板（6X 包括 67、68、69） | DBS2-6X-5124-43 | 448.385 |
| 预制混凝土墙板 | 桁架钢筋混凝土叠合板（60 mm）厚底板 | 宽2 400 双向板底板中板（6X 包括 67、68、69） | DBS2-6X-5424-43 | 475.867 |
| 预制混凝土墙板 | 桁架钢筋混凝土叠合板（60 mm）厚底板 | 宽2 400 双向板底板中板（6X 包括 67、68、69） | DBS2-6X-5724-43 | 503.348 |
| 预制混凝土墙板 | 桁架钢筋混凝土叠合板（60 mm）厚底板 | 宽2 400 双向板底板中板（6X 包括 67、68、69） | DBS2-6X-6024-43 | 530.107 |

续表

| 部品类型 | 部品细分 | | 编 号 | 碳排放<br>（$kgCO_2$） |
|---|---|---|---|---|
| 预制混凝土墙板 | 桁架钢筋混凝土叠合板（60 mm）厚底板 | 宽1 200 单向板底板（6X 包括 67、68；X 包括 1、3） | DBD6X-2712-X | 102.420 |
| 预制混凝土墙板 | 桁架钢筋混凝土叠合板（60 mm）厚底板 | 宽1 200 单向板底板（6X 包括 67、68；X 包括 1、3） | DBD69-2712-3 | 102.420 |
| 预制混凝土墙板 | 桁架钢筋混凝土叠合板（60 mm）厚底板 | 宽1 200 单向板底板（6X 包括 67、68；X 包括 1、3） | DBD6X-3012-X | 114.869 |
| 预制混凝土墙板 | 桁架钢筋混凝土叠合板（60 mm）厚底板 | 宽1 200 单向板底板（6X 包括 67、68；X 包括 1、3） | DBD69-3012-3 | 114.869 |
| 预制混凝土墙板 | 桁架钢筋混凝土叠合板（60 mm）厚底板 | 宽1 200 单向板底板（6X 包括 67、68；X 包括 1、3） | DBD6X-3312-X | 127.318 |
| 预制混凝土墙板 | 桁架钢筋混凝土叠合板（60 mm）厚底板 | 宽1 200 单向板底板（6X 包括 67、68；X 包括 1、3） | DBD69-3312-3 | 127.318 |
| 预制混凝土墙板 | 桁架钢筋混凝土叠合板（60 mm）厚底板 | 宽1 200 单向板底板（6X 包括 67、68；X 包括 1、3） | DBD6X-3612-X | 139.201 |
| 预制混凝土墙板 | 桁架钢筋混凝土叠合板（60 mm）厚底板 | 宽1 200 单向板底板（6X 包括 67、68；X 包括 1、3） | DBD69-3612-3 | 139.201 |
| 预制混凝土墙板 | 桁架钢筋混凝土叠合板（60 mm）厚底板 | 宽1 200 单向板底板（6X 包括 67、68；X 包括 1、3） | DBD6X-3912-X | 151.650 |
| 预制混凝土墙板 | 桁架钢筋混凝土叠合板（60 mm）厚底板 | 宽1 200 单向板底板（6X 包括 67、68；X 包括 1、3） | DBD69-3912-3 | 151.650 |
| 预制混凝土墙板 | 桁架钢筋混凝土叠合板（60 mm）厚底板 | 宽1 200 单向板底板（6X 包括 67、68；X 包括 1、3） | DBD6X-4212-X | 163.533 |

续表

| 部品类型 | 部品细分 | | 编　号 | 碳排放（kgCO$_2$） |
|---|---|---|---|---|
| 预制混凝土墙板 | 桁架钢筋混凝土叠合板（60 mm）厚底板 | 宽 1 200 单向板底板（6X 包括 67、68；X 包括 1、3） | DBD69-4212-3 | 163.533 |
| 预制混凝土墙板 | 桁架钢筋混凝土叠合板（60 mm）厚底板 | 宽 1 500 单向板底板（6X 包括 67、68；X 包括 1、3） | DBD6X-2715-X | 128.450 |
| 预制混凝土墙板 | 桁架钢筋混凝土叠合板（60 mm）厚底板 | 宽 1 500 单向板底板（6X 包括 67、68；X 包括 1、3） | DBD69-2715-3 | 128.450 |
| 预制混凝土墙板 | 桁架钢筋混凝土叠合板（60 mm）厚底板 | 宽 1 500 单向板底板（6X 包括 67、68；X 包括 1、3） | DBD6X-3015-X | 143.728 |
| 预制混凝土墙板 | 桁架钢筋混凝土叠合板（60 mm）厚底板 | 宽 1 500 单向板底板（6X 包括 67、68；X 包括 1、3） | DBD69-3015-3 | 143.728 |
| 预制混凝土墙板 | 桁架钢筋混凝土叠合板（60 mm）厚底板 | 宽 1 500 单向板底板（6X 包括 67、68；X 包括 1、3） | DBD6X-3315-X | 159.006 |
| 预制混凝土墙板 | 桁架钢筋混凝土叠合板（60 mm）厚底板 | 宽 1 500 单向板底板（6X 包括 67、68；X 包括 1、3） | DBD69-3315-3 | 159.006 |
| 预制混凝土墙板 | 桁架钢筋混凝土叠合板（60 mm）厚底板 | 宽 1 500 单向板底板（6X 包括 67、68；X 包括 1、3） | DBD6X-3615-X | 174.285 |
| 预制混凝土墙板 | 桁架钢筋混凝土叠合板（60 mm）厚底板 | 宽 1 500 单向板底板（6X 包括 67、68；X 包括 1、3） | DBD69-3615-3 | 174.285 |
| 预制混凝土墙板 | 桁架钢筋混凝土叠合板（60 mm）厚底板 | 宽 1 500 单向板底板（6X 包括 67、68；X 包括 1、3） | DBD6X-3915-X | 189.563 |
| 预制混凝土墙板 | 桁架钢筋混凝土叠合板（60 mm）厚底板 | 宽 1 500 单向板底板（6X 包括 67、68；X 包括 1、3） | DBD69-3915-3 | 189.563 |

| 部品类型 | 部品细分 | | 编 号 | 碳排放（kgCO$_2$） |
|---|---|---|---|---|
| 预制混凝土墙板 | 桁架钢筋混凝土叠合板（60 mm）厚底板 | 宽1 500单向板底板（6X 包括 67、68；X 包括1、3） | DBD6X-4215-X | 204.841 |
| 预制混凝土墙板 | 桁架钢筋混凝土叠合板（60 mm）厚底板 | 宽1 500单向板底板（6X 包括 67、68；X 包括1、3） | DBD69-4215-3 | 204.841 |
| 预制混凝土墙板 | 桁架钢筋混凝土叠合板（60 mm）厚底板 | 宽1 800单向板底板（6X 包括 67、68；X 包括1、3） | DBD6X-2718-X | 153.914 |
| 预制混凝土墙板 | 桁架钢筋混凝土叠合板（60 mm）厚底板 | 宽1 800单向板底板（6X 包括 67、68；X 包括1、3） | DBD69-2718-3 | 153.914 |
| 预制混凝土墙板 | 桁架钢筋混凝土叠合板（60 mm）厚底板 | 宽1 800单向板底板（6X 包括 67、68；X 包括1、3） | DBD6X-3018-X | 172.587 |
| 预制混凝土墙板 | 桁架钢筋混凝土叠合板（60 mm）厚底板 | 宽1 800单向板底板（6X 包括 67、68；X 包括1、3） | DBD69-3018-3 | 172.587 |
| 预制混凝土墙板 | 桁架钢筋混凝土叠合板（60 mm）厚底板 | 宽1 800单向板底板（6X 包括 67、68；X 包括1、3） | DBD6X-3318-X | 190.694 |
| 预制混凝土墙板 | 桁架钢筋混凝土叠合板（60 mm）厚底板 | 宽1 800单向板底板（6X 包括 67、68；X 包括1、3） | DBD69-3318-3 | 190.694 |
| 预制混凝土墙板 | 桁架钢筋混凝土叠合板（60 mm）厚底板 | 宽1 800单向板底板（6X 包括 67、68；X 包括1、3） | DBD6X-3618-X | 208.802 |
| 预制混凝土墙板 | 桁架钢筋混凝土叠合板（60 mm）厚底板 | 宽1 800单向板底板（6X 包括 67、68；X 包括1、3） | DBD69-3618-3 | 208.802 |
| 预制混凝土墙板 | 桁架钢筋混凝土叠合板（60 mm）厚底板 | 宽1 800单向板底板（6X 包括 67、68；X 包括1、3） | DBD6X-3918-X | 227.475 |

续表

| 部品类型 | 部品细分 | | 编　号 | 碳排放（kgCO$_2$） |
|---|---|---|---|---|
| 预制混凝土墙板 | 桁架钢筋混凝土叠合板（60 mm）厚底板 | 宽1 800单向板底板（6X 包括 67、68；X 包括 1、3） | DBD69-3918-3 | 227.475 |
| 预制混凝土墙板 | 桁架钢筋混凝土叠合板（60 mm）厚底板 | 宽1 800单向板底板（6X 包括 67、68；X 包括 1、3） | DBD6X-4218-X | 245.583 |
| 预制混凝土墙板 | 桁架钢筋混凝土叠合板（60 mm）厚底板 | 宽1 800单向板底板（6X 包括 67、68；X 包括 1、3） | DBD69-4218-3 | 245.583 |
| 预制混凝土墙板 | 桁架钢筋混凝土叠合板（60 mm）厚底板 | 宽2 000单向板底板（6X 包括 67、68；X 包括 1、3） | DBD6X-2720-X | 170.889 |
| 预制混凝土墙板 | 桁架钢筋混凝土叠合板（60 mm）厚底板 | 宽2 000单向板底板（6X 包括 67、68；X 包括 1、3） | DBD69-2720-3 | 170.889 |
| 预制混凝土墙板 | 桁架钢筋混凝土叠合板（60 mm）厚底板 | 宽2 000单向板底板（6X 包括 67、68；X 包括 1、3） | DBD6X-3020-X | 191.260 |
| 预制混凝土墙板 | 桁架钢筋混凝土叠合板（60 mm）厚底板 | 宽2 000单向板底板（6X 包括 67、68；X 包括 1、3） | DBD69-3020-3 | 191.260 |
| 预制混凝土墙板 | 桁架钢筋混凝土叠合板（60 mm）厚底板 | 宽2 000单向板底板（6X 包括 67、68；X 包括 1、3） | DBD6X-3320-X | 211.631 |
| 预制混凝土墙板 | 桁架钢筋混凝土叠合板（60 mm）厚底板 | 宽2 000单向板底板（6X 包括 67、68；X 包括 1、3） | DBD69-3320-3 | 211.631 |
| 预制混凝土墙板 | 桁架钢筋混凝土叠合板（60 mm）厚底板 | 宽2 000单向板底板（6X 包括 67、68；X 包括 1、3） | DBD6X-3620-X | 232.002 |
| 预制混凝土墙板 | 桁架钢筋混凝土叠合板（60 mm）厚底板 | 宽2 000单向板底板（6X 包括 67、68；X 包括 1、3） | DBD69-3620-3 | 232.002 |

续表

| 部品类型 | 部品细分 | | 编 号 | 碳排放<br>（kgCO$_2$） |
|---|---|---|---|---|
| 预制混凝土墙板 | 桁架钢筋混凝土<br>叠合板（60 mm）<br>厚底板 | 宽 2 000 单向板底板<br>（6X 包括 67、68；X<br>包括 1、3） | DBD6X-3920-X | 252.373 |
| 预制混凝土墙板 | 桁架钢筋混凝土<br>叠合板（60 mm）<br>厚底板 | 宽 2 000 单向板底板<br>（6X 包括 67、68；X<br>包括 1、3） | DBD69-3920-3 | 252.373 |
| 预制混凝土墙板 | 桁架钢筋混凝土<br>叠合板（60 mm）<br>厚底板 | 宽 2 000 单向板底板<br>（6X 包括 67、68；X<br>包括 1、3） | DBD6X-4220-X | 272.744 |
| 预制混凝土墙板 | 桁架钢筋混凝土<br>叠合板（60 mm）<br>厚底板 | 宽 2 000 单向板底板<br>（6X 包括 67、68；X<br>包括 1、3） | DBD69-4220-3 | 272.744 |
| 预制混凝土墙板 | 桁架钢筋混凝土<br>叠合板（60 mm）<br>厚底板 | 宽 2 400 单向板底板<br>（6X 包括 67、68；X<br>包括 1、3） | DBD6X-2724-X | 205.407 |
| 预制混凝土墙板 | 桁架钢筋混凝土<br>叠合板（60 mm）<br>厚底板 | 宽 2 400 单向板底板<br>（6X 包括 67、68；X<br>包括 1、3） | DBD69-2724-3 | 205.407 |
| 预制混凝土墙板 | 桁架钢筋混凝土<br>叠合板（60 mm）<br>厚底板 | 宽 2 400 单向板底板<br>（6X 包括 67、68；X<br>包括 1、3） | DBD6X-3024-X | 229.739 |
| 预制混凝土墙板 | 桁架钢筋混凝土<br>叠合板（60 mm）<br>厚底板 | 宽 2 400 单向板底板<br>（6X 包括 67、68；X<br>包括 1、3） | DBD69-3024-3 | 229.739 |
| 预制混凝土墙板 | 桁架钢筋混凝土<br>叠合板（60 mm）<br>厚底板 | 宽 2 400 单向板底板<br>（6X 包括 67、68；X<br>包括 1、3） | DBD6X-3324-X | 254.071 |
| 预制混凝土墙板 | 桁架钢筋混凝土<br>叠合板（60 mm）<br>厚底板 | 宽 2 400 单向板底板<br>（6X 包括 67、68；X<br>包括 1、3） | DBD69-3324-3 | 254.071 |
| 预制混凝土墙板 | 桁架钢筋混凝土<br>叠合板（60 mm）<br>厚底板 | 宽 2 400 单向板底板<br>（6X 包括 67、68；X<br>包括 1、3） | DBD6X-3624-X | 278.403 |

续表

| 部品类型 | 部品细分 | | 编　号 | 碳排放（$kgCO_2$） |
|---|---|---|---|---|
| 预制混凝土墙板 | 桁架钢筋混凝土叠合板（60 mm）厚底板 | 宽2 400 单向板底板（6X 包括 67、68；X 包括 1、3） | DBD69-3624-3 | 278.403 |
| 预制混凝土墙板 | 桁架钢筋混凝土叠合板（60 mm）厚底板 | 宽2 400 单向板底板（6X 包括 67、68；X 包括 1、3） | DBD6X-3924-X | 303.300 |
| 预制混凝土墙板 | 桁架钢筋混凝土叠合板（60 mm）厚底板 | 宽2 400 单向板底板（6X 包括 67、68；X 包括 1、3） | DBD69-3924-3 | 303.300 |
| 预制混凝土墙板 | 桁架钢筋混凝土叠合板（60 mm）厚底板 | 宽2 400 单向板底板（6X 包括 67、68；X 包括 1、3） | DBD6X-4224-X | 327.632 |
| 预制混凝土墙板 | 桁架钢筋混凝土叠合板（60 mm）厚底板 | 宽2 400 单向板底板（6X 包括 67、68；X 包括 1、3） | DBD69-4224-3 | 327.632 |
| 预制混凝土墙板 | 桁架钢筋混凝土叠合板（60 mm）厚底板 | 宽1 200 单向板底板（6X 包括 67、68、69；X 包括 2、4） | DBD6X-2712-X | 102.420 |
| 预制混凝土墙板 | 桁架钢筋混凝土叠合板（60 mm）厚底板 | 宽1 200 单向板底板（6X 包括 67、68、69；X 包括 2、4） | DBD6X-3012-X | 114.869 |
| 预制混凝土墙板 | 桁架钢筋混凝土叠合板（60 mm）厚底板 | 宽1 200 单向板底板（6X 包括 67、68、69；X 包括 2、4） | DBD6X-3312-X | 127.318 |
| 预制混凝土墙板 | 桁架钢筋混凝土叠合板（60 mm）厚底板 | 宽1 200 单向板底板（6X 包括 67、68、69；X 包括 2、4） | DBD6X-3612-X | 139.201 |
| 预制混凝土墙板 | 桁架钢筋混凝土叠合板（60 mm）厚底板 | 宽1 200 单向板底板（6X 包括 67、68、69；X 包括 2、4） | DBD6X-3912-X | 151.650 |
| 预制混凝土墙板 | 桁架钢筋混凝土叠合板（60 mm）厚底板 | 宽1 200 单向板底板（6X 包括 67、68、69；X 包括 2、4） | DBD6X-4212-X | 163.533 |

| 部品类型 | 部品细分 | | 编 号 | 碳排放<br>（kgCO$_2$） |
|---|---|---|---|---|
| 预制混凝土墙板 | 桁架钢筋混凝土叠合板（60 mm）厚底板 | 宽 1 500 单向板底板（6X 包括 67、68、69；X 包括 2、4） | DBD6X-2715-X | 128.450 |
| 预制混凝土墙板 | 桁架钢筋混凝土叠合板（60 mm）厚底板 | 宽 1 500 单向板底板（6X 包括 67、68、69；X 包括 2、4） | DBD6X-3015-X | 143.728 |
| 预制混凝土墙板 | 桁架钢筋混凝土叠合板（60 mm）厚底板 | 宽 1 500 单向板底板（6X 包括 67、68、69；X 包括 2、4） | DBD6X-3315-X | 159.006 |
| 预制混凝土墙板 | 桁架钢筋混凝土叠合板（60 mm）厚底板 | 宽 1 500 单向板底板（6X 包括 67、68、69；X 包括 2、4） | DBD6X-3615-X | 174.285 |
| 预制混凝土墙板 | 桁架钢筋混凝土叠合板（60 mm）厚底板 | 宽 1 500 单向板底板（6X 包括 67、68、69；X 包括 2、4） | DBD6X-3915-X | 189.563 |
| 预制混凝土墙板 | 桁架钢筋混凝土叠合板（60 mm）厚底板 | 宽 1 500 单向板底板（6X 包括 67、68、69；X 包括 2、4） | DBD6X-4215-X | 204.841 |
| 预制混凝土墙板 | 桁架钢筋混凝土叠合板（60 mm）厚底板 | 宽 1 800 单向板底板（6X 包括 67、68、69；X 包括 2、4） | DBD6X-2718-X | 153.914 |
| 预制混凝土墙板 | 桁架钢筋混凝土叠合板（60 mm）厚底板 | 宽 1 800 单向板底板（6X 包括 67、68、69；X 包括 2、4） | DBD6X-3018-X | 172.587 |
| 预制混凝土墙板 | 桁架钢筋混凝土叠合板（60 mm）厚底板 | 宽 1 800 单向板底板（6X 包括 67、68、69；X 包括 2、4） | DBD6X-3318-X | 190.694 |
| 预制混凝土墙板 | 桁架钢筋混凝土叠合板（60 mm）厚底板 | 宽 1 800 单向板底板（6X 包括 67、68、69；X 包括 2、4） | DBD6X-3618-X | 208.802 |
| 预制混凝土墙板 | 桁架钢筋混凝土叠合板（60 mm）厚底板 | 宽 1 800 单向板底板（6X 包括 67、68、69；X 包括 2、4） | DBD6X-3918-X | 227.475 |

续表

| 部品类型 | 部品细分 | | 编　号 | 碳排放（kgCO$_2$） |
|---|---|---|---|---|
| 预制混凝土墙板 | 桁架钢筋混凝土叠合板（60 mm）厚底板 | 宽1 800单向板底板（6X 包括67、68、69；X 包括2、4） | DBD6X-4218-X | 245.583 |
| 预制混凝土墙板 | 桁架钢筋混凝土叠合板（60 mm）厚底板 | 宽2 000单向板底板（6X 包括67、68、69；X 包括2、4） | DBD6X-2720-X | 170.889 |
| 预制混凝土墙板 | 桁架钢筋混凝土叠合板（60 mm）厚底板 | 宽2 000单向板底板（6X 包括67、68、69；X 包括2、4） | DBD6X-3020-X | 191.260 |
| 预制混凝土墙板 | 桁架钢筋混凝土叠合板（60 mm）厚底板 | 宽2 000单向板底板（6X 包括67、68、69；X 包括2、4） | DBD6X-3320-X | 211.631 |
| 预制混凝土墙板 | 桁架钢筋混凝土叠合板（60 mm）厚底板 | 宽2 000单向板底板（6X 包括67、68、69；X 包括2、4） | DBD6X-3620-X | 232.002 |
| 预制混凝土墙板 | 桁架钢筋混凝土叠合板（60 mm）厚底板 | 宽2 000单向板底板（6X 包括67、68、69；X 包括2、4） | DBD6X-3920-X | 252.373 |
| 预制混凝土墙板 | 桁架钢筋混凝土叠合板（60 mm）厚底板 | 宽2 000单向板底板（6X 包括67、68、69；X 包括2、4） | DBD6X-4220-X | 272.744 |
| 预制混凝土墙板 | 桁架钢筋混凝土叠合板（60 mm）厚底板 | 宽2 400单向板底板（6X 包括67、68、69；X 包括2、4） | DBD6X-2724-X | 205.407 |
| 预制混凝土墙板 | 桁架钢筋混凝土叠合板（60 mm）厚底板 | 宽2 400单向板底板（6X 包括67、68、69；X 包括2、4） | DBD6X-3024-X | 229.739 |
| 预制混凝土墙板 | 桁架钢筋混凝土叠合板（60 mm）厚底板 | 宽2 400单向板底板（6X 包括67、68、69；X 包括2、4） | DBD6X-3324-X | 254.071 |
| 预制混凝土墙板 | 桁架钢筋混凝土叠合板（60 mm）厚底板 | 宽2 400单向板底板（6X 包括67、68、69；X 包括2、4） | DBD6X-3624-X | 278.403 |

| 部品类型 | 部品细分 | | 编　号 | 碳排放<br>（kgCO$_2$） |
|---|---|---|---|---|
| 预制混凝土墙板 | 桁架钢筋混凝土<br>叠合板（60 mm）<br>厚底板 | 宽 2 400 单向板底板<br>（6X 包括 67、68、69；<br>X 包括 2、4） | DBD6X-3924-X | 303.300 |
| 预制混凝土墙板 | 桁架钢筋混凝土<br>叠合板（60 mm）<br>厚底板 | 宽 2 400 单向板底板<br>（6X 包括 67、68、69；<br>X 包括 2、4） | DBD6X-4224-X | 327.632 |

附表 2.4　预制混凝土楼梯构件碳排放

| 部品类型 | 部品细分 | 编　号 | 碳排放（kgCO$_2$） |
|---|---|---|---|
| 预制混凝土楼梯 | 板式双跑楼梯 | ST-28-24 | 410.454 |
| 预制混凝土楼梯 | 板式双跑楼梯 | ST-28-25 | 427.082 |
| 预制混凝土楼梯 | 板式双跑楼梯 | ST-29-24 | 439.611 |
| 预制混凝土楼梯 | 板式双跑楼梯 | ST-29-25 | 457.607 |
| 预制混凝土楼梯 | 板式双跑楼梯 | ST-30-24 | 445.165 |
| 预制混凝土楼梯 | 板式双跑楼梯 | ST-30-25 | 463.394 |
| 预制混凝土楼梯 | 板式剪刀楼梯 | JT-28-25 | 1 098.292 |
| 预制混凝土楼梯 | 板式剪刀楼梯 | JT-28-26 | 1 122.443 |
| 预制混凝土楼梯 | 板式剪刀楼梯 | JT-29-25 | 1 171.236 |
| 预制混凝土楼梯 | 板式剪刀楼梯 | JT-29-26 | 1 200.846 |
| 预制混凝土楼梯 | 板式剪刀楼梯 | JT-30-25 | 1 234.555 |
| 预制混凝土楼梯 | 板式剪刀楼梯 | JT-30-26 | 1 268.103 |

附表 2.5　预制混凝土阳台构件碳排放

| 部品类型 | 部品细分 | 编　号 | 碳排放（kgCO$_2$） |
|---|---|---|---|
| 预制混凝土阳台 | 叠合板式阳台 | YTB-D-1024-04 | 209.643 |
| 预制混凝土阳台 | 叠合板式阳台 | YTB-D-1027-04 | 229.374 |
| 预制混凝土阳台 | 叠合板式阳台 | YTB-D-1030-04 | 249.105 |
| 预制混凝土阳台 | 叠合板式阳台 | YTB-D-1033-04 | 271.303 |
| 预制混凝土阳台 | 叠合板式阳台 | YTB-D-1036-04 | 291.034 |

续表

| 部品类型 | 部品细分 | 编　号 | 碳排放（kgCO$_2$） |
|---|---|---|---|
| 预制混凝土阳台 | 叠合板式阳台 | YTB-D-1039-04 | 313.231 |
| 预制混凝土阳台 | 叠合板式阳台 | YTB-D-1042-04 | 332.962 |
| 预制混凝土阳台 | 叠合板式阳台 | YTB-D-1045-04 | 352.693 |
| 预制混凝土阳台 | 叠合板式阳台 | YTB-D-1224-04 | 239.240 |
| 预制混凝土阳台 | 叠合板式阳台 | YTB-D-1227-04 | 261.437 |
| 预制混凝土阳台 | 叠合板式阳台 | YTB-D-1230-04 | 286.101 |
| 预制混凝土阳台 | 叠合板式阳台 | YTB-D-1233-04 | 308.298 |
| 预制混凝土阳台 | 叠合板式阳台 | YTB-D-1236-04 | 330.496 |
| 预制混凝土阳台 | 叠合板式阳台 | YTB-D-1239-04 | 352.693 |
| 预制混凝土阳台 | 叠合板式阳台 | YTB-D-1242-04 | 377.357 |
| 预制混凝土阳台 | 叠合板式阳台 | YTB-D-1245-04 | 399.555 |
| 预制混凝土阳台 | 叠合板式阳台 | YTB-D-1424-04 | 268.836 |
| 预制混凝土阳台 | 叠合板式阳台 | YTB-D-1427-04 | 293.500 |
| 预制混凝土阳台 | 叠合板式阳台 | YTB-D-1430-04 | 318.164 |
| 预制混凝土阳台 | 叠合板式阳台 | YTB-D-1433-04 | 345.294 |
| 预制混凝土阳台 | 叠合板式阳台 | YTB-D-1436-04 | 369.958 |
| 预制混凝土阳台 | 叠合板式阳台 | YTB-D-1439-04 | 394.622 |
| 预制混凝土阳台 | 叠合板式阳台 | YTB-D-1442-04 | 419.286 |
| 预制混凝土阳台 | 叠合板式阳台 | YTB-D-1445-04 | 443.950 |
| 预制混凝土阳台 | 叠合板式阳台 | YTB-D-1024-08 | 350.227 |
| 预制混凝土阳台 | 叠合板式阳台 | YTB-D-1027-08 | 382.290 |
| 预制混凝土阳台 | 叠合板式阳台 | YTB-D-1030-08 | 414.353 |
| 预制混凝土阳台 | 叠合板式阳台 | YTB-D-1033-08 | 446.416 |
| 预制混凝土阳台 | 叠合板式阳台 | YTB-D-1036-08 | 478.479 |
| 预制混凝土阳台 | 叠合板式阳台 | YTB-D-1039-08 | 510.542 |
| 预制混凝土阳台 | 叠合板式阳台 | YTB-D-1042-08 | 542.605 |
| 预制混凝土阳台 | 叠合板式阳台 | YTB-D-1045-08 | 572.202 |
| 预制混凝土阳台 | 叠合板式阳台 | YTB-D-1224-08 | 397.088 |
| 预制混凝土阳台 | 叠合板式阳台 | YTB-D-1227-08 | 429.151 |
| 预制混凝土阳台 | 叠合板式阳台 | YTB-D-1230-08 | 463.681 |

续表

| 部品类型 | 部品细分 | 编 号 | 碳排放（kgCO$_2$） |
|---|---|---|---|
| 预制混凝土阳台 | 叠合板式阳台 | YTB-D-1233-08 | 498.210 |
| 预制混凝土阳台 | 叠合板式阳台 | YTB-D-1236-08 | 532.740 |
| 预制混凝土阳台 | 叠合板式阳台 | YTB-D-1239-08 | 564.803 |
| 预制混凝土阳台 | 叠合板式阳台 | YTB-D-1242-08 | 599.332 |
| 预制混凝土阳台 | 叠合板式阳台 | YTB-D-1245-08 | 633.861 |
| 预制混凝土阳台 | 叠合板式阳台 | YTB-D-1424-08 | 688.122 |
| 预制混凝土阳台 | 叠合板式阳台 | YTB-D-1427-08 | 722.651 |
| 预制混凝土阳台 | 叠合板式阳台 | YTB-D-1430-08 | 513.009 |
| 预制混凝土阳台 | 叠合板式阳台 | YTB-D-1433-08 | 550.004 |
| 预制混凝土阳台 | 叠合板式阳台 | YTB-D-1436-08 | 584.534 |
| 预制混凝土阳台 | 叠合板式阳台 | YTB-D-1439-08 | 621.530 |
| 预制混凝土阳台 | 叠合板式阳台 | YTB-D-1442-08 | 658.525 |
| 预制混凝土阳台 | 叠合板式阳台 | YTB-D-1445-08 | 693.055 |
| 预制混凝土阳台 | 叠合板式阳台 | YTB-D-1024-12 | 495.744 |
| 预制混凝土阳台 | 叠合板式阳台 | YTB-D-1027-12 | 537.672 |
| 预制混凝土阳台 | 叠合板式阳台 | YTB-D-1030-12 | 579.601 |
| 预制混凝土阳台 | 叠合板式阳台 | YTB-D-1033-12 | 623.996 |
| 预制混凝土阳台 | 叠合板式阳台 | YTB-D-1036-12 | 665.924 |
| 预制混凝土阳台 | 叠合板式阳台 | YTB-D-1039-12 | 710.319 |
| 预制混凝土阳台 | 叠合板式阳台 | YTB-D-1042-12 | 752.248 |
| 预制混凝土阳台 | 叠合板式阳台 | YTB-D-1045-12 | 794.177 |
| 预制混凝土阳台 | 叠合板式阳台 | YTB-D-1224-12 | 554.937 |
| 预制混凝土阳台 | 叠合板式阳台 | YTB-D-1227-12 | 599.332 |
| 预制混凝土阳台 | 叠合板式阳台 | YTB-D-1230-12 | 643.727 |
| 预制混凝土阳台 | 叠合板式阳台 | YTB-D-1233-12 | 690.588 |
| 预制混凝土阳台 | 叠合板式阳台 | YTB-D-1236-12 | 734.983 |
| 预制混凝土阳台 | 叠合板式阳台 | YTB-D-1239-12 | 779.378 |
| 预制混凝土阳台 | 叠合板式阳台 | YTB-D-1242-12 | 826.240 |
| 预制混凝土阳台 | 叠合板式阳台 | YTB-D-1245-12 | 870.635 |
| 预制混凝土阳台 | 叠合板式阳台 | YTB-D-1424-12 | 614.130 |

续表

| 部品类型 | 部品细分 | 编　号 | 碳排放（$kgCO_2$） |
|---|---|---|---|
| 预制混凝土阳台 | 叠合板式阳台 | YTB-D-1427-12 | 660.992 |
| 预制混凝土阳台 | 叠合板式阳台 | YTB-D-1430-12 | 707.853 |
| 预制混凝土阳台 | 叠合板式阳台 | YTB-D-1433-12 | 757.181 |
| 预制混凝土阳台 | 叠合板式阳台 | YTB-D-1436-12 | 804.042 |
| 预制混凝土阳台 | 叠合板式阳台 | YTB-D-1439-12 | 850.904 |
| 预制混凝土阳台 | 叠合板式阳台 | YTB-D-1442-12 | 897.765 |
| 预制混凝土阳台 | 叠合板式阳台 | YTB-D-1445-12 | 944.626 |
| 预制混凝土阳台 | 全预制板式阳台 | YTB-B-1024-04 | 263.170 |
| 预制混凝土阳台 | 全预制板式阳台 | YTB-B-1027-04 | 292.411 |
| 预制混凝土阳台 | 全预制板式阳台 | YTB-B-1030-04 | 321.652 |
| 预制混凝土阳台 | 全预制板式阳台 | YTB-B-1033-04 | 350.893 |
| 预制混凝土阳台 | 全预制板式阳台 | YTB-B-1036-04 | 377.884 |
| 预制混凝土阳台 | 全预制板式阳台 | YTB-B-1039-04 | 407.125 |
| 预制混凝土阳台 | 全预制板式阳台 | YTB-B-1042-04 | 436.367 |
| 预制混凝土阳台 | 全预制板式阳台 | YTB-B-1045-04 | 465.608 |
| 预制混凝土阳台 | 全预制板式阳台 | YTB-B-1224-04 | 305.906 |
| 预制混凝土阳台 | 全预制板式阳台 | YTB-B-1227-04 | 339.646 |
| 预制混凝土阳台 | 全预制板式阳台 | YTB-B-1230-04 | 373.386 |
| 预制混凝土阳台 | 全预制板式阳台 | YTB-B-1233-04 | 407.125 |
| 预制混凝土阳台 | 全预制板式阳台 | YTB-B-1236-04 | 440.865 |
| 预制混凝土阳台 | 全预制板式阳台 | YTB-B-1239-04 | 474.605 |
| 预制混凝土阳台 | 全预制板式阳台 | YTB-B-1242-04 | 506.095 |
| 预制混凝土阳台 | 全预制板式阳台 | YTB-B-1245-04 | 539.835 |
| 预制混凝土阳台 | 全预制板式阳台 | YTB-B-1424-04 | 380.134 |
| 预制混凝土阳台 | 全预制板式阳台 | YTB-B-1427-04 | 422.871 |
| 预制混凝土阳台 | 全预制板式阳台 | YTB-B-1430-04 | 465.608 |
| 预制混凝土阳台 | 全预制板式阳台 | YTB-B-1433-04 | 506.095 |
| 预制混凝土阳台 | 全预制板式阳台 | YTB-B-1436-04 | 548.832 |
| 预制混凝土阳台 | 全预制板式阳台 | YTB-B-1439-04 | 591.569 |
| 预制混凝土阳台 | 全预制板式阳台 | YTB-B-1442-04 | 632.057 |

续表

| 部品类型 | 部品细分 | 编 号 | 碳排放（kgCO$_2$） |
|---|---|---|---|
| 预制混凝土阳台 | 全预制板式阳台 | YTB-B-1445-04 | 674.794 |
| 预制混凝土阳台 | 全预制板式阳台 | YTB-B-1024-08 | 391.380 |
| 预制混凝土阳台 | 全预制板式阳台 | YTB-B-1027-08 | 431.868 |
| 预制混凝土阳台 | 全预制板式阳台 | YTB-B-1030-08 | 472.356 |
| 预制混凝土阳台 | 全预制板式阳台 | YTB-B-1033-08 | 510.594 |
| 预制混凝土阳台 | 全预制板式阳台 | YTB-B-1036-08 | 548.832 |
| 预制混凝土阳台 | 全预制板式阳台 | YTB-B-1039-08 | 587.070 |
| 预制混凝土阳台 | 全预制板式阳台 | YTB-B-1042-08 | 627.558 |
| 预制混凝土阳台 | 全预制板式阳台 | YTB-B-1045-08 | 665.796 |
| 预制混凝土阳台 | 全预制板式阳台 | YTB-B-1224-08 | 449.862 |
| 预制混凝土阳台 | 全预制板式阳台 | YTB-B-1227-08 | 492.599 |
| 预制混凝土阳台 | 全预制板式阳台 | YTB-B-1230-08 | 537.586 |
| 预制混凝土阳台 | 全预制板式阳台 | YTB-B-1233-08 | 580.323 |
| 预制混凝土阳台 | 全预制板式阳台 | YTB-B-1236-08 | 623.059 |
| 预制混凝土阳台 | 全预制板式阳台 | YTB-B-1239-08 | 668.046 |
| 预制混凝土阳台 | 全预制板式阳台 | YTB-B-1242-08 | 710.783 |
| 预制混凝土阳台 | 全预制板式阳台 | YTB-B-1245-08 | 753.520 |
| 预制混凝土阳台 | 全预制板式阳台 | YTB-B-1424-08 | 537.586 |
| 预制混凝土阳台 | 全预制板式阳台 | YTB-B-1427-08 | 589.320 |
| 预制混凝土阳台 | 全预制板式阳台 | YTB-B-1430-08 | 641.054 |
| 预制混凝土阳台 | 全预制板式阳台 | YTB-B-1433-08 | 692.788 |
| 预制混凝土阳台 | 全预制板式阳台 | YTB-B-1436-08 | 746.772 |
| 预制混凝土阳台 | 全预制板式阳台 | YTB-B-1439-08 | 798.506 |
| 预制混凝土阳台 | 全预制板式阳台 | YTB-B-1442-08 | 850.240 |
| 预制混凝土阳台 | 全预制板式阳台 | YTB-B-1445-08 | 901.974 |
| 预制混凝土阳台 | 全预制板式阳台 | YTB-B-1024-12 | 519.591 |
| 预制混凝土阳台 | 全预制板式阳台 | YTB-B-1027-12 | 569.076 |
| 预制混凝土阳台 | 全预制板式阳台 | YTB-B-1030-12 | 618.561 |
| 预制混凝土阳台 | 全预制板式阳台 | YTB-B-1033-12 | 668.046 |
| 预制混凝土阳台 | 全预制板式阳台 | YTB-B-1036-12 | 717.531 |

续表

| 部品类型 | 部品细分 | 编 号 | 碳排放（kgCO$_2$） |
|---|---|---|---|
| 预制混凝土阳台 | 全预制板式阳台 | YTB-B-1039-12 | 767.015 |
| 预制混凝土阳台 | 全预制板式阳台 | YTB-B-1042-12 | 814.251 |
| 预制混凝土阳台 | 全预制板式阳台 | YTB-B-1045-12 | 863.736 |
| 预制混凝土阳台 | 全预制板式阳台 | YTB-B-1224-12 | 591.569 |
| 预制混凝土阳台 | 全预制板式阳台 | YTB-B-1227-12 | 645.553 |
| 预制混凝土阳台 | 全预制板式阳台 | YTB-B-1230-12 | 697.287 |
| 预制混凝土阳台 | 全预制板式阳台 | YTB-B-1233-12 | 751.270 |
| 预制混凝土阳台 | 全预制板式阳台 | YTB-B-1236-12 | 805.254 |
| 预制混凝土阳台 | 全预制板式阳台 | YTB-B-1239-12 | 859.237 |
| 预制混凝土阳台 | 全预制板式阳台 | YTB-B-1242-12 | 913.221 |
| 预制混凝土阳台 | 全预制板式阳台 | YTB-B-1245-12 | 967.204 |
| 预制混凝土阳台 | 全预制板式阳台 | YTB-B-1424-12 | 692.788 |
| 预制混凝土阳台 | 全预制板式阳台 | YTB-B-1427-12 | 753.520 |
| 预制混凝土阳台 | 全预制板式阳台 | YTB-B-1430-12 | 816.500 |
| 预制混凝土阳台 | 全预制板式阳台 | YTB-B-1433-12 | 879.481 |
| 预制混凝土阳台 | 全预制板式阳台 | YTB-B-1436-12 | 940.212 |
| 预制混凝土阳台 | 全预制板式阳台 | YTB-B-1439-12 | 1 003.193 |
| 预制混凝土阳台 | 全预制板式阳台 | YTB-B-1442-12 | 1 066.174 |
| 预制混凝土阳台 | 全预制板式阳台 | YTB-B-1445-12 | 1 126.905 |
| 预制混凝土阳台 | 全预制梁式阳台 | YTB-L-1224 | 438.803 |
| 预制混凝土阳台 | 全预制梁式阳台 | YTB-L-1227 | 478.026 |
| 预制混凝土阳台 | 全预制梁式阳台 | YTB-L-1230 | 517.248 |
| 预制混凝土阳台 | 全预制梁式阳台 | YTB-L-1233 | 556.471 |
| 预制混凝土阳台 | 全预制梁式阳台 | YTB-L-1236 | 593.242 |
| 预制混凝土阳台 | 全预制梁式阳台 | YTB-L-1239 | 632.465 |
| 预制混凝土阳台 | 全预制梁式阳台 | YTB-L-1242 | 671.688 |
| 预制混凝土阳台 | 全预制梁式阳台 | YTB-L-1245 | 710.910 |
| 预制混凝土阳台 | 全预制梁式阳台 | YTB-L-1424 | 492.734 |
| 预制混凝土阳台 | 全预制梁式阳台 | YTB-L-1427 | 536.860 |
| 预制混凝土阳台 | 全预制梁式阳台 | YTB-L-1430 | 578.534 |

续表

| 部品类型 | 部品细分 | 编　号 | 碳排放（kgCO₂） |
|---|---|---|---|
| 预制混凝土阳台 | 全预制梁式阳台 | YTB-L-1433 | 620.208 |
| 预制混凝土阳台 | 全预制梁式阳台 | YTB-L-1436 | 664.333 |
| 预制混凝土阳台 | 全预制梁式阳台 | YTB-L-1439 | 706.007 |
| 预制混凝土阳台 | 全预制梁式阳台 | YTB-L-1442 | 747.681 |
| 预制混凝土阳台 | 全预制梁式阳台 | YTB-L-1445 | 789.355 |
| 预制混凝土阳台 | 全预制梁式阳台 | YTB-L-1624 | 546.665 |
| 预制混凝土阳台 | 全预制梁式阳台 | YTB-L-1627 | 593.242 |
| 预制混凝土阳台 | 全预制梁式阳台 | YTB-L-1630 | 639.819 |
| 预制混凝土阳台 | 全预制梁式阳台 | YTB-L-1633 | 686.396 |
| 预制混凝土阳台 | 全预制梁式阳台 | YTB-L-1636 | 735.424 |
| 预制混凝土阳台 | 全预制梁式阳台 | YTB-L-1639 | 777.098 |
| 预制混凝土阳台 | 全预制梁式阳台 | YTB-L-1642 | 823.675 |
| 预制混凝土阳台 | 全预制梁式阳台 | YTB-L-1645 | 870.252 |
| 预制混凝土阳台 | 全预制梁式阳台 | YTB-L-1824 | 600.597 |
| 预制混凝土阳台 | 全预制梁式阳台 | YTB-L-1827 | 652.076 |
| 预制混凝土阳台 | 全预制梁式阳台 | YTB-L-1830 | 701.105 |
| 预制混凝土阳台 | 全预制梁式阳台 | YTB-L-1833 | 747.681 |
| 预制混凝土阳台 | 全预制梁式阳台 | YTB-L-1836 | 801.613 |
| 预制混凝土阳台 | 全预制梁式阳台 | YTB-L-1839 | 850.641 |
| 预制混凝土阳台 | 全预制梁式阳台 | YTB-L-1842 | 899.669 |
| 预制混凝土阳台 | 全预制梁式阳台 | YTB-L-1845 | 948.697 |

附表 2.6　预制混凝土空调板构件碳排放

| 部品类型 | 编　号 | 碳排放（kgCO₂） |
|---|---|---|
| 预制混凝土空调板 | KTB-63-110 | 27.481 |
| 预制混凝土空调板 | KTB-63-120 | 29.853 |
| 预制混凝土空调板 | KTB-63-130 | 32.423 |
| 预制混凝土空调板 | KTB-73-110 | 31.830 |
| 预制混凝土空调板 | KTB-73-120 | 34.598 |
| 预制混凝土空调板 | KTB-73-130 | 37.563 |

续表

| 部品类型 | 编　号 | 碳排放（kgCO$_2$） |
|---|---|---|
| 预制混凝土空调板 | KTB-74-110 | 32.225 |
| 预制混凝土空调板 | KTB-74-120 | 35.191 |
| 预制混凝土空调板 | KTB-74-130 | 37.959 |
| 预制混凝土空调板 | KTB-84-110 | 36.575 |
| 预制混凝土空调板 | KTB-84-120 | 39.936 |
| 预制混凝土空调板 | KTB-84-130 | 43.099 |

附表 2.7　预制混凝土女儿墙构件碳排放

| 部品类型 | 部品细分 | 编　号 | 碳排放（kgCO$_2$） |
|---|---|---|---|
| 预制混凝土女儿墙 | 夹心保温式女儿墙（1.4 m-直板） | NEQ-J1-3014 | 414.236 |
| 预制混凝土女儿墙 | 夹心保温式女儿墙（1.4 m-直板） | NEQ-J1-3314 | 461.959 |
| 预制混凝土女儿墙 | 夹心保温式女儿墙（1.4 m-直板） | NEQ-J1-3614 | 509.682 |
| 预制混凝土女儿墙 | 夹心保温式女儿墙（1.4 m-直板） | NEQ-J1-3914 | 555.496 |
| 预制混凝土女儿墙 | 夹心保温式女儿墙（1.4 m-直板） | NEQ-J1-4214 | 603.219 |
| 预制混凝土女儿墙 | 夹心保温式女儿墙（1.4 m-直板） | NEQ-J1-4514 | 650.942 |
| 预制混凝土女儿墙 | 夹心保温式女儿墙（1.4 m-直板） | NEQ-J1-4814 | 696.756 |
| 预制混凝土女儿墙 | 夹心保温式女儿墙（1.4 m-转角板） | NEQ-J2-2414 | 397.055 |
| 预制混凝土女儿墙 | 夹心保温式女儿墙（1.4 m-转角板） | NEQ-J2-2714 | 444.778 |
| 预制混凝土女儿墙 | 夹心保温式女儿墙（1.4 m-转角板） | NEQ-J2-3014 | 490.593 |
| 预制混凝土女儿墙 | 夹心保温式女儿墙（1.4 m-转角板） | NEQ-J2-3314 | 538.316 |
| 预制混凝土女儿墙 | 夹心保温式女儿墙（1.4 m-转角板） | NEQ-J2-3614 | 586.039 |
| 预制混凝土女儿墙 | 夹心保温式女儿墙（1.4 m-转角板） | NEQ-J2-3914 | 633.762 |
| 预制混凝土女儿墙 | 夹心保温式女儿墙（1.4 m-转角板） | NEQ-J2-4214 | 681.485 |
| 预制混凝土女儿墙 | 夹心保温式女儿墙（0.6 m-直板） | NEQ-J1-3006 | 198.528 |
| 预制混凝土女儿墙 | 夹心保温式女儿墙（0.6 m-直板） | NEQ-J1-3306 | 219.526 |
| 预制混凝土女儿墙 | 夹心保温式女儿墙（0.6 m-直板） | NEQ-J1-3606 | 242.433 |
| 预制混凝土女儿墙 | 夹心保温式女儿墙（0.6 m-直板） | NEQ-J1-3906 | 263.431 |
| 预制混凝土女儿墙 | 夹心保温式女儿墙（0.6 m-直板） | NEQ-J1-4206 | 284.429 |
| 预制混凝土女儿墙 | 夹心保温式女儿墙（0.6 m-直板） | NEQ-J1-4506 | 307.336 |
| 预制混凝土女儿墙 | 夹心保温式女儿墙（0.6 m-直板） | NEQ-J1-4806 | 328.334 |

| 部品类型 | 部品细分 | 编 号 | 碳排放（$kgCO_2$） |
|---|---|---|---|
| 预制混凝土女儿墙 | 夹心保温式女儿墙（0.6 m-转角板） | NEQ-J2-2406 | 188.983 |
| 预制混凝土女儿墙 | 夹心保温式女儿墙（0.6 m-转角板） | NEQ-J2-2706 | 209.981 |
| 预制混凝土女儿墙 | 夹心保温式女儿墙（0.6 m-转角板） | NEQ-J2-3006 | 232.888 |
| 预制混凝土女儿墙 | 夹心保温式女儿墙（0.6 m-转角板） | NEQ-J2-3306 | 253.886 |
| 预制混凝土女儿墙 | 夹心保温式女儿墙（0.6 m-转角板） | NEQ-J2-3606 | 276.793 |
| 预制混凝土女儿墙 | 夹心保温式女儿墙（0.6 m-转角板） | NEQ-J2-3906 | 299.701 |
| 预制混凝土女儿墙 | 夹心保温式女儿墙（0.6 m-转角板） | NEQ-J2-4206 | 320.699 |
| 预制混凝土女儿墙 | 非保温式女儿墙（1.4 m-直板） | NEQ-Q1-3014 | 322.608 |
| 预制混凝土女儿墙 | 非保温式女儿墙（1.4 m-直板） | NEQ-Q1-3314 | 356.968 |
| 预制混凝土女儿墙 | 非保温式女儿墙（1.4 m-直板） | NEQ-Q1-3614 | 393.238 |
| 预制混凝土女儿墙 | 非保温式女儿墙（1.4 m-直板） | NEQ-Q1-3914 | 427.598 |
| 预制混凝土女儿墙 | 非保温式女儿墙（1.4 m-直板） | NEQ-Q1-4214 | 465.777 |
| 预制混凝土女儿墙 | 非保温式女儿墙（1.4 m-直板） | NEQ-Q1-4514 | 500.137 |
| 预制混凝土女儿墙 | 非保温式女儿墙（1.4 m-直板） | NEQ-Q1-4814 | 536.407 |
| 预制混凝土女儿墙 | 非保温式女儿墙（1.4 m-转角板） | NEQ-Q2-2414 | 314.972 |
| 预制混凝土女儿墙 | 非保温式女儿墙（1.4 m-转角板） | NEQ-Q2-2714 | 353.150 |
| 预制混凝土女儿墙 | 非保温式女儿墙（1.4 m-转角板） | NEQ-Q2-3014 | 387.511 |
| 预制混凝土女儿墙 | 非保温式女儿墙（1.4 m-转角板） | NEQ-Q2-3314 | 423.780 |
| 预制混凝土女儿墙 | 非保温式女儿墙（1.4 m-转角板） | NEQ-Q2-3614 | 458.141 |
| 预制混凝土女儿墙 | 非保温式女儿墙（1.4 m-转角板） | NEQ-Q2-3914 | 494.410 |
| 预制混凝土女儿墙 | 非保温式女儿墙（1.4 m-转角板） | NEQ-Q2-4214 | 530.680 |
| 预制混凝土女儿墙 | 非保温式女儿墙（0.6 m-直板） | NEQ-Q1-3006 | 156.531 |
| 预制混凝土女儿墙 | 非保温式女儿墙（0.6 m-直板） | NEQ-Q1-3306 | 175.621 |
| 预制混凝土女儿墙 | 非保温式女儿墙（0.6 m-直板） | NEQ-Q1-3606 | 190.892 |
| 预制混凝土女儿墙 | 非保温式女儿墙（0.6 m-直板） | NEQ-Q1-3906 | 208.072 |
| 预制混凝土女儿墙 | 非保温式女儿墙（0.6 m-直板） | NEQ-Q1-4206 | 225.253 |
| 预制混凝土女儿墙 | 非保温式女儿墙（0.6 m-直板） | NEQ-Q1-4506 | 242.433 |
| 预制混凝土女儿墙 | 非保温式女儿墙（0.6 m-直板） | NEQ-Q1-4806 | 259.613 |
| 预制混凝土女儿墙 | 非保温式女儿墙（0.6 m-转角板） | NEQ-Q2-2406 | 154.623 |
| 预制混凝土女儿墙 | 非保温式女儿墙（0.6 m-转角板） | NEQ-Q2-2706 | 173.712 |

续表

| 部品类型 | 部品细分 | 编　号 | 碳排放（kgCO$_2$） |
|---|---|---|---|
| 预制混凝土女儿墙 | 非保温式女儿墙（0.6 m-转角板） | NEQ-Q2-3006 | 188.983 |
| 预制混凝土女儿墙 | 非保温式女儿墙（0.6 m-转角板） | NEQ-Q2-3306 | 206.163 |
| 预制混凝土女儿墙 | 非保温式女儿墙（0.6 m-转角板） | NEQ-Q2-3606 | 225.253 |
| 预制混凝土女儿墙 | 非保温式女儿墙（0.6 m-转角板） | NEQ-Q2-3906 | 242.433 |
| 预制混凝土女儿墙 | 非保温式女儿墙（0.6 m-转角板） | NEQ-Q2-4206 | 259.613 |

# 参考文献

[1] Abdollah Abdi, Sharareh Taghipour, Homayoun Khamooshi. A model to control environmental performance of project execution process based on greenhouse gas emissions using earned value management [J]. International Journal of Project Management, 2018, 36(8):1047-1049.

[2] British Standards Institution. Environmental managemente-life cycle assessmente-principles and framework[R]. London: British Standards Institution, 2006.

[3] Byungil Kim, Hyounkyu Lee, Hyungbae Park, et al. Greenhouse gas emissions from onsite equipment usage in road construction [J]. Journal of Construction Engineering and Management, 2012, 138(8):982-990.

[4] Changhai Peng. Calculation of a building's life cycle carbon emissions based on ecotect and building information modeling[J]. Journal of Cleaner Production, 2016(112):453-465.

[5] Chao Mao, Qiping Shen, Liyin Shen, et al. Comparative study of greenhouse gas emissions between off-site prefabrication and conventional construction methods: Two case studies of residential projects[J]. Energy and Buildings, 2013(66):165-176.

[6] Chunzhen Qiao, Peihao Hu, Jianling Gao. Study on carbon emission of in-plant transportation in the components' production stage of prefabricated building[J]. IOP Conference Series-Earth and Environmental Science, 2018(199):032077.

[7] Chunzhen Qiao, Peihao Hu, Qi Pan, et al. Research on $CO_2$ emission reduction of a steel structure prefabricated building considering resource recovery [J]. IOP Conference Series-Earth and Environmental Science, 2019, 237(2):022036.

[8] Donald Huisingh, Zhihua Zhang, John C. Moore, et al. Recent advances in carbon emissions reduction: policies, technologies, monitoring, assessment and modeling

[J].Journal of Cleaner Production,2015(103):1-12.

[9] Environmental Protection Department and Electrical and Mechanical Services Department (EMSD/EPD).Guidelines to account for and report on greenhouse gas emissions and removals for buildings ( commercial, residential or institutional purpose) in Hong Kong [R].Hong Kong,2008.

[10] Eric C.W.Lou,Angela Lee,Andrew Welfle.Greenhouse gases (GHG) performance of refurbishment projects—lessons from UK higher education student accommodation case studies[J].Journal of Cleaner Production,2017(154):309-317.

[11] Fang You,Dan Hu,Haitao Zhang,et al.Carbon emissions in the life cycle of urban building system in China—a case study of residential buildings[J].Ecological Complexity,2011,8(2):201-212.

[12] Goune Kang,Taehoon Kim,Yong-Woo Kim,et al.Statistical analysis of embodied carbon emission for building construction[J].Energy and Buildings,2015(105): 326-333.

[13] Guillaume Fabre.The low-carbon buildings method 3.0[M].London,United Kindom:Lulu.com,2012.

[14] Guiwen Liu,Hao Yang,Yan Fu,et al.Cyber-physical system-based real-time monitoring and visualization of greenhouse gas emissions of prefabricated construction[J].Journal of Cleaner Production,2020(246):119059.

[15] Guiwen Liu,Rundong Chen,Pengpeng Xu,et al.Real-time carbon emission monitoring in prefabricated construction [ J ]. Automation in Construction, 2020 (110):102945.

[16] Gulbin Ozcan-Deniz,Yimin Zhu.Multi-objective optimization of greenhouse gas emissions in highway construction projects[J].Sustainable Cities and Society, 2017(28):162-171.

[17] Hui Yan,Qiping Shen,Linda C.H.Fan,et al.Greenhouse gas emissions in building construction:a case study of One Peking in Hong Kong [J]. Building and Environment,2010,45(4):949-955.

[18] Intergovernmental Panel on Climate Change (IPCC).Climate change 2007: synthesis report[R].Intergovernmental Panel on Climate Change,2007.

[19] ISO14044—2006,Environmental management-life cycle assessment-requirements and guidelines[S].

[20] Jingke Hong,Geoffrey Qiping Shen,Chao Mao,et al.Life-cycle energy analysis of prefabricated building components:an input-output-based hybrid model [ J ]. Journal of Cleaner Production,2016(112):2198-2207.

［21］ Jingke Hong, Geoffrey Qiping Shen, Yi Peng, et al. Uncertainty analysis for measuring greenhouse gas emissions in the building construction phase: a case study in China[J].Journal of Cleaner Production,2016(129):183-195.

［22］ Jonas Nässén,John Holmberg,Anders Wadeskog,et al.Direct and indirect energy use and carbon emissions in the production phase of buildings: an input-output analysis[J].Energy,2007,32(9):1593-1602.

［23］ Joshua Kneifel.Life-cycle carbon and cost analysis of energy efficiency measures in new commercial buildings[J].Energy and Buildings,2010,42(3):333-340.

［24］ Jui-Sheng Chou, Kuan-Chih Yeh. Life cycle carbon dioxide emissions simulation and environmental cost analysis for building construction[J]. Journal of Cleaner Production,2015(101):137-147.

［25］ Leila Hajibabai, Zeeshan Aziz, Feniosky Peña-Mora. Visualizing greenhouse gas emissions from construction activities[J].Construction Innovation,2011,11(3): 356-370.

［26］ Lijuan Li, Kanghai Chen. Quantitative assessment of carbon dioxide emissions in construction projects: a case study in Shenzhen[J].Journal of Cleaner Production, 2016(141):394-408.

［27］ Lu Aye, Tuan Ngo, Robert H.Crawford, et al.Life cycle greenhouse gas emissions and energy analysis of prefabricated reusable building modules[J]. Energy and Buildings,2012(47):159-168.

［28］ Malindu Sandanayake, Guomin Zhang, Sujeeva Setunge, et al. Estimation and comparison of environmental emissions and impacts at foundation and structure construction stages of a building—a case study[J].Journal of Cleaner Production, 2017(151):319-329.

［29］ Malindu Sandanayake, Weena Lokuge, Guomin Zhang, et al. Greenhouse gas emissions during timber and concrete building construction—a scenario based comparative case study[J].Sustainable Cities and Society,2018(38):91-97.

［30］ María Jesús González, Justo García Navarro. Assessment of the decrease of $CO_2$ emissions in the construction field through the selection of materials: practical case study of three houses of low environmental impact[J].Building and Environment, 2006,41(7):902-909.

［31］ Minghui Liu, Siyi Jia, Xiaotong He.A quota-based GHG emissions quantification model for the construction of subway stations in China[J].Journal of Cleaner Production,2018(198):847-858.

［32］ Pei Tang, Darrell Cass, Amlan Mukherjee. Investigating the effect of construction management strategies on project greenhouse gas emissions using interactive simulation[J].Journal of Cleaner Production,2013(54):78-88.

[33] Raymond J Cole. Energy and greenhouse gas emissions associated with the construction of alternative structural systems[J].Building and Environment,1998,34(3):335-348.

[34] Satoshi Umetsu,Michitoshi Hamaguchi,Kyoko Takehana.An attempt to use carbon emission units for determination of carbon dioxide emissions from construction work[J].Proceedings of the Symposium on Global Environment,2002(10):13-18.

[35] Seongwon Seo,Yongwoo Hwang.Estimation of $CO_2$ emissions in life cycle of residential buildings[J].Journal of Construction Engineering and Management,2001,127(5):414-418.

[36] Xiaocun Zhang,Fenglai Wang.Assessment of embodied carbon emissions for building construction in China:comparative case studies using alternative methods[J].Energy and Buildings,2016(130):330-340.

[37] Xingyu Tao,Chao Mao,Fangyun Xie,et al.Greenhouse gas emission monitoring system for manufacturing prefabricated components[J].Automation in Construction,2018(93):361-374.

[38] Yahong Dong,Lara Jaillon,Peggy Chu,et al.Comparing carbon emissions of precast and cast-in-situ construction methods—a case study of high-rise private building[J].Construction and Building Materials,2015(99):39-53.

[39] Yingbo Ji,Kaijian Li,Guiwen Liu,et al.Comparing greenhouse gas emissions of precast in-situ and conventional construction methods[J].Journal of Cleaner Production,2018(173):124-134.

[40] Zhengyan Zhang,Bo Wang.Research on the life-cycle $CO_2$ emission of China's construction sector[J].Energy and Buildings,2016(112):244-255.

[41] Zhiyong Li,Yamei Cheng,Yuqing Zhao,et al.Study on energy consumption calculation method of fabricated building wall[J].IOP Conference Series-Earth and Environmental Science,2018,199(3):032091.

[42] 中国建筑标准设计研究院.钢筋混凝土过梁:13G322-1~4(2013年合订本)[S].北京:中国计划出版社,2013.

[43] 中国建筑标准设计研究院.预制混凝土剪力墙外墙板:15G365-1[S].北京:中国计划出版社,2015.

[44] 中国建筑标准设计研究院.预制混凝土剪力墙内墙板:15G365-2[S].北京:中国计划出版社,2015.

[45] 中国建筑标准设计研究院.桁架钢筋混凝土叠合板(60 mm 厚底板):15G366-1 [S].北京:中国计划出版社,2015.

[46] 中国建筑标准设计研究院.预制钢筋混凝土板式楼梯:15G367-1[S].北京:中国计划出版社,2015.

[47] 中国建筑标准设计研究院.预制钢筋混凝土阳台板、空调板及女儿墙:15G368-1[S].北京:中国计划出版社,2015.

[48] 重庆市城乡建设委员会.重庆市房屋建筑与装饰工程计价定额(第一册 建筑工程):CQJZZSDE—2018[S].重庆:重庆大学出版社,2018.

[49] 中华人民共和国住房和城乡建设部.装配式建筑评价标准:GB/T 51129—2017[S].北京:中国建筑工业出版社,2017.

[50] 中华人民共和国住房和城乡建设部.装配式木结构建筑技术标准:GB/T 51233—2016[S].北京:中国建筑工业出版社,2016.

[51] 中华人民共和国住房和城乡建设部.装配式混凝土结构技术规程:JGJ 1—2014[S].北京:中国建筑工业出版社,2014.

[52] 陈继勇,彭巍,胡艺.中国碳强度的影响因素——基于各省市面板数据的实证研究[J].经济管理,2011,33(5):1-6.

[53] 程亚美,李志永,赵玉清,等.工业化建筑部品发展现状探究[J].中国建材科技,2018,27(3):24-26.

[54] 楚龙娟,冯春.碳足迹在物流和供应链中的应用研究[J].中国软科学,2010(A1):41-47.

[55] 顾佰和,谭显春,谭显波,等.制造系统生产单元碳排放核算模型[J].中国管理科学,2018,26(10):123-131.

[56] 国家统计局.2019 中国统计年鉴[M].北京:中国统计出版社,2019:237.

[57] 国家统计局投资司.建筑业持续快速发展 城乡面貌显著改善——新中国成立70 周年经济社会发展成就系列报告之十[Z].中国政府网,2019-07-31.

[58] 胡培昊,乔春珍,苑翔,等.工业化建筑与传统建筑碳排放核算方法研究现状[J].建筑节能,2018,46(12):137-140.

[59] 黄志甲,赵玲玲,张婷,等.住宅建筑生命周期 $CO_2$ 排放的核算方法[J].土木建筑与环境工程,2011,33(S2):103-105.

[60] 纪颖波,张祺,朱发东.基于 Process-Based LCA 方法的我国装配式住宅物化阶段碳排放计算模型研究[J].工程管理学报,2017,31(4):23-28.

[61] 李德智,汪江波.装配式混凝土建筑碳排放度量和效益[J].建筑,2018(6):75-76.

[62] 刘义川,刘贵文,傅晏,等.装配式建筑预制构件生产调度文献综述[J].项目管理技术,2019,17(4):20-25.

［63］毛超,李莉,洪竞科,等.基于机组流水法与固定模台法的预制构件生产过程碳排放对比研究［J］.工程管理学报,2018,32(4):21-26.

［64］毛超,袁甜,刘贵文,等.预制构件生产阶段碳排放数据库系统设计［J］.工程管理学报,2020,34(1):31-36.

［65］尚春静,张智慧.建筑生命周期碳排放核算［J］.工程管理学报,2010,24(1):7-12.

［66］尚雁雯,陈伟娇,苑翔,等.基于碳排放测算的工业化建筑全产业链阶段划分研究［J］.节能,2018,37(4):64-67.

［67］尚雁雯.装配式叠合板生产阶段能耗及碳排放季节性差异研究［D］.北京:北方工业大学,2019.

［68］王玉.工业化预制装配建筑的全生命周期碳排放研究［D］.南京:东南大学,2016.

［69］熊宝玉.住宅建筑全生命周期碳排放量测算研究［D］.深圳:深圳大学,2015.

［70］徐鹏鹏,申一村,傅晏,等.基于定额的装配式建筑预制构件碳排放计量及分析［J］.工程管理学报,2020,34(3):45-50.

［71］杨峰,田高成.基于碳足迹的虚拟化实验室虚拟机资源分析与优化［J］.系统工程理论与实践,2011,31(S2):110-113.

［72］张智慧,尚春静,钱坤.建筑生命周期碳排放评价［J］.建筑经济,2010(2):44-46.

［73］中共中央国务院关于进一步加强城市规划建设管理工作的若干意见［N］.人民日报,2016-02-22(24).

［74］朱嬿,陈莹.住宅建筑生命周期能耗及环境排放案例［J］.清华大学学报:自然科学版,2010,50(3):330-334.